主　　编　孙晓勇　国家法官学院院长
最高人民法院司法案例研究院院长
副 主 编　彭永和　最高人民法院司法案例研究院副院长
刘　畅　最高人民法院司法案例研究院规划部主任
黄　斌　国家法官学院科研部负责人
主编助理　边疆戈　国家法官学院科研部编辑
赵文轩　最高人民法院司法案例研究院规划部编辑
刘丽媛　最高人民法院司法案例研究院规划部编辑

《中国法院年度案例》编辑人员（按姓氏笔画）
刘　畅　朱建伟　朱　琳　李晓果　杨小利
罗胜华　胡　岩　赵文轩　唐世银　袁登明
曹海荣　梁　欣　程　瑛

本书编审人员　程　瑛

中国法院

2021年度案例

国　家　法　官　学　院
最高人民法院司法案例研究院◎编

道路交通纠纷

中国法制出版社
CHINA LEGAL PUBLISHING HOUSE

《中国法院年度案例》通讯编辑名单

凌　巍　北京市高级人民法院
刘晓虹　北京市高级人民法院
董　扬　天津市高级人民法院
王　佳　河北省高级人民法院
刘　泳　山西省高级人民法院
杨智勇　内蒙古自治区高级人民法院
周文政　辽宁省高级人民法院
张功岩　吉林省高级人民法院
孙学诗　黑龙江省高级人民法院
牛晨光　上海市高级人民法院
戴鲁霖　江苏省高级人民法院
张晓娟　江苏省高级人民法院
符东杰　江苏省南通市中级人民法院
周耀明　江苏省无锡市中级人民法院
杨　治　浙江省高级人民法院
蒋　莹　浙江省高级人民法院
吴　婧　安徽省高级人民法院
林文君　福建省高级人民法院
章光园　江西省高级人民法院
陈希国　山东省高级人民法院
郭宇凌　河南省高级人民法院
宋淼军　湖北省高级人民法院
杨晓彤　湖北省宜昌市中级人民法院
唐　竞　湖南省高级人民法院
文靖之　广东省高级人民法院
邹尚忠　广西壮族自治区高级人民法院
韦丹萍　广西壮族自治区高级人民法院
李周伟　海南省高级人民法院
游中川　重庆市高级人民法院
杜玉兰　四川省高级人民法院
孙　熹　云南省高级人民法院
石　瑾　云南省昆明市中级人民法院
龙　媛　贵州省高级人民法院
施辉法　贵州省贵阳市中级人民法院
王丽萍　西藏自治区高级人民法院
杨新斌　陕西省高级人民法院
张文强　甘肃省高级人民法院
汪嘉煜　青海省高级人民法院
谢亚楠　宁夏回族自治区高级人民法院
马小菊　新疆维吾尔自治区高级人民法院
何　青　新疆维吾尔自治区高级人民法院
王　琼　新疆维吾尔自治区高级人民法院生产建设兵团分院

序

党的十八大以来，以习近平同志为核心的党中央高度重视法治在推进国家治理体系和治理能力现代化中的重要作用，中央全面依法治国工作会议更是明确习近平法治思想在全面依法治国中的指导地位，为全面依法治国提供了根本遵循和行动指南。近年来，人民法院始终将加强司法案例研究作为推进全面依法治国的重要途径，通过发布具有普遍指导意义的典型案例，统一法律适用、提高审判质量，不断推进人民法院严格公正司法。《中国法院年度案例》丛书，旨在完善中国特色案例指导制度，总结提炼典型案例的裁判规则和裁判方法，发挥司法规范、指导、评价、引领的重要作用，大力弘扬社会主义核心价值观，增强全民法治意识和法治素养，展现新时代我国法治建设新成就。

《中国法院年度案例》丛书自2012年编辑出版以来，已连续出版9套，受到读者广泛好评。近年来，为更加全面地反映我国司法审判执行工作的发展进程，顺应审判执行实践需要，响应读者需求，丛书2014年度新增金融纠纷、行政纠纷、刑事案例3个分册，2015年度将刑事案例调整为刑法总则案例、刑法分则案例2个分册，2016年度新增知识产权纠纷分册，2017年度新增执行案例分册，2018年度将刑事案例扩充为4个分册。自2020年起，丛书由国家法官学院与最高人民法院司法案例研究院共同编辑，每年年初定期出版。在全国各级人民法院的大力支持下，丛书编委会现编辑出版《中国法院2021年度案例》系列丛书，共23册。

《中国法院年度案例》丛书以开放务实的态度、简洁明快的风格，在编辑中坚持以下方法，努力把案例书籍变得“好读有用”：一是高度提炼案例内容，控制案例篇幅，每个案例基本在3000字以内；二是突出争议焦点，剔除无效信息，尽可能在有限的篇幅内为读者提供有效、有益的信息；三是注重对裁判文书的再加工，大多数案例由案件的主审法官撰写“法官后语”，高度提炼、总结案例的指导价值，力求引发读者思考，为司法工作提供借鉴，为法学研究提供启迪。

《中国法院年度案例》丛书编辑工作坚持以下原则：一是广泛选编案例。国家法官学院和最高人民法院司法案例研究院每年通过各高级人民法院从全国各地法院汇集上一年度审结的典型案例近万件，使该丛书有广泛的精选基础，优中选优，可提供给读者新近发生的全国各地多种类型的典型性案例。二是方便读者检索。为体现以读者为本，丛书分卷细化，每卷下还将案例主要根据案由分类编排，每个案例用一句话概括裁判规则、裁判思路或焦点问题作为主标题，让读者一目了然，迅速找到目标案例。

中国法制出版社始终全力支持《中国法院年度案例》丛书的出版，给了作者和编辑们巨大的鼓励。2021年，丛书将继续提供数据库增值服务。购买本书，扫描前勒口二维码，即可在本年度免费查阅往年同类案例数据库。我们在此谨表谢忱，并希望通过共同努力，逐步完善，做得更好，真正探索出一条编辑案例书籍、挖掘案例价值的新路，更好地服务社会主义法治国家建设、服务法治社会建设、服务学习研究法律的读者。

《中国法院年度案例》丛书既是法官、检察官、律师等法律工作者的办案参考和司法人员培训的实用教材，也是社会大众学法用法的经典案例读本，同时是教学科研机构案例研究的良好系列素材。当然，案例作者和编辑在编写过程中也难以一步到位实现最初的编写愿望，客观上会存在各种不足甚至错误，欢迎读者批评指正。我们愿听取各方建议，不断扩宽深化司法案例研究领域，实现中国特色案例研究事业的新发展。

国家法官学院

最高人民法院司法案例研究院

2021年2月22日

目　录

Contents

一、交通事故中的主体问题

二、交通事故损害赔偿

三、交通事故损害赔偿程序

四、交通事故保险理赔

一、交通事故中的主体问题

1

家庭成员可以成为机动车第三者责任险受偿主体

——王某芬诉袁某春、太平洋财险盐城中心支公司机动车交通事故责任案

【案件基本信息】

1. 调解书字号

江苏省盐城市中级人民法院（2019）苏 09 民终 391 号民事调解书

2. 案由：机动车交通事故责任纠纷

3. 当事人

原告（被上诉人）：王某芬

被告（被上诉人）：袁某春

被告（上诉人）：太平洋财险盐城中心支公司

【基本案情】

2016 年 8 月，袁某春驾驶轿车在其住所附近的路口处与王某芬（系袁某春的母亲）驾驶的自行车发生碰撞，致王某芬受伤。经公安机关鉴定，袁某春负事故主要责任，王某芬负事故次要责任。太平洋财险承保了事故车辆的交强险和 50 万元不计免赔商业第三者责任险。后王某芬诉至法院起诉袁某春及太平洋财险。要求被告在交强险和商业第三者责任保险范围内赔偿原告各项损失。太平洋财险同意在交强险范围内赔偿，但不愿承担王某芬的第三者责任保险赔偿责任。保险公司认为原告王某芬与事故车辆的驾驶员袁某春系母子关系，王某芬系袁某春的家庭成员，袁

某春在投保时与保险公司签订了《机动车第三者责任保险条款》，在“责任免除”条款中规定了保险公司对被保险人、被保险机动车本车驾驶人及其家庭成员的人身伤亡、所有或代管的财产的损失均不负责赔偿。

【案件焦点】

受害人王某芬系肇事者袁某春的母亲，太平洋财险盐城中心支公司是否应在第三者责任保险限额内承担对受害人王某芬的赔偿责任。

【法院裁判要旨】

江苏省滨海县人民法院经审理认为：公民的人身权利受法律保护。被告太平洋财险盐城中心支公司承保事故车辆交强险和商业险，根据事故责任的认定，对应被保险人的责任，应当按交强险和商业险的合同约定，先在交强险责任限额内承担赔偿责任，再在交强险责任限额外，商业险责任限额内承担70%的赔偿责任。故原告主张赔偿交通事故损失，应予支持。

对于被告太平洋财险盐城中心支公司的辩称，滨海法院进行了调查，结合事故现场照片和证人证言，对该辩称不予采信。

根据原、被告主张和辩解，审理查明认定的事实，结合本地区城镇居民的平均生活和平均收入标准，并参照司法鉴定意见，对原告主张的各项事故损失具体认定如下：医疗费41097.83元、误工费12个月×1500元/月=18000元、营养费180天×15元/天=2700元、住院伙食补助费20天×30元/天=600元、护理费200天×80元/天=16000元、残疾赔偿金43622元/年×20×0.21=183212.4元、精神抚慰金8000元、交通费1800元、财损费1300元，计272710.23元；由太平洋财险盐城中心支公司在交强险内赔偿原告121300元，在商业险内赔偿105987.16元，计227287.16元，并从中返还袁某春垫付款33397.83元。

江苏省滨海县人民法院依照《中华人民共和国道路交通安全法》第七十六条，《中华人民共和国侵权责任法》[①] 第十二条、第十六条、第二十二条、第四十八条，

---

① 《中华人民共和国民法典》于2021年1月1日起实施，《中华人民共和国婚姻法》《中华人民共和国继承法》《中华人民共和国民法通则》《中华人民共和国收养法》《中华人民共和国担保法》《中华人民共和国合同法》《中华人民共和国物权法》《中华人民共和国侵权责任法》《中华人民共和国民法总则》同时废止。最高人民法院对相关司法解释也进行了废止或修改。本书收录的案例均裁判于《中华人民共和国民法典》生效前，适用的是当时有效的法律法规及司法解释，下文将不再对此进行提示。

《最高人民法院关于审理人身损害赔偿案件适用法律若干问题的解释》第十七条、第十八条、第十九条、第二十条、第二十一条、第二十二条、第二十三条、第二十四条、第二十五条及《最高人民法院关于审理道路交通事故损害赔偿案件适用法律若干问题的解释》第十六条之规定，作出如下判决：

被告太平洋财险盐城中心支公司赔偿原告王某芬交通事故损失227287.16元，其中，193889.33元交至原告王某芬确认的标的款账户，33397元交至被告袁某春确认的标的款账户。

太平洋财险盐城中心支公司不服一审判决，提起上诉。

本案在二审审理过程中，经江苏省盐城市中级人民法院主持调解，当事人自愿达成如下调解协议：

一、太平洋财保盐城支公司自愿于2019年3月29日之前赔偿王某芬因案涉交通事故造成的各项损失合计210000元，其中向王某芬一方赔偿176603元，代王某芬向袁某春返还33397元；

二、一审案件受理费4763元，鉴定费2350元，合计7113元，由王某芬负担1113元，太平洋财保盐城支公司负担6000元（该6000元款项亦应按照上述第一项约定的期限向王某芬一方支付）；二审案件受理费4763元，依法减半收取2381.5元，由太平洋财保盐城支公司负担；

三、上述款项履行完毕后，各方当事人均无纠葛，任何一方不得因案涉交通事故向对方再行主张权利，该交通事故所引发的纠纷全部解决，本案案结事了。

【法官后语】

本案是一起肇事车辆驾驶员的母亲作为受害者起诉其作为肇事者的儿子和保险公司的案件。该类型案件存在一定争议，本案支持了肇事者母亲王某芬的诉讼请求。

一、“第三者”范围不可任意缩小

责任保险是以被保险人对第三者依法应负担的赔偿责任为保险标的的保险。我国的机动车第三者责任险旨在确保被保险人和本车上人员以外的第三人因意外事故遭受损害时能够得到保险救济，保险责任范围不能任意缩小。机动车第三者责任商业保险中的受害人能否以“第三者”的身份主张保险公司赔偿，应以被保险人是否对其承担赔偿责任为标准。在现有法律、法规没有明确规定的情况下，涉案机动车辆第三者责任险保险合同的相关格式化免责条款将被保险人或被保险车辆驾驶人员的家庭成员排除在外，属人为故意缩小第三者的范围。该免责条款与第三者责任险向受害第三人提供基本保障的本意相冲突，违反了民事活动应当遵循公平互利的法律原则。

二、“免责条款”是无效条款

《中华人民共和国保险法》第十九条特别规定，“采用保险人提供的格式条款订立的保险合同中的下列条款无效：（一）免除保险人依法应当承担的义务或者加重投保人、被保险人责任的；（二）排除投保人、被保险人或者受益人依法享有的权利的”。

受害者王某芬作为肇事者袁某春的母亲，和通常情况下与交通事故肇事者无直系血亲或其他亲属关系的第三者并无不同。保险公司条款将被保险人或驾驶人的家庭成员一律排除在第三者范围之外，保护了保险公司的利益而损害了受害者的利益，有悖于设置机动车第三者责任险的初衷。违背了合同正义原则，违背了《中华人民共和国保险法》及保险行业补偿原则的精神，根据法理及《中华人民共和国保险法》第十九条之规定，该免责条款在法律上应属无效条款。

三、免责条款“防范道德风险”是“有罪推定”

发生此类案件时，保险公司常常强调该条款中被保险人、驾驶员及其家庭成员的人身伤亡不负责赔偿的免责条款，认为由此可以“防范道德风险”，保险条款做这样的免责规定是为了防范被保险人为了获取保险金而对家庭成员进行故意伤害，但该条规定并不合理。

这样的规定虽然在一定程度上考虑到了类似案件可能存在的道德风险，但如此难免“因噎废食”。家庭成员之间发生交通事故占全部交通事故的比例虽然没有具体的统计数据，但根据实际经验来看应该占全部交通事故相当小的比例，而故意伤害家庭成员而进行骗取保险金的情况更是微乎其微。如此，以微乎其微的故意比例否定所有家庭成员类交通事故案件的赔偿是“因噎废食”，这种免责保险条款属“有罪推定”思维，即认为所有的家庭成员间发生的交通事故都有骗保的嫌疑。当保险事故发生后，保险公司怀疑被保险人或其他人骗保的，完全可通过举证免除赔偿责任，骗保的行为构成犯罪时更可追究骗保者的刑事责任，而不可以格式免责条款全部否定所有家庭成员间发生交通事故所产生的索赔。

编写人：江苏省滨海县人民法院　刘寒　刘天畅

2

机动车上乘客行为导致第三人损害的，对超出交强险责任限额的部分，保险公司在商业三者险内如何承担赔偿责任

——陈某鑫诉彭某业等机动车交通事故责任案

【案件基本信息】

1. 裁判书字号

广西壮族自治区贵港市中级人民法院（2019）桂08民终1475号民事判决书

2. 案由：机动车交通事故责任纠纷

3. 当事人

原告（被上诉人）：陈某鑫

被告（上诉人）：彭某业

被告（被上诉人）：太平洋财险贵港中心支公司

被告：覃某足、黄某旗

【基本案情】

2018年2月8日，覃某足驾驶黄某旗所有的桂RK××××号小型轿车载彭某业（坐副驾驶座）由贵港市往桂平市方向行驶，至省道304线166km+300m处，覃某足驾车停在其行向右侧路边，坐在副驾驶座上的彭某业打开副驾驶座车门时，适遇陈某现驾驶二轮摩托车（载陈某鑫）由覃某足车后方右侧驶来向桂平市方向行驶，陈某现发现后避让不及，致使陈某现所驾车辆左侧与彭某业打开的副驾驶座车门发生碰撞，造成陈某现、陈某鑫受伤的道路交通事故。事故发生后，经桂平市公安局交通警察大队处理作道路交通事故认定书，认定彭某业负本次事故的主要责任，覃某足、陈某现负本次事故的次要责任，陈某鑫不负本次事故的责任。陈某鑫受伤后先后在桂平市中医医院住院、贵港市人民医院住院治疗119天，诊断为：左侧胫腓骨下段开放性骨折，左侧第2跖骨开放性骨折等。后经其自行委托鉴定，鉴

定意见为：评定陈某鑫致残程度等级为八级，误工期为365日，护理期为150日、营养期为117日。因保险公司重新申请对其伤残等级进行鉴定，经重新鉴定，鉴定意见：陈某鑫的伤残评定为八级。

桂RK××××号车在保险公司投保有交强险和50万元商业险（不计免赔），事故发生在保险期间。交强险责任限额为：死亡伤残赔偿限额110000元、医疗费用赔偿限额10000元、财产损失赔偿限额2000元。商业三者险限额为500000元。

陈某鑫依法提起诉讼，请求判令赔偿医疗费、残疾赔偿金、精神损害抚慰金等各项费用合计476655.25元。由保险公司在交强险范围和商业三者险范围内赔偿；仍有不足的，由彭某业承担70%赔偿责任，覃某足、黄某旗承担20%赔偿责任。

【案件焦点】

1. 对于陈某鑫因交通事故发生的损害后果，侵权人彭某业、覃某足、黄某旗应对其承担何种性质的责任；2. 因车上乘客过错造成的损害，是由保险公司赔偿还是乘客赔偿。

【法院裁判要旨】

广西壮族自治区桂平市人民法院经审理认为：综合本次事故发生的原因力大小，陈某现、覃某足、彭某业的过错程度，陈某现与覃某足负本次事故的次要责任，彭某业负本次事故的主要责任，陈某鑫不负事故的责任。由于覃某足驾驶机动车在道路行驶，在路边停车没有紧靠道路右侧，是造成事故的次要原因，应在次要责任中承担20%的民事责任；陈某现未依法取得机动车驾驶证、驾驶未定期进行安全技术检验的机动车在道路上行驶，是造成本次事故的次要原因，应在次要责任中承担20%的民事责任。彭某业乘坐由覃某足驾驶停在路边的车辆，彭某业在开关车门时妨碍了其他车辆通行，是造成本次事故的主要原因，应承担60%的民事责任。黄某旗出借给覃某足的车辆符合上道路驾驶条件，且覃某足具备驾驶资格，黄某旗不应承担本次事故民事责任。

桂RK××××号车在保险公司投保有交强险，故保险公司应在交强险限额先予以赔偿陈某鑫的损失，不足部分，保险公司应按覃某足承担的20%比例在商业险范围赔偿。彭某业乘坐副驾驶座开门时未注意避让后来车辆，是造成事故的主要原因，其侵权行为造成被侵权人的损失，在交强险限额外，由彭某业按其承担的60%赔偿给陈某鑫。彭某业认为其承担部分责任也应由保险公司赔偿，但根据《中华人民共和国侵权责任法》第十二条“二人以上分别实施侵权行为造成同一损害，能够确定责任大小的，各自承担相应的责任；难以确定责任大小的，平均承担赔偿责任”的规定，以及《中国保险行业协会机动车综合商业保险示范条款》第二十二条：保险期间，被保险人或其允许的驾驶人在使用被保险机动车过程中发生意外事故，致使第三人遭受人身伤亡或财产直接损毁，依法应当对第三者承担的损害赔偿责任，且不属于免除保险人责任的范围，保险人依照本保险合同的约定，对于超过机动车交通是责任强制保险各分项赔偿限额的部分负责赔偿。覃某足驾驶车辆在停车后，彭某业乘坐副驾驶座下车时未尽到注意安全义务，导致本事故的发生，依照上述规定，覃某足与彭某业的各自的侵权责任大小已明确，且彭某业并非属于机动车商业保险条款约定的被保险人或其允许的驾驶人在使用被保险机动车过程中发生意外事故的相应人员，所以对彭某业的侵权行为应由其在交强险限额外按责任比例承担赔偿义务。

一审法院对各赔偿项目进行核定后。依照《中华人民共和国侵权责任法》第六条、第十二条、第十六条，《中华人民共和国保险法》第六十五条、第六十六条，《中华人民共和国道路交通安全法》第七十六条，《最高人民法院关于确定民事侵权精神损害赔偿责任若干问题的解释》第八条、第九条、第十条，《最高人民法院关于审理人身损害赔偿案件适用法律若干问题的解释》第十七条、第十八条、第十九条、第二十一条、第二十二条、第二十三条、第二十四条、第二十五条、第二十六条，《最高人民法院关于审理道路交通事故损害赔偿案件适用法律若干问题的解释》第十四条、第十六条，《中华人民共和国民事诉讼法》第六十四条第一款规定，作出如下判决：

一、被告太平洋财险贵港中心支公司应当在承保桂 RK××××号小型轿车的机动车第三者责任强制保险责任限额范围内赔偿经济损失 110000 元给原告陈某鑫；

二、被告太平洋财险贵港中心支公司应当在承保桂 RK××××号小型轿车的第三者责任商业保险责任限额范围内赔偿经济损失 51252.73 元给原告陈某鑫；

三、被告彭某业应赔偿经济损失 153758.2 元给原告陈某鑫；

四、原告陈某鑫应返还 12550 元给被告覃某足；

五、驳回原告陈某鑫的其他诉讼请求。

被告彭某业不服一审判决，提出上诉。广西壮族自治区贵港市中级人民法院经审理认为：虽然交警部门认定彭某业对事故承担主要责任，但交通事故责任并不等同于民事责任，交通事故是因违反交通管理法规而应承担的责任，民事责任是因违反民事法律法规或者依照合同约定而承担的责任。本案保险公司应否在商业险限额内承担责任，属于依照合同约定承担责任，只要出现合同约定保险公司应当承担赔偿责任的情形，保险公司就应当承担责任。《中国保险行业协会机动车综合商业保险示范条款》第二十二条：保险期间，被保险人或其允许的驾驶人在使用被保险机动车过程中发生意外事故，致使第三人遭受人身伤亡或财产直接损毁，依法应当对第三者承担的损害赔偿责任，且不属于免除保险人责任的范围，保险人依照本保险合同的约定，对于超过机动车交通责任强制保险各分项赔偿限额的部分负责赔偿。本案事故虽然是由于彭某业打开副驾驶的车门造成的，但该车门属于桂RK××××号小型轿车的一部分，仍应认定为该车属于事故车辆，彭某业的责任仍应认定属于该保险车辆的责任。而覃某足是投保人黄某旗允许驾驶桂RK××××号小型轿车的合法驾驶人，虽然当时该车是靠边停车，但属于临时停车，也应认定为是正在使用的车辆，即本案事故是覃某足在使用桂RK××××号小型轿车过程中发生的事故，对造成第三人的损失，保险公司应当依照上述保险条款在商业险限额内承担赔偿责任。原判确定彭某业承担60%，覃某足承担20%，陈某现承担20%正确，本院予以维持。但彭某业与覃某足对外是一个整体，都代表车方，因此，保险公司应当对此二人承担的责任在商业险限额内承担赔偿责任，商业险赔偿不足部分才由此二人按上述比例分担。而本案的商业险限额是50万元，扣除交强险应当赔偿部分，商业险已足以赔偿，因此，彭某业无须再赔偿。综上所述，彭某业上诉人请求其应承担赔偿部分由保险公司赔偿的理由成立，本院予以支持。原判由于认定上诉人的责任不是事故车辆的责任错误，导致判决错误，本院予以纠正。

广西壮族自治区贵港市中级人民法院依照《中华人民共和国民事诉讼法》第一百七十一条第一款第（二）项的规定，作出如下判决：

一、维持桂平市人民法院（2018）桂0881民初3334号民事判决的第一、四、五项；

二、撤销桂平市人民法院（2018）桂0881民初3334号民事判决的第三项；

三、变更桂平市人民法院（2018）桂0881民初3334号民事判决的第二项为被告太平洋财险贵港中心支公司应当在承保桂RK××××号小型轿车的第三者责任商业保险责任限额范围内赔偿经济损失205010.93元给原告陈某鑫。

【法官后语】

本案的争议问题在于保险公司在交强险责任限额内先行赔付后，就不足部分，是由承保商业险的保险公司全额赔偿，还是由负有责任的乘车人与保险公司按份承担赔偿责任。

不论是机动车第三者责任强制保险（即交强险），还是第三者责任商业保险（即商业三者险），都属于责任保险的范畴。责任保险则是指当被保险人依法对第三者承担民事赔偿责任时，由保险人对被保险人承担补偿责任或者直接对第三人承担赔偿责任的保险。分言之，交强险是指由保险公司对被保险机动车发生道路交通事故造成本车人员、被保险人以外的受害人的人身伤亡、财产损失，在责任限额内予以赔偿的强制性责任保险，商业三者险则是指保险期间内，被保险人或其允许的驾驶人在使用被保险机动车过程中发生意外事故，致使第三者遭受人身伤亡或财产直接损毁，依法应当对第三者承担的损害赔偿责任，且不属于免除保险人责任的范围，保险人依照本保险合同的约定，对于超过机动车交通事故责任强制保险各分项限额的部分负责赔偿。从文义上看，尽管都是第三者责任保险，但交强险和商业三者险的区别显而易见：前者的承保范围是“被保险机动车发生道路交通事故”，后者的承保范围则是“被保险人或其允许的驾驶人在使用被保险机动车过程中发生意外事故”，且要“依照保险合同约定”。实际上，这种区别的背后涉及对交强险功能定位和商业三者险赔偿规则的理解。我国现行法更为强调交强险的基本保障功能，更为重视交强险对受害人损失的填补功能，采纳的是基本保障模式，即在交强险责任限额内，保险公司的赔偿责任与被保险人的侵权责任相互脱钩。而商业三者险，保险公司承担责任的基础是保险合同，作为签订合同的当事人，保险公司只需要承担合同约定内的义务。从赔偿顺序而言，同时投保交强险和商业三者险的机动车发生交通事故造成损害，交强险在其限额内先行予以赔付之后，承保商业三者险的保险公司不是就其余损害无条件在责任限额内进行赔偿，而是首先要确定侵权责任的性质，明确加害人基于侵权行为所应承担的责任范围，在此基础和范围内才涉及不足部分由商业险保险公司赔偿的问题。简言之，交强险限额内不考虑侵权责任中的过错问题，商业三者险部分则要考量双方过错、责任性质、责任比例等具体问题。

具体到本案中，第一，根据上述交强险限额内不考虑侵权责任中的过错问题的原则，原审法院在交强险限额内不考量驾驶员覃某足、乘客彭某业的过错和所应承担的侵权责任，只明确系机动车发生交通事故造成人身伤亡、财产损失，即判决保险公司在交强险责任限额内予以赔偿，这无疑是正确的。第二，也是本案的争议焦点所在，对于超出交强险责任限额的损失部分，作为乘客的过错方是否需要承担按份赔偿责任？显然，一审法院认为应当由有过错的乘客按份赔偿，二审法院认为应当由保险公司在商业三者险范围内赔偿。对本案侵权责任的性质，一、二审法院均认可，陈某鑫受伤系因覃某足驾驶小型轿车停止驾驶后、乘客彭某业开车门时所导致，对于陈某鑫的损害后果，驾驶员覃某足和乘客彭某业应承担的责任是按份责任，而非连带责任。故本案的关键在于商业三者险保险合同中如何约定。本案商业三者险保险合同第一款对保险公司所承保的责任主体作了明确的界定：被保险人或其允许的合法驾驶人。对照而言，驾驶员覃某足显然属于该界定范围，其侵权责任按约定由保险公司承保；乘客彭某业是否属于该界定范围？二审法院认为本案事故虽然是由于彭某业打开副驾驶的车门造成的，但该车门属于桂RK××××号小型轿车的一部分，仍应认定为该车属于事故车辆，彭某业的责任仍应认定属于该保险车辆的责任。虽然当时该车是靠边停车，但属于临时停车，也应认定为是正在使用的车辆，即本案事故是覃某足在使用桂RK××××号小型轿车过程中发生的事故，对造成第三人的损失。彭某业与覃某足对外是一个整体，都代表车方，因此，保险公司应当对此二人承担的责任在商业险限额内承担赔偿责任，商业险赔偿不足部分才由此二人按上述比例分担。二审法院遂作出上述改判。

本案涉及对保险合同条款的解释问题。我们认为，对保险合同的解释，首先应当遵循合同法关于普通合同的解释方法，一般合同解释原则和规则不能解决时，再适用保险法的特别解释原则。但是，保险法特别明确了一项偏向于保护投保人的解释原则，即疑义利益解释原则：采用保险人提供的格式条款订立的保险合同，保险人与投保人、被保险人或者受益人对合同条款有争议的，应当按照通常理解予以解释。对合同条款有两种以上解释的，人民法院或者仲裁机构应当作出有利于被保险人和受益人的解释。就本案商业险保险合同关于责任主体的约定条款而言，应作出有利于被保险人和受益人的解释。

编写人：广西壮族自治区桂平市人民法院　梁海莉

3

下车过程中被车门挤压后受伤的受害人不应认定为车外的“第三者”，而应认定为“车上人员”

——郝某英诉淄博公汽公司、太平洋财险淄博中心支公司机动车交通事故责任案

【案件基本信息】

1. 裁判书字号

山东省淄博市中级人民法院（2019）鲁03民终2949号民事判决书

2. 案由：机动车交通事故责任纠纷

3. 当事人

原告（被上诉人）：郝某英

被告（上诉人）：太平洋财险淄博中心支公司

被告（被上诉人）：淄博公汽公司

【基本案情】

2018年7月16日，范某波驾驶淄博公汽公司的鲁C×××××号客车行驶至某路段，下车过程中，因其操作不当致使车门将原告的腿夹住，致原告受伤，造成道路交通事故。经交警部门认定，郝某英交通方式为“步行”，范某波负事故全部责任。涉案客车在太平洋财险淄博中心支公司（以下简称太平洋财险）投保交强险和商业三者险50万元及不计免赔。郝某英起诉要求太平洋财险在交强险及商业险范围内优先赔付，超出部分由淄博公汽公司承担赔偿责任。淄博公汽公司辩称事故属实，同意依法进行处理。太平洋财险则辩称事故属实，事故发生在保险期间内，但事故发生时郝某英系车上人员，不属于第三者，故本案中其不应承担赔偿责任。

郝某英受伤后，淄博公汽公司为其支付医疗费42000元，郝某英同意将该部分医疗费在本案一并处理。

【案件焦点】

原告在事故发生时属于“车上人员”还是车外的“第三者”。

【法院裁判要旨】

山东省淄博市张店区人民法院经审理认为：根据交通事故认定书认定，肇事司机范某波承担事故全部责任。本案的争议焦点为郝某英对于涉案肇事车辆是否属于机动车交通事故责任强制保险的适用对象以及商业三者险中的“第三者”。第一，交警部门认定“交通方式：步行”的郝某英受伤，造成交通事故，并未认定郝某英是在车上受伤；第二，郝某英是在下车过程中，右脚（后脚）是被车门夹住，拖倒致伤，则郝某英的右脚以常理应造成挤压伤等伤情，但通过住院病历可知，医院对郝某英的主要诊断为右足碾压伤，其他诊断为右足皮肤碾压撕脱伤等（几处受伤均在右足）。故郝某英在发生事故时，其身份已经完成了从“车上人员”到“第三者”的转化。综上，应由太平洋财险对于郝某英的损失在交强险和商业三者险范围内承担赔偿责任。范某波在事发时系履行职务行为，不足部分应当由淄博公汽公司承担。据此，一审判决：

一、太平洋财险在交强险范围内赔偿郝某英医疗费10000元、残疾赔偿金35594.1元、护理费10800元、精神损害抚慰金2000元、交通费670元；

二、太平洋财险在商业险范围内赔偿郝某英医疗费82351.19元、住院伙食补助费2010元、后续治疗费10000元、鉴定费2080元；

三、淄博公汽公司赔偿郝某英复印费50元；

四、淄博公汽公司为郝某英垫付的医疗费42000元，应从上述赔偿款中予以扣减；

五、驳回郝某英的其他诉讼请求。

太平洋财险持原审答辩意见提起上诉。山东省淄博市中级人民法院经审理认为：受害人郝某英系在下车过程中，左脚已经踏地，右脚尚未离开车体时，涉案车辆即关闭车门将郝某英右脚夹住，致使发生本案交通事故。该事实有郝某英的陈述、相关就诊资料等在卷作证，淄博公汽公司在二审期间也对该项事实予以认可。至于本案交通事故发生时受害人郝某英是否属于“车上人员”，“车上人员”与“车下人员”的区分应当以是否脱离车体为准。本案交通事故发生时，受害人一脚尚在车上，并没有完全脱离车体，因此，受害人应当属于“车上人员”，淄博公汽公司主张受害人应属于车下人员即第三者，与事实不符，对其该项主张，不予支持。根据《机动车交通事故责任强制保险条例》第三条规定，保险赔偿对象为机动车发生交通事故造成本车人员、被保险人以外的受害人的人身伤害、财产损失；涉案交强险保险条款第五条明确约定：交强险合同中的受害人不包括被保险机动车本车车上人员；涉案第三者商业保险条款第三条约定：本保险合同中的第三者不包括被保险机动车本车车上人员，第四条约定：本保险合同中的车上人员包括正在上下车的人员。对于上述条款，淄博公汽公司虽辩称不知晓及太平洋财险没有以显著方式予以提示告知，但其在涉案相关车辆投保单上均签章认可收到条款全文并完全理解其真实含义和法律后果，且双方多年来签订了大量同类保险合同，淄博公汽公司应当知悉相关合同内容，其应当对其合同的签署行为承担相应的法律责任。涉案车辆保险合同系当事人即淄博公汽公司与太平洋财险的真实意思表示，并不违反法律的强制性规定，双方应守约执行，淄博公汽公司应据此承担对受害人郝某英的赔偿责任。太平洋财险的上诉主张成立，依法予以支持。关于郝某英的伤害赔偿范围及数额，二审中各方当事人均未提出异议，依法维持一审的有关认定。综上，一审法院认定事实正确，但适用法律不当，依法予以改判。据此，二审判决：

一、撤销一审判决；

二、淄博公汽公司赔偿郝某英医疗费92351.19元、残疾赔偿金35594.1元、护理费10800元、精神损害抚慰金2000元、交通费670元、住院伙食补助费2010元、后续治疗费10000元、鉴定费2080元、复印费50元；淄博公汽公司为郝某英垫付的医疗费42000元，应从上述赔偿款中予以扣减；

三、驳回郝某英的其他诉讼请求。

【法官后语】

本案最主要的争议焦点无疑是原告郝某英在事故发生时属于“车上人员”还是车外的“第三者”。因此本案所反映出的核心问题就在于，在机动车交通事故责任纠纷案件中，受害人在下车过程中因驾驶员不当操作致使车门夹住受害人腿脚而受伤的，其应当认定为“车上人员”还是应认定为车外的“第三者”。而对这一问题的正确界定是认定受害人能否通过第三者责任险（包括交强险和商业三者险）获得赔偿的关键。

在一般情形下的机动车交通事故责任纠纷案件中，受害人系“车上人员”还是车外的“第三者”是比较容易区分的，例如受害人如果自始至终都处于车上，则其显然应为车上人员而非第三者；再如受害人自始至终都在肇事车辆之外的情形也是显而易见的。然而现实中交通事故具有复杂性和不确定性，如本案中受害人在下车过程中因驾驶员不当操作致使车门夹住受害人腿脚而受伤的情形就时有发生。对于此情形下受害人应认定为“车上人员”还是“第三者”，原、被告双方往往存在较大争议。本案即如此。本案中太平洋财险作为承保涉案车辆交强险的保险公司，其在一、二审中始终坚持抗辩认为事故发生时原告系车上人员，不属于第三者，其因此不应承担赔偿责任。而淄博公汽公司则主张原告当时已经踏地，应当属于车下人员，交通事故责任认定书也认定其为“行人”，属于“第三者”。一审法院虽然认定原告在发生事故时属于第三者并判决太平洋财险承担赔偿责任，但二审法院经过审理后最终认定原告在发生事故时并非属于事故车辆之外的“第三者”，其应属于事故车辆的“车上人员”，故太平洋财险应依法在交强险及商业三者险保险责任范围内免除赔偿责任。应当说本案二审法院对这一问题的认定是正确的。正如本案所反映出的那样，在司法实践中认定受害人属于“车上人员”还是属于“第三者”，二审法院采取的基本思路或者说原则就是必须以受害人在交通事故发生时是否身处事故车辆之上为依据进行判断，在车上即属于“车上人员”，否则为“第三者”，即“车上人员”与“车下人员”的区分应当以是否脱离车体为准。这样进行判断的原因在于，机动车作为一种交通工具，系为人们的出行提供便利，任何人都不可能永久地置身其中，这就决定了机动车保险合同中所涉及的“车上人员”和“第三者”均为在特定的时间空间情形下的临时性身份，而非永久和固定不变的身份；二者都是相对概念而非绝对概念，可以因特定时空条件的变化而相互转化。而以受害人在交通事故发生时是否身处事故车辆之上为依据进行判断，可以说在最大程度上尊重了客观实际，符合公平正义的司法原则。

当然对于本案中这种受害人在下车过程中因驾驶员操作不当致使车门夹住受害人腿脚而受伤的情形，在依据上述的“以受害人在交通事故发生时是否身处事故车辆之上”原则来确定受害人是属于“车上人员”还是属于“第三者”时，还应坚持“近因原则”。近因原则是判断保险事故与保险标的损失之间的因果关系并确定保险赔偿责任的基本原则。所谓“近因”，是指引起保险事故发生的直接、最有效或者起决定作用的原因，而保险理赔须遵循近因原则，司法实践中近因原则也已成为判断保险人应否承担保险责任的一个重要标准。在本案这种情形下坚持近因原则进行判断，其实就是根据受害人在引发事故的“近因”出现时所处的空间位置（即“近因”出现时受害人是否身处事故车辆之上）来进行判断。这需要首先确定事故的近因是什么，然后再确定近因发生时受害人所在的空间位置，就可判断出受害人到底是属于“车上人员”还是属于车外的“第三者”。具体到本案，本案系因涉案车辆驾驶员操作不当致使车门夹住受害人右脚引发的交通事故。在原告下车过程中，因驾驶员突然关闭车门的不当操作，在受害人一脚尚在车上而并没有完全脱离车体的情况下，造成车门夹住受害人右脚并致其受伤。其中驾驶员突然关闭车门的不当操作系最先发生，这一事件直接引发了之后的原告右脚被车门夹住而最终受伤这一连串事件。这些前后发生的事件不仅存在连续性的因果关系，而且无任何逻辑中断，亦无其他外因介入，因此驾驶员的不当操作即突然关闭车门这一根源性事件是造成事故从而导致原告受伤的近因。根据近因原则，驾驶员操作不当突然关闭车门这一近因出现时原告并未完成下车动作，就原告当时所处的空间位置而言其并未脱离车辆的车体，即原告相对于车辆而言仍系在车内，应属于事故车辆的车上人员，而不是车辆之外的第三者。故根据《机动车交通事故责任强制保险条例》第三条的规定以及涉案交强险和商业三者险保险条款的约定，保险公司应当在交强险及商业三者险保险责任范围内免除赔偿责任。

编写人：山东省淄博市中级人民法院　荣明潇

山东省淄博市张店区人民法院　刘晓辉

4

“某滴顺风车”APP平台与车主、乘客之间法律关系的认定问题及其处理意见

——罗某诉肖某等机动车交通事故责任案

【案件基本信息】

1. 裁判书字号

湖南省高级人民法院（2020）湘民申302号民事裁定书

2. 案由：机动车交通事故责任纠纷

3. 当事人

原告（被上诉人、再审被申请人）：罗某

被告（上诉人）：小桔公司

被告（上诉人、再审申请人）：运达公司

被告（被上诉人、再审被申请人）：肖某 、胡某平、冀东水泥公司、中华保险临澧县支公司

【基本案情】

益阳市赫山区人民法院经审理查明，2017年10月28日13时10分，原告罗某发出从益阳金色桃源西南门到长沙市南门桥的顺风车订单，拼车价为51.7元。13时25分，被告肖某以车牌号为湘H×××××号的名义接下该顺风车订单，实际驾驶车辆为湘H9××××小型普通客车。15时30分许，被告肖某驾驶并搭载原告罗某的湘H9××××小型普通客车，由西往东行驶至G××××长张高速公路39公里500米处时，前方发生拥堵，因未保持安全车距，与骑跨在超车道和行车道之间的被告胡某平驾驶的湘J5××××/湘J2×××挂重型半挂车组发生追尾相撞，造成两车不同程度受损、湘H9××××小型普通客车驾驶员被告肖某及原告罗某受伤的交通事故。14时34分，被告肖某因行驶过程中发生交通事故，无法完成订单，便自行取消订单。而原告罗某的订单状态显示“中止”。2017年11月19日，湖南省高速公路交通警察局益阳支队朝阳大队作出道路交通事故认定书，认定被告肖某驾驶机动车在高速公路通行，未按照规定保持行车间距的，其行为应负事故的主要责任，被告胡某平驾驶机动车在高速公路上骑、轧行车道分界线的，其行为应负事故的次要责任，原告罗某无责任。事故发生后，原告罗某在益阳市中心医院、益阳医专附属医院、中南大学湘雅二医院、湖南省人民医院、宁乡县人民医院治疗，共住院46天，用去医药费及检查费165811元。原告罗某在长沙亚韩医学美容医院有限公司、益丰大药房连锁股份有限公司等药店购买外购药品6047元。原告罗某在爱乐宝母婴坊购买护垫、卫生纸用去4482元。故原告罗某共住院46天，用去医药费及检查费176340元。原告罗某购买残疾器具用去568元。2018年5月7日，原告罗某委托益阳市银城司法鉴定所进行鉴定。2018年5月18日，经益阳市银城司法鉴定所鉴定，被鉴定人罗某腹部闭合性损伤，左侧膈肌破裂修补术后，小肠穿孔修补术后，小肠

系膜破裂并部分小肠缺血坏死切除肠吻合术后，升结肠浆肌层撕裂修补术后，右膈肌挫伤，腹膜后血肿，左侧胸腔大量积血胸腔闭式引流术后，创伤性失血休克，失血性贫血，腹盆腔多发脓肿，粘连性肠梗阻，左下肺萎缩，右下肺慢性炎症诊断成立，其损伤程度构成九级、十级、十级伤残，护理 90 日，营养 120 日，用去鉴定费 1200 元。2018 年 7 月 18 日，湖南大民律师事务所委托益阳市金卫司法鉴定所进行鉴定。2018 年 7 月 25 日，益阳市中心医院出具医学鉴定书，被鉴定人罗某腹部皮肤瘢痕治疗费 20000 元左右。2018 年 8 月 8 日，益阳市金卫司法鉴定所出具鉴定意见书，被鉴定人罗某后续治疗费可参照益阳市中心医院医学会诊意见或按实际有效合理医疗费用计算，用去鉴定费及检查费 2446 元。事故发生后，被告肖某垫付原告赔偿款 118900 元。被告冀东水泥公司垫付原告赔偿款 10000 元。

另查明，原告罗某系城镇户籍，原告罗某的被扶养人为：父罗某芬，系农村户籍，育有 3 个子女；母李某枚，系农村户籍，育有 3 个子女；子张某程，系城镇户籍。被告胡某平驾驶的湘 J5 ××××/湘 J2 ××× 挂重型半挂车组的登记车主为被告冀东水泥公司，被告胡某平系被告冀东公司聘请的雇员，被告胡某平的驾驶证准驾车型为 A2，湘 J5 ××××/湘 J2 ××× 挂重型半挂车组在被告中华保险临澧县支公司投保了交强险及 1000000 元商业三责险，且购买不计免赔率险，无绝对免赔额，事故发生在保险期限内。

另又查明，被告小桔公司系“某滴顺风车”APP 平台设计者，被告运达公司系该 APP 平台的运营商，为用户提供顺风车信息服务，被告小桔公司持有被告运达公司 100% 的股份。2017 年 4 月 16 日，被告肖某被认证为“某滴顺风车”车主，注册车辆为湘 H ××××× 号车辆。

益阳市中级人民法院经审理查明：1. 涉案订单取消在交通事故发生后。交通事故发生时间为 2017 年 10 月 28 日 13 时 40 分许；订单取消时间为 2017 年 10 月 28 日 14 时 34 分。一审认定交通事故发生时间为 2017 年 10 月 28 日 15 时 30 分错误，本院予以纠正。2. 某滴平台公司在微信公众号上向社会承诺为乘客及司机购买保险，提供安全保障、先行垫付医药费、丧葬费及承担保险不覆盖部分的理赔责任等。3. 根据当事人陈述及订单显示：某滴公司按 10% 费率收取费用。

二审查明的其他事实与一审查明的一致。

【案件焦点】

“某滴顺风车”APP 平台的设计者、运营商与车主、乘客之间法律关系的认定以及赔偿责任的处理。

【法院裁判要旨】

湖南省益阳市赫山区人民法院经审理认为：肖某驾驶搭乘罗某的湘 H9 ×××× 小型普通客车与胡某平驾驶的湘 J5 ××××/湘 J2 ××× 挂重型半挂车组相撞，发生致使湘 H9 ×××× 小型普通客车上的乘客罗某受伤的交通事故。罗某依法享有向侵权人要求赔偿损失的权利。公安交警部门作出的交通事故认定书合法有效，可以作为本案认定事故发生的事实及划分责任的依据采信。综合本案过错程度，其责任比例以胡某平承担 30%，肖某一方承担 70% 为宜。胡某平驾驶的湘 J5 ××××/湘 J2 ××× 挂重型半挂车组在中华保险监澧县支公司投保了交强险及 100 万元商业三责险。依据《最高人民法院关于审理道路交通事故损害赔偿案件适用法律若干问题的解释》第十六条之规定，中华保险临澧县支公司应在机动车交通事故责任强制保险责任限额内对罗某先行赔偿，不足部分的损失按照事故责任，由承保商业险的保险公司依据保险合同按责承担 30% 的赔偿责任，仍不足的损失，由胡某平承担 30% 的赔偿责任。本案中，胡某平系冀东水泥公司的雇员，依据《最高人民法院关于审理人身损害赔偿案件适用法律若干问题的解释》第九条规定，胡某平在从事雇员活动中致罗某受伤的，应由冀东水泥公司承担赔偿责任。

小桔公司创立“某滴顺风车”APP 平台，运达公司系该 APP 平台的运营商，小桔公司持有运达公司 100% 的股份。肖某通过运达公司的形式审核，被认证为“某滴顺风车”APP 平台车主，按约定交纳管理费用。罗某通过手机微信中的“某滴顺风车”APP 平台发送合乘需求的订单。再通过“某滴顺风车”APP 平台的系统配置由肖某接收该订单，故罗某与小桔公司、运达公司、肖某之间客运合同关系成立，小桔公司、运达公司、肖某有将乘客罗某安全送达目的地的义务，且小桔公司与运达公司掌握着交易价格制定、订单分配模式、利益分享比例、补贴发放规则等多项涉及经营核心的内容，故小桔公司与运达公司辩称只是为顺风车与乘客提供居间服务的主张，无事实与法律依据，应不予支持。肖某擅自变更运营车辆的行为，不改变罗某继续通过“某滴顺风车”APP 平台支付车资，亦不影响罗某与小桔公司、运达公司、肖某之间客运合同的履行，故对运达公司辩称订单已取消，其公司不承担责任的主张，应不予支持。故肖某一方承担罗某的损失，小桔公司、运达公司、肖某承担连带赔偿责任。依据《中华人民共和国侵权责任法》第十四条的规定，连带责任人根据各自责任大小确定相应的赔偿数额。结合小桔公司、运达公司、肖某之间的责任大小，以肖某承担42%，小桔公司、运达公司承担28%为宜。因中华保险临澧县支公司对医保外用药的核减明细及依据未提交证据予以证实，对其主张不予支持。罗某的损失：罗某住院46天，共用去医疗费用176340元，住院伙食补助费2300元，残疾辅助器具费568元，后续治疗费20000元，鉴定费3646元，有医药费发票、残疾辅助器具费票据、鉴定意见书及鉴定费发票予以证实，应予以认定。罗某系城镇户籍，故其残疾赔偿金可按照上一年度城镇居民人均可支配收入依法计算为149371元。护理费可依据居民服务业行业标准依法计算为11807元。误工期计算至定残前一日为201天，故其误工费依据上一年度城镇居民人均可支配收入标准依法计算为18695元。被扶养人生活费依据被扶养人户籍性质依法计算为49151元。营养费酌情认定为2000元，交通费酌情认定为2000元。此次交通事故造成罗某的伤情构成九级、十级、十级伤残，给罗某精神上带来了痛苦，其精神损害抚慰金酌情认定为12000元。据此，依据《中华人民共和国侵权责任法》第六条、第十四条、第十六条、第二十二条，《中华人民共和国合同法》第二百九十三条，《最高人民法院关于审理道路交通事故损害赔偿案件适用法律若干问题的解释》第十六条之规定，判决：

一、中华保险临澧县支公司在交强险责任限额内赔偿罗某医疗费项下损失10000元，残疾赔偿金项下损失110000元，合计120000元；

二、中华保险临澧县支公司在商业第三者责任险范围内赔偿罗某损失98363元；

三、肖某、小桔公司、运达公司连带赔偿罗某损失229514元（内部按责划分，肖某赔偿罗某损失137709元，扣减已支付的118900元，还应赔偿18809元，小桔公司、运达公司赔偿罗某损失91805元）；

四、冀东水泥公司不承担本案的民事赔偿责任（已支付10000元）；

五、胡某平不承担本案的民事赔偿责任。

湖南省益阳市中级人民法院认为，对罗某在案涉交通事故中的损失为447877元，因各方当事人均未提出异议，法院予以确认。本案的争议焦点：小桔公司、运达公司在本案中是否应当承担赔偿责任？

《中华人民共和国合同法》第三百零二条规定：承运人应对运输过程中旅客的

伤亡承担赔偿责任，但伤亡是旅客自身健康原因造成的或者承运人证明伤亡是乘客故意、重大过失造成的除外。本案中，运达公司为顺风车运营商。罗某通过手机微信中的某滴顺风车APP平台发送合乘需求的订单，再通过某滴顺风车APP平台的系统配置，由顺风车司机肖某接收该订单，乘客罗某无权选择司机，司机肖某也无权选择乘客，到达目的地后由乘客罗某向滴滴顺风车APP平台支付车费，再由运达公司与司机比例分成。因此，罗某与肖某、运达公司之间客运合同关系成立。因案涉顺风车发生交通事故，不能将乘客罗某安全送达到目的地，且对罗某造成伤害。根据上述法律规定，肖某、运达公司应当对罗某的损失承担相应的赔偿责任。运达公司上诉所提运达公司不是运输合同的相对方，不是本案承运人，运达公司与乘客罗某系居间合同关系，不是本案的适格主体的上诉理由不能成立，本院不予采信。同时，某滴出行微信公众号上承诺对乘客的损失承担赔偿责任，故一审法院依据《中华人民共和国侵权责任法》及《中华人民共和国合同法》的有关规定，结合肖某、运达公司之间的责任大小，酌情认定运达公司承担28%并无不当，二审应予维持。运达公司按10%的费率标准收取费用，故运达公司上诉所提顺风车不具盈利性的上诉理由不能成立，本院不予采信。

根据二审查明的事实，司机肖某的订单取消时间在交通事故发生之后，故运达公司上诉所提是司机肖某与乘客罗某线下达成合乘合意，系肖某的个人行为，与运达公司无关联的上诉理由不能成立，本院不予采信。

小桔公司虽然是“某滴顺风车”APP平台的开发商，并持有运达公司100%的股份，但一审判决由小桔公司承担赔偿责任依据不足，二审应予纠正。上诉人小桔公司上诉所提其在本案中不应承担赔偿责任的上诉理由成立，本院予以支持。

肖某、中华保险临澧县支公司、胡某平、冀东水泥公司未对一审判决提起上诉，应视为对一审判决的认可，二审应予维持。

综上所述，运达公司的上诉理由不能成立，本院不予支持；小桔公司的上诉理由成立，本院予以支持。原审认定事实清楚，但适用法律有误。依照《中华人民共和国侵权责任法》第六条、第十四条、第十六条、第二十二条，《中华人民共和国合同法》第二百九十三条、第三百零二条，《最高人民法院关于审理道路交通事故损害赔偿案件适用法律若干问题的解释》第十六条，《中华人民共和国民事诉讼法》第一百四十四条、第一百七十条第一款第（二）项之规定，判决如下：

一、维持湖南省益阳市赫山区人民法院（2018）湘0903民初3018号民事判决第一、二、四、五项；

二、变更湖南省益阳市赫山区人民法院（2018）湘0903民初3018号民事判决第三项为：肖某、运达公司连带赔偿罗某损失229514元（内部按责划分，肖某赔偿罗某损失137709元，扣减已支付的118900元，还应赔偿18809元，运达公司赔偿罗某损失91805元）；

三、小桔公司在本案中不承担责任。

湖南省高级人民法院认为，运达公司的再审申请不符合《中华人民共和国民事诉讼法》第二百条规定的情形。依照《中华人民共和国民事诉讼法》第二百零四条第一款，《最高人民法院关于适用〈中华人民共和国民事诉讼法〉的解释》第三百九十五条第二款之规定，裁定如下：

驳回运达公司的再审申请。

【法官后语】

随着移动互联网的迅速发展和快速普及，全球范围内越来越多的消费者开始接受分享经济，通过共享来解决其在工作、生活方面的衣食住行等各方面需求。某滴的初衷很简单“让出行更美好”，即为消费者提供更便捷的用车出行服务。某滴为了满足消费者在不同场景下的多样化出行需求，在拥有打车业务之后，又推出了顺风车、快车、出租车、专车、巴士、代驾等产品，逐渐从提供个人出行服务发展到公共出行服务。但某滴注册的车辆发生交通事故如何确定赔偿责任却并没有明确规定。

该案例涉及“某滴顺风车”APP平台的设计者、运营商与车主、乘客之间法律关系的认定及其处理问题。

为更好地满足社会公众多样化出行需求，促进出租汽车行业和互联网融合发展，规范网络预约出租汽车经营服务行为，保障运营安全和乘客合法权益，国家7部委联合发布《网络预约出租汽车经营服务管理暂行办法》，该办法明确有“网约车平台公司承担承运人责任，应当保证运营安全，保障乘客合法权益”“网约车平台公司应当保证提供服务车辆具备合法营运资质，技术状况良好，安全性能可靠，具有营运车辆相关保险，保证线上提供服务的车辆与线下实际提供服务的车辆一致，并将车辆相关信息向服务所在地出租汽车行政主管部门报备”等规定。

运达公司在运营顺风车业务中，其与车主及乘客之间是否只是居间合同关系。依据《中华人民共和国合同法》第四百二十四条的规定，居间合同是指居间人向委托人报告订立合同的机会或者提供订立合同的媒介服务，委托人支付报酬的合同。在居间合同关系中，居间人仅提供订立合同的机会或者提供订立合同的媒介服务，并不承担对合同的履行主体、履行过程、履行结果等进行审查监督的义务或职责。从查明的事实来看，运达公司作为顺风车运营商，其通过某滴出行公众号发布了《某滴出行安全管理工作指引》《某滴投入数亿元提升安全保障》，承诺为乘客及司机购买巨额保险，提供安全保障，先行垫付医药费、丧葬费及承担保险不覆盖部分的理赔责任。

本案肖某通过运达公司的审核成为“某滴顺风车”APP平台车主后，除按约定交纳管理费用外，其交易价格的制定、订单的分配模式、利益分享比例、补贴发放规则等多项涉及经营核心的内容均由运达公司掌握。此外，乘客也是通过某滴顺风车APP平台发送合乘需求的订单，通过某滴顺风车APP平台的系统配置，由顺风车司机接收该订单，达到目的地后由乘客向某滴顺风车APP平台支付车费，由运达公司与司机按比例分成。这表明，运达公司在顺风车运营中并非只是提供居间服务，而是在整个客运合同的履行过程中承担主要的支配及控制地位。故运达公司与被申请人罗某、肖某之间并非居间合同关系而是属于客运合同关系。

编写人：湖南省益阳市赫山区人民法院　彭波

5

高速公路管理公司对突发事故的安全管理和保障义务范围

——伟特公司诉成彭公司等机动车交通事故责任案

【案件基本信息】

1. 裁判书字号

四川省成都市中级人民法院（2019）川01民终16497号民事判决书

2. 案由：机动车交通事故责任纠纷

3. 当事人

原告（上诉人）：伟特公司

被告（被上诉人）：胡某超、富德财险、成彭公司

【基本案情】

2018年9月9日晚，李某鹏驾驶川AQ××××号“东风标致”牌小型轿车沿成彭高速由彭州往成都方向行驶。21时10分许，车行至成彭高速11km+700m路段，与道路上一轮胎发生碰撞，致川AQ××××号“东风标致”牌小型轿车受损停在快车道内。21时27分许，胡某超驾驶川A×××××号“别克”小型轿车（搭载张某雨、沈某如）同向行驶至该地与停留在快车道内川AQ××××号“东风标致”牌小型轿车碰撞，造成胡某超、张某雨、沈某如受伤，两车受损。掉落轮胎的车辆逃逸，此逃逸案尚未侦破。成都市公安局新都区分局交通警察大队于2018年10月23日作出《道路交通事故证明书》，证明此次事故发生经过。成都市公安局新都区分局交通警察大队已查明：在第一次事故中，无证据证明李某鹏存在过错，确定李某鹏无责任。未查明：在第一次事故发生后，李某鹏是否按照规定设置警示标志依据现有证据无法确定。故公安机关交通管理部门不能根据李某鹏、胡某超的行为对发生交通事故所起的作用以及过错程度，确定李某鹏、胡某超的责任。

李某鹏于2018年9月10日在交警部门所作笔录中陈述：“2018年9月9日晚上，我驾车从绵竹市出发沿成绵复线、成彭高速往成都方向行驶，21时10分许，我行驶到成彭高速11km+700m处时，我恍惚觉得有一个轮胎从我车子前面飞过来，我立即踩刹车，然后我就感觉撞到了什么东西，我车子的气囊就弹出来了（驾驶位置和副驾驶位置的安全气囊都弹出来了），然后我车子就失控横着停放在高速道路的中间。”

李某鹏驾驶川AQ××××号“东风标致”牌小型轿车系伟特公司所有，李某鹏系借用该车发生本次事故的，伟特公司出具书面意见称李某鹏在本案中应承担的责任由其公司承担。事故发生后，该车被拖往维修地发生拖车费400元。富德财险对伟特公司所有的车定损为84600元，庭审中，各被告对该定损金额无异议，本院予以确认。

成彭公司系本案交通事故出事路段的经营管理公司。通过成彭公司提交的路政队巡查日志、养护巡查表、收费系统截图等证据，可以认定该公司的路政巡查车辆已经对事发路段进行了每2小时一次的巡查，同时该公司也安排外包公司每天对路面及时清扫、清障。

【案件焦点】

作为本案交通事故出事路段经营管理公司的成彭公司是否应承担责任。

【法院裁判要旨】

关于成彭公司是否应承担责任的问题。四川省成都市新都区人民法院一审认为，成彭公司作为案涉路段的经营管理者，对此路段负有安全管理和保障责任，但该安全管理和保障责任应以合理为其限度。一审法院同时认为，成彭高速公路在案件中已尽到合理范围内的安全保障义务，理由有以下几个方面：一、李某鹏于2018年9月10日在接受新都区交通警察大队询问时陈述“我行驶到成彭高速11km + 700m处时，我恍惚觉得有一个轮胎从我车子前面飞过来，我立即踩刹车，然后我就感觉撞到了什么东西”，李某鹏虽并未直接看到轮胎从具体的哪辆车上掉下来，但通过其陈述可知，其遇到轮胎时，轮胎应当是处于运动状态（轮胎掉落后一般会在高速公路上继续翻滚移动），否则其不可能会感觉轮胎“从车子前面飞过来”。前述事实说明，李某鹏遇到的轮胎系刚掉落不久的可能性较大。二、本案中，李某鹏所遇车辆轮胎掉落的根本原因是车辆所有人疏于定期维护检修，且轮胎掉落后一般会在高速公路上继续翻滚移动，而车辆轮胎的掉落（何时、何地点、以何种方式掉落）以及掉落后轮胎的运行轨迹均是成彭公司所不能预见和控制的，因此成彭公司对此情形无法采取合理措施加以防范和避免（甚至将巡查、清扫的频率增加到每小时2次或者更频繁都无法避免），对于其无法防范和避免的事故，成彭公司不应被认定为未尽安全保障义务。三、成彭公司作为案涉路段的经营者管理者，已经对事发路段进行了每2小时一次的巡查，同时该公司也安排了外包公司每天对路面及时清扫、清障，其已尽到必要的安全管理和保障义务。不能苛求成彭公司随时巡查、保洁、清障。况且，伟特公司并未举证证明本次事故的发生系成彭公司疏于巡查、保洁、清障导致轮胎长时间停留路面影响通行而造成。

综上，伟特公司请求成彭公司承担未尽安全保障义务的责任，无事实和法律依据，一审法院不予支持，成彭公司在本案中不承担责任。判决驳回伟特公司对成彭公司的诉讼请求。

二审法院裁判理由与一审法院一致，判决：

驳回上诉，维持原判。

【法官后语】

《最高人民法院关于审理道路交通事故损害赔偿案件适用法律若干问题的解释》第九条第一款规定：“因道路管理维护缺陷导致机动车发生交通事故造成损害，

当事人请求道路管理者承担相应赔偿责任的，人民法院应予支持，但道路管理者能够证明已按照法律、法规、规章、国家标准、行业标准或者地方标准尽到安全防护、警示等管理维护义务的除外。”故需认定本案能否适用《最高人民法院关于审理道路交通事故损害赔偿案件适用法律若干问题的解释》第九条第一款的规定。

一、被告成彭公司系本案事发路段的道路管理者，系本案适格被告

本案事故发生在高速公路上，属于经营性公路。经营性公路的道路管理者，为公路经营企业。公路经营企业，是指受让公路收费权和投资建设公路的国内外经济组织依法成立开发、经营公路的企业。本案被告成彭公司系本案事发路段的道路管理者，系本案适格被告。

二、本案的归责原则为过错推定原则，但高速公路管理公司通过举证能证明其无过错

道路管理者对于因道路管理维护缺陷导致机动车发生交通事故造成损害的，应推定道路管理者具有过错，道路管理者不能证明其没有过错的，应该承担相应的赔偿责任。但过错推定责任本质上是一种过错责任，道路管理者只应为其过错承担责任。在过错责任原则中，过错是确定行为人是否承担侵权责任的核心要件，也是人民法院审理侵权案件主要考虑的因素。

本案中，第一，《公路安全保护条例》第四十四条规定，公路管理机构、公路经营企业应当加强公路养护，保证公路经常处于良好状态。第四十七条规定，公路管理机构、公路经营企业应当按照国务院交通运输主管部门的规定对公路进行巡查，并制作巡查记录；发现公路坍塌、坑槽、隆起等损毁的，应当及时设置警示标志，并采取措施修复。成彭公司作为案涉路段的经营者管理者，通过举证已经证实，其公司对事发路段进行了每2小时一次的巡查，同时该公司也安排了外包公司每天对路面及时清扫、清障，其已尽到必要的安全管理和保障义务。不能苛求成彭公司随时巡查、保洁、清障。第二，从受损车辆驾驶员对事故发生经过的描述看，可以确定事发时掉落的轮胎处于运动状态，进一步可以推论轮胎系刚掉落不久的可能性较大。故从此角度说，若认定轮胎尚处于刚掉落后的运行状态，故成彭公司对车辆轮胎的掉落（何时、何地点、以何种方式掉落）以及掉落后轮胎的运行轨迹均不能预见和控制、无法采取合理措施加以防范和避免（甚至将巡查、清扫的频率增加到每小时2次或者更频繁都无法避免），故本案所遇车辆轮胎掉落的根本原因是车辆所有人疏于定期维护检修，不属于因道路管理维护缺陷导致机动车发生交通事

故造成损害的情形。第三，伟特公司并未举证证明本次事故的发生系成彭公司疏于巡查、保洁、清障导致轮胎长时间停留路面影响通行而造成。因此本案可以适用《最高人民法院关于审理道路交通事故损害赔偿案件适用法律若干问题的解释》第九条第一款的规定，认定成彭公司不承担未尽安全保障义务的责任。

编写人：四川省成都市新都区人民法院　蒋园园

6

工伤赔偿不足以弥补受害人损失的，不足部分应由用人单位承担

——张某某诉投资公司等机动车交通事故案

【案件基本信息】

1. 裁判书字号

北京市高级人民法院（2019）京民再163号民事判决书

2. 案由：机动车交通事故纠纷

3. 当事人

原告（上诉人、再审申请人）：张某某

被告（被上诉人、被申请人）：卫生管理公司、投资公司、甲保险公司

被告：张某、刘某某、城管中心、镇政府、乙保险公司

【基本案情】

原告张某某起诉法院请求：1. 判令八被告赔偿原告张某某医疗费、残疾赔偿金、护理费、精神损害抚慰金等各项损失共计人民币610270.78元；2. 本案诉讼费由被告负担。

北京市通州区人民法院一审查明：2016年，张某驾驶小型轿车（内乘李某某、黄某某、郭某某、张某某）由东向西行驶，适有刘某某驾驶的重型特殊结构货车由北向南行驶，小型轿车右侧与重型特殊结构货车前部相撞，发生交通事故，造成车

辆损坏，并导致张某、张某某受伤，郭某某当场死亡，李某某、黄某某重伤经送医院抢救无效死亡。经勘验、调查，交通管理局出具《道路交通事故认定书》，认定张某驾驶机动车通行时未按规定让行，与本次事故发生有因果关系，张某对本次事故的发生负主要责任；刘某某驾驶机动车未确保安全行驶，与本次事故发生有因果关系，刘某某对本次事故的发生负次要责任，李某某、黄某某、郭某某、张某某均无责任。事故发生后，张某某于2016年1月21日至2016年2月7日在北京市红十字会急诊抢救中心住院治疗17天。

另查，针对张某的本次交通肇事行为，法院作出刑事判决，认定张某犯交通肇事罪，判处有期徒刑三年，缓刑五年。再查，张某驾驶的肇事车辆登记在其本人名下，在甲保险公司投保有车上责任险（乘客）10000元/座×4座（含不计免赔），事故发生在保险期内。张某及李某某、黄某某、郭某某、张某某均系投资公司之职员。事故发生后，投资公司就李某某、黄某某、郭某某、张某某因该次事故遭受侵害向工伤审核单位进行工伤申报。经核实，工伤审核单位已分别作出认定工伤决定书，认定李某某、黄某某、郭某某因本次交通事故导致的死亡，张某某因该次事故受伤均为工伤。此外，刘某某驾驶的肇事车辆登记在镇政府名下，在乙保险公司分别投保有交强险及含不计免赔限额为50万元的商业第三者责任保险各一份，事故发生在保险期内，城管中心系涉案肇事车辆的相关保险合同的被保险人。肇事司机即刘某某系卫生管理公司雇员，事发时系履行职务行为。事故发生后，卫生管理公司垫付10万元，投资公司垫付5万元。

法院经核算，张某某的合理损失数额为医疗费137923.76元（未扣除被告投资公司垫付之费用）、残疾赔偿金439186元（含被扶养人生活费69173元）、营养费5400元、护理费14400元、住院伙食补助费1700元、鉴定费2250元、交通费1000元、其他费用750元（含餐费、住宿费等）以上各项损失共计602609.76元。

【案件焦点】

1. 张某的行为是否为职务行为；2. 用人单位投资公司是否还应当承担赔偿责任；3. 本次事故中其他相关主体的责任如何认定。

【法院裁判要旨】

北京市通州区人民法院一审认为，行为人因过错侵害他人民事权益，应当承担侵权责任。当事人对自己提出的主张，有责任提供证据。用人单位的工作人员因执行工作任务造成他人损害的，由用人单位承担侵权责任。依法应当参加工伤保险统筹的用人单位的劳动者，因工伤事故遭受人身损害，应按《工伤保险条例》的规定处理。

第一，张某之行为认定。

根据查明之事实，投资公司认可张某及其所驾驶机动车内的乘员李某某、黄某某、郭某某、张某某均系投资公司之员工，因该次事故死亡的李某某、黄某某、郭某某及因该次事故受伤的张某某四人均已经被认定为工伤，且投资公司对于上述人员的工伤认定持积极配合之态度，对该结果亦予以认可。法院认为，张某事发时虽然系驾驶登记在个人名下的私家车，搭载公司同事前往公司年会会场，参加公司年会，但该行为应当被认定为履行职务行为。需要指出的是，是否属于履行职务行不应唯事发地点、事发时间、作用工具论，而应当综合该行为的产生是否属于公司委派，是否为了公司利益。结合当前的实际情况及本案的具体特点，对于委派方式及公司利益等不宜做限缩性解释或从严界定。故根据侵权责任法之规定，对于张某在该交通肇事中的驾驶机动车行为，应认定为履行投资公司派发的职务行为为宜，其由此导致的侵权责任应当由投资公司承担。

第二，投资公司是否应当在本案中承担赔偿责任。

关于投资公司是否应当在本案中承担赔偿责任的问题。根据《最高人民法院关于审理人身损害赔偿案件适用法律若干问题的解释》第三条第一款之规定，依法应当参加工伤保险统筹的用人单位的劳动者，因工伤事故遭受人身损害，劳动者或者其近亲属向人民法院起诉请求用人单位承担民事赔偿责任的，告知其按《工伤保险条例》的规定处理。本案中，李某某、黄某某、郭某某、张某某及肇事司机张某均系投资公司之员工，事发时张某系履行职务行为，李某某、黄某某、郭某某、张某某因此受到伤害且均已经被认定为工伤，故李某某、黄某某、郭某某、张某某与投资公司之间的纠纷应当按照《工伤保险条例》的规定进行处理。现被侵权人向法院就相关损失通过民事诉讼，以机动车交通事故责任纠纷为案由，要求投资公司、张某承担赔偿责任，缺乏法律依据。

此外，工伤保险系用工单位遵循国家政策、法规为单位员工缴纳的保险，亦属于公司的社会责任与法律义务的统一。在单位员工被认定工伤，确定享受工伤待遇的情况下，要求用工单位再行双倍赔偿，与国家倡导建立、健全保险制度及要求企业为员工购买保险之精神背道而驰；用工单位在负担保险费用的基础上再行赔偿，对用工单位而言亦显失公平。

第三，本次事故中其他相关主体的责任。

本案中，刘某某系卫生管理公司之雇员，事发时其驾驶涉案肇事机动车的行为系履行职务行为，故刘某某因本次事故导致的赔偿责任应由卫生管理公司负担。镇政府、城管中心虽然分别为刘某某所驾驶的肇事车辆的登记车主及涉案车辆保险合同的被保险人，但是涉案车辆的实际使用人系卫生管理公司，镇政府、城管中心对涉案肇事车辆并无直接使用、管理权限，与肇事司机刘某某亦不存在雇佣关系或其他关系，且对本次事故的发生亦无过错，故镇政府、城管中心不应就本次事故导致的损失承担赔偿责任。

综上，投资公司职员张某与卫生管理公司之雇员刘某某均在履行职务行为时，分别驾驶机动车发生碰撞，造成交通事故，法院综合双方当事人过错，确定张某应负担的责任比例为70%，该比例对应之损失由投资公司负担；刘某某应负担的责任比例为30%，该比例对应之损失由卫生管理公司负担。

另，因刘某某驾驶的机动车在乙保险公司分别投保有交强险及商业三者险且事故发生于保险期内，故乙保险公司应在保险范围内就该起事故伤者及死者的损失承担相应的赔偿责任，不足或超出保险理赔部分由卫生管理公司承担。交强险每名受害者分配限额为30000元，按照责任比例分担后，卫生管理公司应承担30%的损失为201782.93元。

本案案由为机动车交通事故责任纠纷，属于侵权之诉。甲保险公司系张某所驾驶车辆的车上人员险险种承保的保险公司，所承保的保险属于商业险。该次事故的伤者与甲保险公司之间不属于侵权纠纷，不应当在机动车交通事故责任纠纷案由下处理，综合本案的实际情况，本案亦不宜就此一并处理。双方当事人就诉争事故导致的赔偿事宜，能够协商的可以自行给付，协商不成的双方当事人应当另案处理。

北京市通州区人民法院一审判决：

一、乙保险公司在机动车交通事故责任强制保险赔偿限额内赔偿张某某医疗费、残疾赔偿金（含被扶养人生活费）、营养费、护理费、住院伙食补助费、交通费等各项损失共计30000元，于判决生效之日起七日内执行清；

二、乙保险公司在商业第三者责任保险赔偿限额内赔偿张某某医疗费、残疾赔偿金（含被扶养人生活费）、营养费、护理费、住院伙食补助费、交通费等各项损失共计65000元，于判决生效之日起七日内执行清；

三、除已经支付的100000元费用外，卫生管理公司再赔偿张某某鉴定费、其他费用损失、护理费、住院伙食补助费、交通费等各项损失共计人民币为6782.93元，于判决生效之日起七日内执行清；

四、驳回张某某的其他诉讼请求。

张某某不服一审判决，向北京市第三中级人民法院上诉。主张交通事故赔偿和工伤赔偿数额之间的差额为188606.83元。对于该差额，扣除投资公司已垫付的5万元，剩余138606.83元应当由投资公司和甲保险公司承担赔偿责任。

二审期间，张某某提交京东劳人仲字［2018］第531号调解书、工伤职工待遇核准表、建设银行交易信息，证明张某某在工伤认定之后获得了一次性伤残补助金、一次性工伤医疗补助金、一次性伤残就业补助金共计240220元，张某某以此计算与交通事故应赔偿的差额为188606.83元。

北京市第三中级人民法院经审理查明的事实与一审法院查明的事实一致。

北京市第三中级人民法院二审认为，关于在张某某按照《工伤保险条例》获得相关赔偿之后，能否再向投资公司主张所谓交通事故赔偿与工伤赔偿的差额问题。根据《最高人民法院关于审理人身损害赔偿案件适用法律若干问题的解释》第三条之规定，依法应当参加工伤保险统筹的用人单位的劳动者，因工伤事故遭受人身损害，劳动者或者其近亲属向人民法院起诉请求用人单位承担民事赔偿责任的，告知其按《工伤保险条例》的规定处理。因用人单位以外的第三人侵权造成劳动者人身损害，赔偿权利人请求第三人承担民事赔偿责任的，人民法院应予支持。本案中，投资公司依法缴纳了工伤保险，并协助办理了张某某的工伤认定，张某某亦依法获得了工伤保险赔偿。现张某某以机动车交通事故责任纠纷为由提起民事诉讼，再要求投资公司承担侵权责任，缺乏法律依据。

关于车上人员责任险是否应当在机动车交通事故责任纠纷案件中一并处理的问题。因本案系机动车交通事故责任纠纷，属于侵权之诉，而车上人员责任险系商业险中的险种之一，属于合同之诉。车上人员责任险的赔偿需根据保险人与被保险人之间的商业险合同予以处理，不宜在机动车交通事故责任纠纷案件中一并审理。关于该部分的赔偿问题，应由双方另案处理。

综上北京市第三中级人民法院二审判决：

驳回上诉，维持原判。

二审判决后，张某某向北京市高级人民法院申请再审，北京市高级人民法院作出再审裁定，提审本案。

关于投资公司是否应当承担相应人身损害赔偿责任的问题。北京市高级人民法院再审认为，行为人因过错侵害他人民事权益，应当承担侵权责任。本案中，张某驾驶的肇事车辆与刘某某驾驶的肇事车辆相撞导致张某某受伤，理应由张某和刘某某承担相应的赔偿责任。同时《中华人民共和国侵权责任法》第三十四条规定：用人单位的工作人员因执行工作任务造成他人损害的，由用人单位承担侵权责任。用人单位承担的赔偿责任是一种替代责任。根据查明的事实，张某与刘某某均在履行职务行为时发生了本案的交通事故，故应由投资公司与卫生管理公司按照相应的责任比例承担赔偿责任。其中由刘某某承担并转而由卫生管理公司替代承担的部分，一、二审法院判决正确，再审予以维持。

张某某系搭载同事车辆前往公司年会会场，参加公司年会的途中受伤，故张某某受伤属于工伤，应当依照《工伤保险条例》的规定向工伤保险机构请求工伤保险赔偿。对于用人单位投资公司而言，其主要责任在于按时缴纳工伤保险费，并及时向工伤保险机构提出申请。本案中，由于张某某与张某二者属于同一单位，故工伤保险赔偿和人身损害赔偿具有一定的重合，但工伤赔偿是单位职工的一种保险待遇，是为尽快解决赔偿而设，并不当然免除侵权人的侵权责任，对于工伤保险赔偿不足以弥补受害人损失的，不足部分仍应由侵权人承担赔偿责任。本案中应由张某在其应当承担的责任比例中予以补足，并因其职务行为进而由其单位投资公司替代承担。张某某的各项损失共计 602609. 76 元，扣除卫生管理公司承担的 201782. 93 元，工伤保险赔偿的 240220 元，投资公司已支付的 5 万元以及保险公司承担的部分，剩余部分由投资公司负担。

关于甲保险公司是否应承担相应赔偿责任的问题。再审认为，责任保险是指以被保险人对第三者依法应负的赔偿责任为保险标的的保险。保险人以被保险人对第三人承担赔偿责任作为赔偿前提。交强险、商业第三者责任保险以及车上责任险，均属于责任保险的范围。责任保险区别于其他险种的最大特点，在于最终的保护对象并非被保险人，而是受害之第三人。本案中，肇事车辆在甲保险公司处投保有车上责任险（乘客），涉诉事故发生在保险期限内属于保险事故，且在一审时，甲保险公司明确同意在车上责任险（乘客）限额内按照 70% 的比例承担赔偿责任。故甲保险公司应当按照保险合同的约定在车上责任险（乘客）限额内予以赔付。张某投保的车上人员责任险每座的限额是 10000 元，而张某在此次事故中的责任是 70%，故被告甲保险公司在车上人员责任险（乘客）限额内给付张某某各类损失 7000 元。

综上，北京市高级人民法院依照《中华人民共和国民事诉讼法》第二百零七条第一款、第一百七十条第一款第（二）项之规定，判决如下：

一、撤销北京市第三中级人民法院（2018）京03民终7228号民事判决及北京市通州区人民法院（2016）京0112民初26207号民事判决第四项；

二、维持北京市通州区人民法院（2016）京0112民初26207号民事判决第一、二、三项；

三、投资公司于本判决生效后10日内赔偿张某某各项损失共计人民币为103606.83元；

四、甲保险公司北京分公司于本判决生效后10日内在车上责任险限额内赔偿张某某各项损失共计人民币7000元；

五、驳回张某某的其他诉讼请求。

【法官后语】

本案涉及的典型问题主要是工伤赔偿不足以弥补受害人损失的，用人单位投资公司是否应当承担赔偿责任？

本案存在两个法律关系，一个是交通事故人身损害赔偿法律关系；另一个是工伤赔偿法律关系。

《最高人民法院关于审理人身损害赔偿案的司法解释》第十二条第二款规定：因用人单位以外的第三人侵权造成劳动者人身损害，赔偿权利人请求第三人承担民事赔偿责任的，人民法院应予支持。根据该条的规定，如果用人单位以外的第三人为侵权人的，由于第三人侵权赔偿与工伤赔偿机制目前在法律上是并行不悖的，故从学理上理解，受害人有可能得到双份赔偿。

本案的特殊之处在于侵权人不是用人单位之外的人，而是本单位的员工，第三人侵权赔偿的责任承担人与工伤赔偿的承担人正好指向同一单位，这样就存在工伤保险赔偿与人身损害赔偿如何衔接的问题。笔者认为：对于侵权人与受害人为同单位员工的，在工伤保险赔偿不足以弥补受害人损失的，不足部分应当由用人单位承担，这是符合法律原则且更为公平合理的。理由如下：

首先，行为人因过错侵害他人民事权益，应当承担侵权责任。本案中，张某驾驶的肇事车辆与刘某某驾驶的肇事车辆相撞导致张某某受伤，理应由张某和刘某某承担相应的赔偿责任。同时《中华人民共和国侵权责任法》第三十四条第一款规定:“用人单位的工作人员因执行工作任务造成他人损害的,由用人单位承担侵权责任。”《最高人民法院关于审理人身损害赔偿案的司法解释》第八条也规定:“法人或者其他组织的法定代表人、负责人以及工作人员,在执行职务中致人损害的,依照民法通则第一百二十一条的规定,由该法人或者其他组织承担民事责任……”因此应由投资公司承担交通事故损害赔偿。

其次,从工伤赔偿来看,《工伤保险条例》第二条规定:“中华人民共和国境内的企业、事业单位、社会团体、民办非企业单位、基金会、律师事务所、会计师事务所等组织和有雇工的个体工商户应当依照本条例规定参加工伤保险,为本单位全部职工或者雇工缴纳工伤保险费。”第十七条规定:“职工发生事故伤害或者按照职业病防治法规定被诊断、鉴定为职业病,所在单位应当自事故伤害发生之日或者被诊断、鉴定为职业病之日起30日内,向统筹地区社会保险行政部门提出工伤认定申请……”根据条例的规定可以看出,对于用人单位而言,其主要责任在于按时缴纳工伤保险费,并及时向工伤保险机构提出申请。对于受害人张某某来说,无论侵权人是不是本单位员工,他都能享受工伤保险待遇。同时《工伤保险条例》第一条规定:“为了保障因工作遭受事故伤害或者患职业病的职工获得医疗救治和经济补偿,促进工伤预防和职业康复,分散用人单位的工伤风险,制定本条例。”根据该条规定可以看出,工伤保险的目的主要是保障职工的合法权益、分散公司风险。工伤赔偿是单位为职工的保险待遇,为尽快解决赔偿而设,在工伤赔偿能够覆盖的范围免除赔偿责任,对受害人来说是公平的。若果按照一、二审的观点,如果没有工伤赔偿,受害人直接按照人身损害赔偿起诉能够得到全部赔偿,而走了工伤赔偿反而不能获得全额赔偿,工伤保险不但没有保护职工的权益,反而降低了其获得赔偿的权益,确实有悖于法律的原则。此外,用人单位以外的人侵权的,除医疗费外受害人可以获得双份赔偿,而本单位人侵权的,受害人连差额都得不到赔偿,显然对受害人不公平。

最后,从立法例来看,我国的法律有关于用人单位弥补受害人损失的先例。比如,《中华人民共和国安全生产法》第五十三规定:“因生产安全事故受到损害的从业人员,除依法享有工伤社会保险外,依照有关民事法律尚有获得赔偿的权利的,有权向用人单位提出赔偿要求。”《中华人民共和国职业病防治法》第五十八条也规定:“职业病病人除依法享有工伤保险外,依照有关民事法律,尚有获得赔偿的权利的,有权向用人单位提出赔偿要求。”

综上,在目前工伤保险赔偿数额较低,不能弥补损害人损失的情况下,由用人单位在工伤赔偿的人身损害赔偿的差额范围内赔偿，并不会导致用人单位双份赔偿，而且对受害人也比较公平。

编写人：北京市高级人民法院　陶志蓉

7

机动车发生交通事故时名义登记人的责任承担

——李某峰诉孟某等机动车交通事故责任案

【案件基本信息】

1. 裁判书字号

江苏省无锡市中级人民法院（2019）苏02民终2530号民事判决书

2. 案由：机动车交通事故责任纠纷

3. 当事人

原告（被上诉人）：李某峰

被告（上诉人）：曹某云、三轮车店

被告（被上诉人）：孟某、中国人保无锡市分公司

【基本案情】

2018年7月17日18时30分许，孟某驾驶苏××××××正三轮载货摩托车，沿无锡市惠山区设有30公里/小时限速标志的金惠路由东往西行驶至迎新路口，遇惠某驾驶自行车沿迎新路东侧路面机动车道由南往北行驶至金惠路口，结果发生两车碰撞，造成车辆损坏，惠某受伤经送医院抢救无效于7月19日死亡的交通事故，后经交警部门依法认定孟某、惠某二人应负该事故的同等责任。苏××××××正三轮载货摩托车在中国人保无锡市分公司处投保了交强险，事故发生保险期内。

案涉苏××××××正三轮载货摩托车系非营运车辆。交通事故发生前，孟某已取得机动车驾驶证。事故发生后，孟某已支付医疗费14496.81元及款项40000元。

三轮车店系经营者为潘某的个体工商户，曹某云与潘某系夫妻关系。案涉三轮

车由孟某实际购买并使用，但因孟某无江阴市居住证，故将该行驶证登记在曹某云名下。庭审中曹某云与三轮车店均陈述：类似用曹某云身份证、三轮车店营业执照为购买方办证的情况有二十几次。

死者惠某与其丈夫李某南婚后生育儿子李某峰一人，惠某的父母及李某南均已去世。

【案件焦点】

孟某驾驶的登记在曹某云名下的机动车发生交通事故，曹某云是否应对其出借身份证给他人使用并牟利的行为承担责任。

【法院裁判要旨】

江苏省无锡市惠山区人民法院经审理认为，公民的生命健康权应依法受法律保护。交警部门依法出具交通事故认定书具有证明效力，对此予以确认。机动车发生交通事故造成人身损害的，由中国人保无锡市分公司在交强险责任限额范围内先予以赔偿，超过责任限额的部分，对于机动车与非机动车驾驶人、行人之间发生交通事故，非机动车驾驶人、行人没有过错的，由机动车一方承担赔偿责任，有证据证明非机动车驾驶人、行人有过错的，根据过错程序适当减轻车主机动车一方的赔偿责任。结合责任认定书，该院酌情认定孟某承担60%的赔偿责任，死者惠某自行承担40%的赔偿责任。对于曹某云为了其丈夫经营的三轮店的经营需要，将孟某实际购买的苏××××××正三轮载货摩托车登记其名下且多次出现该情况的行为，该院认为，该行为应依法认定曹某云同意孟某挂靠于其名下，因曹某云未对挂靠在其名下的车辆行使管理之责，理应承担相应的民事责任，即曹某云就孟某应赔款项承担连带赔付责任。三轮车店为谋取销售车辆的经济利益，为外来人员借用其妻身份证出售车辆并办证，最终成就该车上路，客观上导致本案事故的发生，故亦应承担相应的民事责任，结合本案实际情况，酌情认定三轮车店对孟某应当承担的赔偿责任承担50%的补充赔偿责任。对于李某峰因本案造成的损失742482.81元，由中国人保无锡市分公司在交强险范围内赔付120000元（精神损害抚慰金30000元优先从中赔付），余额622482.81元，由孟某承担60%即373489.68元，扣除其已支付的54496.81元，还应赔付318992.87元。曹某云对孟某应赔付的款项承担连带清偿责任，三轮车店承担其中应赔款项50%的补充赔偿责任。据此，江苏省无锡市惠山区人民法院依照《中华人民共和国侵权责任法》第三条、第六条第一款、第十六条、

第二十二条、第二十六条、第四十八条，《中华人民共和国道路交通安全法》第七十六条第一款第（二）项，《最高人民法院关于审理人身损害赔偿案件适用法律若干问题的解释》第十七条、第十八条、第十九条、第二十二条、第二十三条、第二十七条、第二十九条之规定，判决如下：

一、中国人保无锡市分公司于本判决发生法律效力之日起三日内在交强险赔付范围内向李某峰赔付各项损失中120000元；

二、孟某于本判决发生法律效力之日起三日内赔付李某峰各项损失中的318992.87元，曹某云承担连带赔偿责任；

三、三轮车店就本判决第二项下应赔款项318992.87元承担其中50%的补充赔偿责任；

四、驳回李某峰的其他诉讼请求。

曹某云、三轮车店不服本判决，向江苏省无锡市中级人民法院提出上诉。无锡市中级人民法院认为：机动车与非机动车驾驶人、行人之间发生交通事故，非机动车驾驶人、行人没有过错的，由机动车一方承担赔偿责任。有证据证明非机动车驾驶人、行人有过错的，根据过错程度适当减轻机动车一方的赔偿责任。本案中，非机动车驾驶人惠某在交通事故中存在过错，一审法院据此酌定减轻孟某的赔偿责任，并无不当。

关于交通事故赔偿责任的承担，该院认为，曹某云、三轮车店不应承担赔偿责任。理由如下：1. 本案系机动车交通事故责任纠纷，相关法律法规没有对出借身份证的个人、机动车出售方承担机动车交通事故赔偿责任作出具体规定。2. 在没有特别规定的情况下，出借身份证的个人、机动车出售方只在有过错的情况下才需承担赔偿责任，这里的过错应是与损害发生有关的过错。本案中，曹某云出借身份证为孟某办理机动车登记手续、三轮车店违规售车行为均与交通事故损害的发生没有因果关系。上述行为虽促成案涉正三轮摩托车上路，但该机动车并不存在可能引发交通事故的安全隐患，孟某的驾驶资质、驾驶能力也未因此受到影响，交通事故发生时孟某驾驶与驾驶证载明的准驾车型相符的机动车，故曹某云、三轮车店并不存在怠于审查驾驶人资质，或者隐瞒或者未告知机动车故障等过错。3. 案涉机动车由孟某实际所有，曹某云、三轮车店并未支配并占有、使用，故对该车无管理之责。且该车亦非营运车辆，曹某云、三轮车店亦未因此获得营运利益，故曹某云、三轮车店也不存在挂靠管理之责。

综上所述，曹某云、三轮车店的上诉请求部分成立，该院予以支持。无锡市中级人民法院依照《中华人民共和国民事诉讼法》第一百七十条第一款第（二）项之规定，判决如下：

一、维持无锡市惠山区人民法院（2018）苏0206民初6055号民事判决第一项；

二、撤销无锡市惠山区人民法院（2018）苏0206民初6055号民事判决第二、三、四项；

三、孟某于本判决发生法律效力之日起十日内赔付李某峰各项损失中的318992.87元；

四、驳回李某峰的其他诉讼请求。

【法官后语】

现实中，因便于对摩托车的管理，维护当地治安、交通秩序，保障道路交通安全，很多地方都出台了相关文件，对购买摩托车的对象、使用摩托车的地区进行了限定，如《无锡市人民政府关于依法加强摩托车管理的通告》中规定，办理普通两轮摩托车登记上牌的对象为具有本市常住户口居民以及具有本地驾驶证并在本市买房的非本市居民，且户口不在主城区摩托车限制通行区域内，同时具有两轮摩托车的驾驶资格。实践中因此出现不具备购买摩托车资格的人员借用他人身份证购买摩托车并登记上牌，在该车发生交通事故时，相关责任主体的认定及责任的承担成为案件审理的争议焦点。正如本案中，摩托车销售店为增加销售量，将其及配偶的身份证、销售店的营业执照出借给不具备摩托车购买、登记上牌资格的他人使用，在该车发生交通事故时，车辆的登记人及摩托车店是否应承担责任，实践中，对此亦存在不同观点。

一种观点认为，机动车登记所有人不承担民事赔偿责任。根据机动车运行支配权以及运行利益说，车辆的实际支配者及受益者方为实际使用者，故该车辆发生交通事故时，相关损害的赔偿责任主体亦应为使用者，与车辆的登记者无关。

另一种观点认为，机动车登记所有人以及与该机动车违规上牌有关的责任人与车辆使用者分别承担一定比例的赔偿责任。机动车登记所有人虽然仅对肇事车辆形式上享有所有权，但为牟利而出借身份证，其可能或者应当预见到借名买车今后可能引发的问题，但却积极追求或者放任该行为，对交通事故的发生造成了一定隐患，根据权利与义务相一致的原则，其应当对事故承担一定比例的赔偿责任。对于摩托车出售店等与肇事机动车违规上牌有关的责任人，其协助他人取得不真实的驾驶证，从该行为中亦享受了相关利益，为肇事驾驶员购买机动车并上路行驶提供了条件，具有明显的过错，故应承担与其过错相一致的赔偿责任。

还有一种观点认为，机动车登记所有人承担连带赔偿责任，而非按份责任，因机动车登记所有人明知实际购买人并非本地居民，不具备申领机动车行驶证的资格，仍将本人身份证出借他人用于办理购车入户，应当预见到将其身份证出借后可能产生的一切后果，故应与借用人对受害人因交通事故所受的各项损失承担连带赔偿责任。

对于该争议焦点，该案的一审、二审法院亦持有不同观点。笔者认同以上第一种观点，即机动车的登记者以及摩托车店不应承担相应责任。理由如下：第一，机动车交通事故责任纠纷系侵权纠纷，故认定责任主体以及责任的具体承担亦应从侵权责任纠纷的基本要素出发，即借名购买摩托车的行为与损害的发生是否存在因果关系。从这点来讲，借名购买摩托车的行为系违反行政法规、地方性法规的行为，与事故的发生并不能形成直接因果关系，且出借身份证人虽然有过错，但鉴于该车的实际使用者具有一定的驾驶资质和驾驶能力，交通事故发生时驾驶与驾驶证载明的准驾车型相符的机动车，故车辆名义登记者及摩托车店并不存在怠于审查驾驶人资质，或者隐瞒或者未告知机动车故障等过错，其过错亦并非侵权责任法的过错。第二，机动车作为具有一定危险的交通工具，相关责任亦应由可能发生产生道路交通危险的实际使用者来承担，机动车登记所有人虽然将身份证出借他人买车，成为行驶证登记车主，但其并未对车辆进行实际管理和支配，故不属于车辆的运行供用者，不应对该交通事故承担民事赔偿责任。对于该身份证出借人的违规行为，可由相关行政机关予以处理。

总之，对于责任的承担还是应回归到最初的基础法律关系，同时对民法领域与行政法领域的行为作出区分，不能因相关人员违反了行政法方面的规定就认定其应承担相应的民事责任。《中华人民共和国民法典》第一千二百零九条规定：因租赁、借用等情形机动车所有人、管理人与使用人不是同一人时，发生交通事故造成损害，属于该机动车一方责任的，由机动车使用人承担赔偿责任；机动车所有人、管理人对损害结果的发生有过错的，承担相应的赔偿责任。本案的处理结果与民法典的新规定相一致。

编写人：江苏省无锡市惠山区人民法院　刘辉

8

醉酒驾驶致人损害时宴会组织者未尽注意义务的应承担部分赔偿责任

——胡某龙诉王某宏等机动车交通事故案

【案件基本信息】

1. 裁判书字号

安徽省岳西县人民法院（2019）皖0828民初2281号民事判决书

2. 案由：机动车交通事故责任纠纷

3. 当事人

原告：胡某龙

被告：王某宏、刘某娥、余某胜、中国人保岳西支公司

【基本案情】

安徽省岳西县人民法院经公开审理查明：2018年11月25日20时，王某宏驾驶摩托车（后载妻子刘某娥），碰撞行人胡某龙，造成胡某龙受伤的交通事故。交通警察大队认定，王某宏醉酒后（98.24mg/100ml）驾车上道路行驶，遇行人横过道路未避让，是本次事故发生的原因，应承担全部责任，胡某龙、刘某娥无责任。事故前，王某宏与刘某娥在其女婿余某胜家吃晚饭，王某宏一个人饮酒。饭后王某宏要骑车回家，余某胜有过劝其不要走的行为及送其回家的提议，但王某宏说其头脑是清醒的，坚持要走，余某胜遂听任王某宏骑车带刘某娥离开，途中发生事故。肇事车辆投保了交强险。胡某龙所受损失共计1363936.05元，中国人保岳西支公司已支付100000元，王某宏已垫付81320元。

【案件焦点】

刘某娥、余某胜是否应与王某宏承担连带赔偿责任。

【法院裁判要旨】

安徽省岳西县人民法院经审理认为，胡某龙在交通事故中受伤，其相应损失应获得赔偿。

本案争议焦点是：刘某娥、余某胜是否应与王某宏承担连带赔偿责任。刘某娥是该车的共同所有人，对王某宏回家需要骑车仍喝酒的行为未予劝阻，对王某宏醉酒驾车未予劝止，并乘坐该车辆，对事故的发生存在一定过错，依法应对胡某龙所受伤害承担相应的赔偿责任。余某胜为家庭聚餐的组织者，对喝酒后的王某宏有义务采取相应措施防止其受伤或伤害他人。余某胜对王某宏醉酒驾车行为未有效劝阻或另行安排代驾等保护措施，听任王某宏醉酒驾车，终致胡某龙受伤。余某胜未善尽义务的行为与胡某龙受伤之间存在相当因果关系，故应对胡某龙承担适当赔偿责任。但余某胜招待岳丈喝酒乃人之常情，其对王某宏酒后驾车也进行了适当劝阻，过错相对较小。本院根据王某宏、余某胜、刘某娥的过错及原因力大小，酌情确定胡某龙所受伤害造成的损失由王某宏承担75%，余某胜承担5%，刘某娥承担20%。王某宏、余某胜、刘某娥之间不构成共同侵权，胡某龙主张余某胜、刘某娥与王某宏承担连带责任，依据不足。

安徽省岳西县人民法院依照《中华人民共和国侵权责任法》第六条、第十六条、第二十二条、第四十八条，《中华人民共和国道路交通安全法》第七十六条，《机动车交通事故责任强制保险条例》第二十一条第一款、第二十二条、第二十三条第一款，《最高人民法院关于审理道路交通事故损害赔偿案件若干问题的解释》第一条、第十八条，《中华人民共和国民事诉讼法》第一百四十二条之规定，作出如下判决：

胡某龙因交通事故造成的损失合计1363936.05元，由中国人保岳西支公司在交强险限额内垫付赔偿120000元（已付100000元），由余某胜赔偿68196.80元，由王某宏赔偿940591.4元（已付81320元），由刘某娥赔偿235147.85元，上述未付赔偿款均于判决生效后十五天内支付。

【法官后语】

一、醉酒者驾车致人损害时宴饮活动招待方（组织者）、参与者应当承担损害赔偿法律责任

（一）宴饮活动组织者的安全注意义务。

宴饮活动通常是基于人情往来的情谊活动，是事实行为，不是法律行为。但该

事实行为因有外部人员参与，存在外部性，故而宴饮活动的组织、进行必然伴生相关的法律义务，其中最主要的就是合理、适度的安全注意义务。例如，对食品安全、设施安全、活动过程安全等的注意义务，对参与者一定程度的照拂义务（如适当控制参与者饮酒数量，既要让宾主尽欢，又要不发生过量饮酒引发人身危险）等。

（二）宴饮活动参与者的安全注意义务。

受邀参与者通常对于宴饮活动组织者、其他参与者不负法律上的义务，但同样基于活动的外部性，有关安全的注意义务也有存在。如对自己在宴饮活动中的行为加以注意、控制，不故意加害人，不恶意劝酒，谨慎注意他人身体、酒量状况劝酒避免致他人醉酒甚至伤亡等。

在此要特别提及的是，共同参与者中有夫妻等家庭成员关系的，基于亲属相互扶助法定义务，除一般参与者的注意义务外，还应对其他家庭成员过量饮酒等可能带来人身危险的不恰当行为负有劝止的义务。

（三）宴饮活动组织者、参与者先前行为带来的义务暨不适当履行该义务应按过错原则承担法律责任。

宴饮活动组织者未妥当控制好来宾饮酒数量，导致某来宾饮酒过量时，就因该先前行为产生了新的法律义务，即对该来宾负有更高的安全保障义务。醉酒者提出自行驾车的，组织者理应采取坚决措施有效阻止。如未尽该义务，放任醉酒者驾车，导致其侵害他人，则应承担侵权责任。

参与者如在宴饮活动中不当劝酒致人醉酒，或与醉酒者有特定关系（如本案例中的夫妻关系），则对醉酒者负有较高的安全注意义务。其未有效劝阻听任醉酒者驾车，发生伤人事故，该参与者的不作为同样构成了侵权。其理由与组织者情况相类似。

（四）组织者、参与者的不作为与醉酒者驾车致人损害行为是累积的数人侵权，应按过错和原因力大小承担按份责任。其不构成共同侵权，也不符合补充责任成立条件。

组织者、参与者如能有效阻止醉酒者驾车，就能根本上避免损害后果发生，未能阻止醉酒者驾车，就开启了损害结果发生的流程。正是组织者、参与者和醉酒者各自行为前后相继、互为媒介，相互结合成一个动态的、演进的、完整的行为过程，才导致损害结果发生。所以，他们之间符合累积的多人侵权形态。其间，组织者、参与者的不作为在该侵权行为开端阶段发生作用，但其主体的过错及行为的原因力在整个侵权行为中相对较轻；醉酒者醉酒驾车，主观上是其自主所做决定，客观上是其实施具体致害行为，其过错及原因力在整个侵权行为中，相对较重。依照有关法律，应以过错及原因力大小确定各主体相应的按份赔偿责任。

宴饮活动组织者、参与者、醉酒驾车者之间不成立共同侵权。组织者、参与者对醉酒者驾车可能发生的损害后果，应当且可以预见的是抽象的危险发生可能性。醉酒者驾车过程中，面对可能引发交通事故发生的客观情况时（如遭遇横过马路的行人），应当且可以预见的是可能发生具体的危险结果，该危险结果是否发生，驾车人的认识因素（及时准确发现并正确进行判断）、意志因素（是否采取规避危险的措施、采取何种措施等）、行动因素（快速准确实施意图采取的措施）起到关键作用。显然后者与前者的认识内容、范围并不相同，前后主体之间更谈不上意思联络。因此，组织者、参与者与醉酒者缺失共同侵权的主观意思共同性构成条件。

宴饮活动组织者、参与者对醉酒者驾车致人损害所承担的责任不符合补充责任的成立条件。有论者认为，侵权责任法规定，在第三人侵权场合，群众性活动组织者未尽安全保障义务的，应承担相应的补充责任，该规则可资参照。从表象上看，两类案型确有相似之处。如群众性活动组织者未尽安全保障义务，宴饮活动组织者、参与者未尽安全注意义务；有第三人侵权的因素存在等。但两者之间的差距也至为明显。宴饮活动组织者、参与者未尽安全注意义务是先前行为，即其未能妥善控制受邀者饮酒数量，参与者饮酒过量，人身处于一定的危险状态，造成这一状态主要是醉酒人自身责任，但宴饮活动组织者、参与者未尽安全注意义务的先前行为也有作用。基于该先前行为，宴饮活动组织者、参与者产生了新的更高程度的安全保障义务，即对醉酒人的照拂、控制其不自伤或伤人的义务。宴饮活动组织者、参与者不适当履行该次生义务，听任醉酒者从事驾车危险行为，开启了整个侵权行为的流程。宴饮活动组织者、参与者与直接侵权人的行为在事件发展过程上是前后相继演进的，在时空上是分阶段的，在作用机理上是互相依存互为媒介的，最终形成的是一完整的综合行为。所以应当作为一个整体进行评价。群众性活动组织者未尽安全保障义务与第三人侵权是相对独立的，当然第三人实施侵权往往利用了群众性活动安全保障上已经存在的漏洞这一条件，但该条件对第三人是否实施侵权行为并不发生开启流程的决定性作用，在时空上不是分阶段而是重合或者包容的，在过程上不是演进的而是各自独立存在的，没有结合成为一个整体行为，因此两者之间可以而且应当分开进行评价。两类案型不具同质性，补充责任规则对本案案型不能参照适用。

二、夫妻共同财产所有人之一对于另一共同所有人醉酒驾车负有过错且属双方共同利用该车出行情形下致人损害的应互负连带赔偿责任

首先，本案中，妻子与丈夫共同到女婿家做客，对丈夫晚饭后需骑车回家心知肚明，却对丈夫晚餐饮酒未予劝止，且在丈夫醉酒后驾车回家不加阻拦，甚至乘坐该车一同回家，过错十分明显。其作为宴饮活动参与者，理应承担与其过错相适应的损害赔偿责任。

其次，妻子明知丈夫已醉酒，听任其驾车且同乘，作为夫妻共同财产所有人之一，管理过错明显。依照机动车所有人对瑕疵使用人使用车辆有过错的应承担相应赔偿责任的规则，其也应当承担与其过错相适应的损害赔偿责任。

最后，丈夫驾车，妻子同乘，是双方共同使用该车通行的行为，在此过程中发生交通事故致人损害，依法应负的侵权损害赔偿之债，符合夫妻关系存续期间为共同生活所负债务的夫妻共同债务的本质，因此，妻子与丈夫应就此互负连带赔偿责任。

编写人：安徽省岳西县人民法院　储爱武

9

快递加盟商经营活动中侵权法律责任分析

——易某文诉杜某德等机动车交通事故责任案

【案件基本信息】

1. 裁判书字号

江苏省常州市中级人民法院（2018）苏04民终4446号民事判决书

2. 案由：机动车交通事故责任纠纷

3. 当事人

原告（被上诉人）：易某文

被告（被上诉人）：杜某德、平安保险公司

被告（上诉人）：圆通公司

【基本案情】

2017年3月26日15时53分左右，在常州市武进区洛阳镇232省道新科西路路口，杜某德饮酒后（经检测：血液酒精含量为27.7mg/100ml）持C1证驾驶小型普通客车沿新科西路由东向西行驶至上述路口，绿灯向西通行时，恰遇易某文持E证驾驶二轮摩托车沿232省道由北向南行驶至事发路口，违反交通信号灯继续通行，两车相撞，致车辆不同程度损坏，易某文受伤，发生事故。经常州市公安局武进分局交通警察大队认定，杜某德承担事故次要责任，易某文承担事故主要责任。事故后易某文被送往医院住院治疗。原告之伤经武进法院委托无锡中诚司法鉴定所鉴定，易某文持续性植物生存状态评定为一级伤残；误工期，护理期自受伤之日至定残前一日、营养期180日为宜，需要完全护理依赖。

杜某德驾驶的汽车登记所有人为其本人，事故发生时在从事快递业务。该车在平安保险公司处投保了交强险，事故发生在保险期限内。事故后平安保险公司垫付10000元。

同时，在2016年6月20日，圆通公司与杜某德签订《加盟承包协议》一份，主要载明：双方一致同意由圆通公司授予杜某德友谊小留区域内圆通速递的经营资格，杜某德承包并负责该区域内的日常经营活动，圆通公司收取一定的加盟费及管理费用……杜某德支付给圆通公司加盟费15000元及押金20000元，日常经营过程中的需缴纳的其他管理费用按照圆通公司审核通过的项目和标准支付……杜某德在本协议约定的承包区域内自主经营、自负盈亏、独立承担法律责任、圆通公司不参与杜某德的经营活动……在经营过程中产生的一系列纠纷，如使用交通工具引发的纠纷、工作人员的人身纠纷和劳动纠纷（包括杜某德自身）、与客户之间的业务纠纷等均由杜某德自行独立负责，必要时圆通公司给予相应的协助……本协议有限期为一年，自2016年6月20日至2017年6月19日……

现原告起诉，请求法院判令：三被告杜某德、圆通公司、平安保险公司赔偿原告医疗费、营养费、护理费、误工费、残疾赔偿金、交通费等各项损失共计人民币670553.9元。

【案件焦点】

如何认定《加盟承包协议》的效力及确定赔偿责任。

【法院裁判要旨】

江苏省常州市武进区人民法院经审理认为：杜某德与圆通公司签订了《加盟承包协议》，该协议系双方的内部约定，对外并无约束力，快递行业准入具有一定的要求，根据《中华人民共和国邮政法》第五十三条第四款的规定："申请人凭快递业务经营许可证向工商行政管理部门依法办理登记后，方可经营快递业务"，《快递市场管理办法》第九条规定："国家对快递业务实行经营许可制度。经营快递业务，应当依照《中华人民共和国邮政法》的规定，向邮政管理部门提出申请，取得快递业务经营许可；未经许可，任何单位和个人不得经营快递业务。"第十四条规定："以加盟方式经营快递业务的，被加盟人与加盟人均应当取得快递业务经营许可，加盟不得超越被加盟人的经营许可范围……"上述规定明确了快递行业的准入标准，现本案中杜某德以圆通公司的名义对外从事快递业务，其未有任何经营许可，根据双方的协议，圆通公司向杜某德收取加盟费及相应的管理费用，从中获利，故双方的法律关系本质上系挂靠关系，系杜某德借用圆通公司的经营资质对外从事快递业务，该行为违反了国家的相关法律规定，故对于杜某德应承担的责任，由圆通公司承担连带清偿责任。

江苏省常州市武进区人民法院依照《中华人民共和国侵权责任法》第十六条，《中华人民共和国道路交通安全法》第七十六条，《中华人民共和国保险法》第六十五条，《中华人民共和国邮政法》第五十三条，《中华人民共和国民事诉讼法》第六十四条，《机动车交通事故责任强制保险条例》第二十一条、第二十三条，《最高人民法院关于审理道路交通事故损害赔偿案件适用法律若干问题的解释》第十六条，《快递市场管理办法》第九条、第十四条的规定，判决如下：

一、平安保险公司于本判决生效之日起十日内在交强险限额内赔偿易某文医疗费、营养费、住院伙食补助费、护理费、残疾赔偿金、误工费、交通费等计120000元，扣除其已经垫付的10000元，尚需支付110000元；

二、杜某德于本判决生效之日起十日内赔偿易某文医疗费、营养费、住院伙食补助费、护理费、残疾赔偿金、误工费、交通费等共计378552.8元，圆通公司对该款承担连带清偿责任；

三、驳回易某文的其他诉讼请求。

圆通公司不服一审判决，向江苏省常州市中级人民法院提起上诉。

江苏省常州市中级人民法院依照《中华人民共和国民事诉讼法》第一百七十

条第一款第（一）项规定判决：

驳回上诉，维持原判。

【法官后语】

一、快递经营者、快递公司之间加盟承包法律关系的认定

随着人们生活水平的提高，快递业务与人们的日常生活越来越紧密，因为快递业务的迅猛发展，各大快递公司为扩大市场，往往采用网点加盟，甚至层层外包的方式，该方式的准入门槛较低，快递公司为了盈利，往往疏于审查加盟商的相关资质，对下属的网点疏于管理甚至难以管理。快递网点一般利润较低，而网点增加，势必导致快递车辆的增加，竞争激烈，网点需要通过大量派件走量的方式赚取利润，也导致了快递车辆交通事故率增加，一旦发生交通事故，受害人理赔往往得不到解决，有些快递车系机动车，可以通过投保相应的汽车保险来解决理赔问题，而大部分快递车属于超标电动车，严格意义上讲车辆性能属于机动车范畴，此类车辆未有保险，交通隐患较大，发生事故后，如造成严重后果的，因加盟商的准入门槛较低，大部分未有赔偿能力。实践中，受害人在向加盟商要求赔偿未果后，在找到该加盟商所属的快递公司时，快递公司经常以双方系加盟承包关系并且有书面协议，双方各自引起的纠纷由各自独立承担法律后果为由，对受害人的损失不予赔偿，为此导致双方矛盾加剧，进入诉讼程序，产生诉累，因此厘清加盟商与快递公司之间的关系至关重要。

根据《中华人民共和国邮政法》的规定，“申请人凭快递业务经营许可证向工商行政管理部门依法办理登记后，方可经营快递业务”，《快递市场管理办法》规定，“以加盟方式经营快递业务的，被加盟人与加盟人均应当取得快递业务经营许可，加盟不得超越被加盟人的经营许可范围”。通过上述规定，结合实践，快递公司均是取得经营快递业务许可的正规公司，经济实力较强，除少数快递公司以直营的方式经营快递业务外，大部分快递公司均是发展下属加盟商，其中加盟商大部分未取得邮政部门的经营许可，仅是依靠与快递公司签订加盟承包协议，缴纳加盟费、管理费等费用后，借用快递公司的名义对外营业，该经营行为并不符合《中华人民共和国邮政法》及《快递市场管理办法》的相关规定，系加盟商借用快递公司的资质对外经营，双方虽签订加盟承包协议，但快递公司并无权授予加盟商快递业务经营许可，双方实质系挂靠关系。因此加盟商在经营业务期间发生交通事故，

造成受害人损失，需按照挂靠法律关系，由快递公司承担连带清偿责任。

二、关于快递公司加盟模式的风险思考

实践中，快递公司与加盟方成立符合法律规定的加盟承包经营关系，需要加盟方向邮政部门依法申请经营许可并办理相关工商登记。同时，快递公司在对加盟方进行资格审查时，应当对经营者的经济实力、商业信誉等进行严格审查，履行审查义务，确保在发生重大损失时加盟方有足够的赔偿能力，同时由加盟方缴纳一定数量的保证金，不能为了快速扩大规模而降低行业的准入门槛，让一批没有资质条件的加盟商进入快递行业，导致行业恶性竞争，大打价格战，降低了服务质量，引发一系列不利法律后果。只有严格按照国家法律法规的规定执行，提高行业门槛，才能一定程度上减少法律风险。

编写人：江苏省常州市武进区人民法院　冯磊

二、交通事故损害赔偿

10

外伤参与度的鉴定意见是否可以减轻加害人赔偿责任

——王某琴诉朱某祥、太平洋保险公司机动车交通事故责任案

【案件基本信息】

1. 裁判书字号

北京市第一中级人民法院（2019）京01民终1133号民事判决书

2. 案由：机动车交通事故责任纠纷

3. 当事人

原告（被上诉人）：王某琴

被告（上诉人）：朱某祥、太平洋保险公司

【基本案情】

2016年12月28日17时20分，朱某祥驾驶小轿车在北京市昌平区将行走的王某琴撞倒，造成王某琴受伤。该事故经北京市公安局公安交通管理局昌平交通支队沙河大队认定，朱某祥负事故全部责任，王某琴无责任。事故发生后，王某琴到医院治疗，经诊断为头颅外伤、软组织损伤、颈部脊髓损伤、颈椎管狭窄、颈椎间盘突出、闭合性颅脑损伤轻型、趾骨骨折等，共住院61天。其间，王某琴花费医疗费136891.75元（其中太平洋保险公司垫付10000元）、残疾辅助器具费2300元。2017年7月31日，经王某琴委托，北京通达首诚司法鉴定所出具鉴定报告，载明：王某琴外伤后遗留上肢肌力IV级；颈部活动受限，分别符合VII、IX级伤残。建议

综合伤残赔偿指数为45%。建议王某琴护理期至伤残评定前一日，营养期为60天。王某琴目前情况与本次交通事故存在一定因果关系，建议外伤参与度为30%以下。王某琴为此支付鉴定费8150元。王某琴于本次交通事故发生前长期居住于城镇，且其主要收入来源于非农产业。

另查，朱某祥驾驶的车辆在太平洋保险公司处投保机动车交通事故责任强制保险，事故发生在保险期限内。太平洋保险公司另为该车辆承保机动车交通事故商业三者险，保险金额为50万元，含不计免赔，事故发生在保险期限内。太平洋保险公司已在交强险范围内赔付医疗费10000元。

王某琴的经济损失，法院根据当事人提交的证据结合本案的具体情况核实确认各项损失共计776839.08元（未扣除太平洋保险公司垫付的10000元）。

【案件焦点】

外伤参与度的鉴定意见是否可以减轻加害人赔偿责任。

【法院裁判要旨】

北京市延庆区人民法院经审理认为：根据《中华人民共和国道路交通安全法》第七十六条的规定，本次交通事故中，朱某祥负事故全部责任，因朱某祥驾驶的车辆在太平洋保险公司处投保交强险，故王某琴的合理损失，应当由太平洋保险公司在交强险限额内先行承担赔偿责任。超出交强险的部分，因朱某祥驾驶的车辆在太平洋保险公司处投保了商业三者险，故应由太平洋保险公司在商业第三者责任保险限额内承担赔偿责任。仍有不足的，应当由朱某祥承担赔偿责任。太平洋保险公司主张应当按照鉴定意见确定的外伤“参与度”对赔偿金作相应扣减。法院认为，本次交通事故中，朱某祥负事故全部责任，王某琴无责任，朱某祥的侵权行为使得王某琴身体损害加重，与其相应身体症状提前出现具有法律上的因果关系，而王某琴的体质状况对损害后果的影响不属于侵权责任法等法律规定的过错，亦不属于可以减轻侵权人责任的法定情形。受害人不应对特殊体质在伤残中存有参与度而负担相应责任。故对太平洋保险公司的上述辩解，法院不予采信。王某琴主张的医疗费、住院伙食补助费及伤残赔偿金、营养费、护理费、误工费、交通费，根据证据情况，合理部分予以支持。依照《中华人民共和国侵权责任法》第十六条、第二十二条、第四十八条，《中华人民共和国道路交通安全法》第七十六条，《最高人民法院关于审理道路交通事故损害赔偿案件适用法律若干问题的解释》第十六条，《中华人民共和国民事诉讼法》第六十四条之规定，作出如下判决：

一、太平洋保险公司于判决生效后七日内在机动车交通事故责任强制保险限额内给付王某琴死亡伤残类赔偿金 110000 元（含精神损害抚慰金）；

二、太平洋保险公司于判决生效后七日内在商业第三者责任保险限额内给付王某琴赔偿金 500000 元；

三、朱某祥于判决生效后七日内支付王某琴赔偿金 156839. 08 元；

四、驳回王某琴的其他诉讼请求。

朱某祥与太平洋保险公司不服一审判决，提出上诉。北京市第一中级人民法院经审理认为：关于本案外伤参与度的鉴定结论是否可以减轻赔偿责任问题，《中华人民共和国道路交通安全法》第七十六条规定，机动车与非机动车驾驶人、行人之间发生交通事故，非机动车驾驶人、行人没有过错的，由机动车一方承担赔偿责任；有证据证明非机动车驾驶人、行人有过错的，根据过错程度适当减轻机动车一方的赔偿责任。《中华人民共和国侵权责任法》第二十六条规定，受害人对损害发生有过错的，可以减轻侵权人的责任。那么，受害人没有过错的，不构成过错相抵，不应承担责任。朱某祥和太平洋保险公司均上诉认为根据外伤参与度的鉴定意见，王某琴自身存在疾病，应当自负相应责任。法院认为，虽然王某琴在遭受交通事故前，自身存在颈椎间盘退行性改变、颈椎椎管狭窄症、颈椎间盘突出症等，但鉴定意见表述为“事故使王某琴颈部遭受外力作用后，出现此前尚未表现的疼痛、肌力降低等症状体征或加重了其表现”，可见，交通事故使王某琴出现或加重症状体征。交通事故中应当根据过错程度来进行赔偿责任的确定，本案中朱某祥负有事故全部责任，王某琴不负事故责任，王某琴对事故的发生及损害后果的造成均无主观过错，其身体状况仅是事故造成后果的客观介入因素，并无法律上的因果关系。即朱某祥的行为是损害后果的直接原因，王某琴的体质因素对损害后果的发生并不具有相当的因果关系。故，王某琴的身体因素对损害后果的影响不属于法律规定的过错，其体质状况对损害后果的发生或扩大均不具有法律上的因果关系，不属于可以减轻侵权人责任的法定情形。

北京市第一中级人民法院依照《中华人民共和国民事诉讼法》第一百七十条第一款第（一）项之规定，作出如下判决：

驳回上诉，维持原判。

【法官后语】

本案是一起肇事方以及车辆保险公司因为受害人体质因素而主张减轻赔偿责任的案例。本案的关键争议点是外伤参与度的鉴定结论是否可以减轻加害人赔偿责任问题。虽然最高人民法院对此问题发布了第 24 号指导性案例，就受害人的特殊体质与侵权行为结合共同造成或扩大了损害时，能否减轻侵权人的赔偿责任的问题确定了裁判规则，但是对于特殊体质与损害后果之间的因果关系、受害人是否因特殊体质而具有侵权法上的过错等问题在司法实践中存在不明，如何在《最高人民法院关于案例指导工作的规定》及其实施细则规范下“参照”适用指导性案例是一个技术问题，需要在司法实践过程中明晰指导性案例的援引规则和适用情形。

一、“参照”适用指导性案例的规范指引

（一）应当参照适用指导性案例

《〈最高人民法院关于案例指导工作的规定〉实施细则》第九条规定，各级人民法院正在审理的案件，在基本案情和法律适用方面，与最高人民法院发布的指导性案例相类似的，应当参照相关指导性案例的裁判要点作出裁判。首先，适用指导性案例的前提应当是案件与指导性案例相类似。在判断是否类似时主要关注基本案情和法律适用的相似性。其次，在出现与指导性案例相类似的案件时，指导性案例的效力为“应当”参照。即案件与指导性案例相类似时，裁判规则应当与指导性案例一致或类似，对法官能够产生一定的拘束力。最后，对于法官产生实际指导意义的为裁判要点，《〈最高人民法院关于案例指导工作的规定〉实施细则》第十一条规定，在办理案件过程中，案件承办人员应当查询相关指导性案例。在裁判文书中引述相关指导性案例的，应在裁判理由部分引述指导性案例的编号和裁判要点。法官能够直接引述的为裁判要点，即高度总结的裁判要点构成法官的裁判规则指引。

二、关于 24 号指导性案例中“特殊体质”的理解

就 24 号指导性案例来说，该案中原告患有骨质疏松症，该症状为随着年龄的增加而导致的骨组织微结构的破坏，其中骨脆性增加，为代谢性骨病。24 号指导性案例将这一病症直接抽象为“体质状况”，往往忽视了体质状况的成因，造成概念上的误用。我们认为，结合具体案情，“特殊体质”应作如下理解：

首先，特殊体质形成是由客观因素造成的，客观因素主要指遗传、年龄增长、生活工作环境等。但是不包括当事人因酗酒、吸毒等自身原因引发的特殊体质，当

事人超越正常的生活方式而由其自我意志干预导致的特殊体质不宜由侵权人承担所有的损害赔偿。

其次，特殊体质应当是侵权行为发生时已经显现。指导性案例中，原告的骨质疏松在侵权行为发生时已经在病理上存在，且根据年龄和其他症状可以判断出来。如果侵权行为发生时，从外观上不能判断特殊体质已经显现，应不予考虑。

最后，特殊体质在侵权行为发生前不至于出现和加重症状体征。特殊体质作为一种客观因素造成的体征病症，虽对个人生活产生一定影响，但是属于相对稳定的病情，如果受害人处于出现新的病症或病症不断加重的过程中，已达罹患严重疾病的程度，不得一律仍作为“特殊体质”对待，以避免侵权人承担过重责任。指导性案例中的骨质疏松病情相对稳定，并未发展成严重疾病，仍处于“特殊体质”的范畴。

根据北京通达首诚司法鉴定所在对“王某琴目前身体情况与本次交通事故之间是否存在因果关系及参与度进行鉴定”中，认为：被鉴定人王某琴自身存在颈椎间盘退行性改变、颈椎椎管狭窄症、颈椎间盘突出症，本次交通事故当天检查颈椎CT平扫示：未见明确骨折及脱位。但事故使王某琴颈部遭受外力作用后，出现此前尚未出现的疼痛、双侧上肢痛觉过敏且肌力降低等症状体征或加重了其表现。本案例中，原告自身存在颈椎间盘退行性改变、颈椎椎管狭窄症、颈椎间盘突出症等，该些病症均是由于年龄、生活工作环境等造成，侵权行为发生时亦已显现，事故使王某琴颈部遭受外力作用后，出现此前尚未表现的疼痛、肌力降低等症状体征或加重了其表现，可见，交通事故使原告出现或加重症状体征而非其本身就存在或加重症状，符合“特殊体质”的定义范围。

三、关于24号指导性案例中“过错”的理解

关于指导性案例中“过错”的理解应落脚到对于因果关系的理解上，首先，应当进行“若无原告的特殊体质，侵权行为是否仍会发生”的判断，答案当然是否定的，受害人特殊体质对于加害人侵权行为的发生与否不具有原因力，无论受害人是否具有特殊体质，损害依然发生。其次，在责任范围的因果关系上，根据指导性案例，受害人特殊体质是客观因素造成的，属于一般身体要素，在无侵权行为的情况下，损害的发生或扩大均无存在的基础。因此，特殊体质对于损害后果不具有可归责的基础，不应构成法律上的因果关系，进而不具有法律上的过错。

当然，24号指导性案例适用的前提只应当为受害人没有过错的情况下。有些法院在受害人具有过错的情况下，仍旧适用24号指导性案例失之偏颇。

本案中，朱某祥负有事故全部责任，王某琴不负事故责任，王某琴对事故的发生及损害后果的造成均无主观过错，其身体状况仅是事故造成后果的客观介入因素，并无法律上的因果关系，不属于可以减轻侵权人责任的法定情形。

第24号指导性案例自发布以来成为被直接援引次数最多的案例①，得益于该案例在裁判要点上的高度概括和清晰规则，但是，高度概括也使得法官对于裁判要点进行了扩展性的使用，在相似性的判断上亦存在自由裁量权滥用的趋势。

我们认为，参照适用指导性案例应当严格遵守相似性标准，同时将裁判要点与基本案情结合理解，精准适用法律，避免指导性案例的扩大适用。

编写人：北京市第一中级人民法院　陈伟　陈大林

11

扶养人的年龄及状况不能决定被扶养人生活费损失赔偿

——晏某方等诉平安财险上海分公司机动车交通事故责任案

【案件基本信息】

1. 裁判书字号

江苏省盐城市中级人民法院（2018）苏09民终5351号民事判决书

2. 案由：机动车交通事故责任纠纷

3. 当事人

原告（被上诉人）：晏某方、耿某生、耿某光、耿艳某、耿迎某

被告（上诉人）：平安财险上海分公司

① 孙光宁：《司法实践需要何种指导性案例——以指导性案例24号为分析对象》，载《法律科学》2018年第4期。

【基本案情】

2018年4月15日9时许，刘某洲驾驶的牌号为皖S×××××小型普通客车沿S327线行驶，与耿某环驾驶电动三轮车发生碰撞，又与王某忠驾驶的电动自行车发生碰撞，致耿某环死亡、王某忠受伤。江苏省滨海县公安局交警队认定刘某洲、耿某环负事故同等责任，王某忠无责任。刘某洲的机动车在平安财险上海分公司投保交强险、商业险500000元，事故发生在保险期间。

另查明，死者耿某环与原告晏某方是夫妻关系，二人育有长子耿某生、次子耿某光、长女耿迎某、次女耿艳某。经盐城市残疾人联合会、滨海县残疾人联合会认定，长子原告耿某生构成精神残疾二级，滨海县第三人民医院诊断耿某生患有精神分裂症，现在该院精神科住院治疗。耿某生一直未婚配、亦无子女，常年由其父母照顾。耿某环死亡时，耿某生年龄48周岁。

原告晏某方、耿某生、耿某光、耿艳某、耿迎某请求判令被告平安财险上海分公司赔付丧葬费、5年死亡赔偿金、精神损害抚慰金以及原告耿某生20年被扶养人生活费等合计438698元。

被告平安财险上海分公司辩称，耿某环死亡时超过76周岁，远远超过法定退休年龄，达到人均寿命年龄，明显丧失劳动能力，不具备扶养其成年残疾儿子耿某生的能力，本案不应赔偿被扶养人生活费；原告主张按20年被扶养人生活费，这等于认定受害人耿某环的余命将达到96岁，且仍有能力扶养其子耿某生，该与客观自然状况不符。

【案件焦点】

受害人耿某环死亡时年龄达76周岁，其48岁的残疾儿子耿某生的被扶养人生活费如何处理。

【法院裁判要旨】

江苏省滨海县人民法院经审理认为：本案主要争议为原告耿某生被扶养人生活费该如何处理，酌情支持5年至10年或是支持20年。侵权责任法施行后，死亡赔偿金为《最高人民法院关于审理人身损害赔偿案件适用法律若干问题的解释》（以下简称人身损害赔偿解释）规定的死亡赔偿金和被扶养人生活费损失的总和，扶养人年龄达到75周岁以上，被扶养人年龄在60周岁以下的，仍然应当按照20年的标准计算被扶养人生活费损失，该赔偿与扶养人是否超过法定退休年龄、是否丧失劳动能力、是否达到人均寿命年龄等均无关。原告耿某生是死者耿某环的长子，既未成家也无子女，常年随父母生活、由父母照料，发生事故时48周岁，无劳动能力且无其他生活来源，应作为被扶养人获得20年赔偿。本案支持五名原告主张5年死亡赔偿金、丧葬费、精神损害抚慰金以及耿某生20年被扶养人生活费等诉讼请求，并按责任比例确定赔偿金额为416798.4元。江苏省滨海县人民根据《中华人民共和国侵权责任法》第十六条、第二十六条、第四十八条，《最高人民法院关于审理人身损害赔偿案件适用法律若干问题的解释》第十七条之规定，判决如下：

一、被告平安财险上海分公司于本判决生效后十日内赔偿原告晏某方、耿某生、耿某光、耿艳某、耿迎某416798.4元；

二、驳回原告晏某方、耿某生、耿某光、耿艳某、耿迎某的其他诉讼请求。

被告平安财险上海分公司不服一审判决提起上诉。江苏省盐城市中级人民法院经审理认为：死者耿某环之子耿某生患有精神疾病，无劳动能力亦无其他生活来源，与耿某环、晏某方夫妇存在法定的扶养关系。被扶养人生活费根据扶养人丧失劳动能力程度，按照受诉法院所在地上一年度城镇居民人均消费性支出和农村居民人均年生活消费支出标准计算。被扶养人无劳动能力又无其他生活来源的，计算20年。一审判决并无不当。

江苏省盐城市中级人民法院依照《最高人民法院关于审理人身损害赔偿案件适用法律若干问题的解释》第二十八条规定，作出如下判决：

驳回上诉，维持原判。

【法官后语】

现实生活中有一些老年人，其子女因智力问题、精神疾病等无民事行为能力，仍常年随其生活、由其抚养，一旦这些年迈的父母意外死亡，被扶养人生活费如何赔偿容易引起争议。

一、扶养人是否丧失劳动能力不影响被扶养人生活费损失赔偿

1. 达到法定退休年龄不代表丧失劳动能力及抚养能力。我国劳动法规定，男性年满60周岁达到法定退休年龄后，一般不具备劳动法适用范围内的劳动者的主体资格，但该不代表劳动能力丧失，超过法定退休年龄继续参加工作普遍存在。本

案死者耿某环年龄虽然达76周岁，但其患有精神分裂症的儿子原告耿某生一直随其生活、由其照料，故被告公司关于死者耿某环明显丧失劳动及抚养能力的辩解，无法律依据。

2. 抚养的内容包含物质和精神两个方面。《中华人民共和国老年人权益保护法》第十八条规定，家庭成员应当关心老年人的精神需求；与老年人分开居住的家庭成员，应当经常看望或者问候老年人。据此，父母子女之间的人格尊重、情感支持及心理慰藉等精神方面的抚养与扶养义务，被上升到法律规范层面。现实中，父母对成年无民事行为能力子女的抚养无法被他人取代，本案受害人耿某环对其子耿某生的抚养，不仅有经济上的供养，还包括多年来生活上的照料和精神上的慰藉，被告公司以耿某环年龄达76周岁为由辩称其丧失抚养能力，与事实不符。

3. 对成年无民事行为能力子女的抚养是父母法定义务。本案受害人耿某环死亡时，原告耿某生48周岁，无配偶子女，因精神残疾无法独立生活，属于无民事行为能力人，符合人身损害赔偿解释规定的"被扶养人无劳动能力又无其他生活来源的"成年人，受害人耿某环作为原告耿某生的父亲，无论其年龄多大，其对无民事行为能力的子女均具有法定的抚养义务。

二、扶养人是否达到人均寿命不影响被扶养人生活费赔偿年限

1. 被扶养人生活费计入死亡赔偿金，不影响被扶养人生活费独立取得。人身损害赔偿解释规定，将被扶养人生活费计入残疾赔偿金或死亡赔偿金。据此，在道路交通事故案件中，仍然要按照人身损害赔偿解释的规定分别计算死亡赔偿金和被扶养人生活费的金额，换言之，如受害人或者他人怠于行使被扶养人生活费赔偿请求权的，被扶养人有权就该项目独立主张损害赔偿。本案中，受害人耿某环因交通事故死亡，其子耿某生有权就被扶养人生活费单独获得赔偿。

2. 被扶养人生活费的拟制规定体现对弱者的保护。对于受害人死亡后的损害赔偿，我国立法及司法解释均采用"继承丧失说"，即受害人因人身损害死亡，家庭可以预期的未来收入因此减少或者丧失，使家庭成员在财产上蒙受消极损失。既然被扶养人生活费属于未来预期财产损失，那么被告辩称如赔偿20年被扶养人生活费就等于推定死者耿某环的余命将达到96岁，这明显不合理，被告公司该辩解是否成立？笔者认为，人身损害赔偿解释涉及的赔偿5年、20年、年龄每增加1岁减少赔偿1年以及赔偿的标准等，均是拟制的法律真实，而非客观真实，本案中，

受害人耿某环的自然死亡年龄因交通事故而无法确定，故20年被扶养人生活费属于法律拟制。那么，针对同一个死亡事实，死亡赔偿金计算5年，而被扶养人生活费却计算20年，两者是否冲突？笔者认为，人身伤亡赔偿要对受害人提供全面救济，否则将可能导致依靠受害人扶养的人陷入生活困境，并引发负面社会问题，本案如按被告公司辩称的参照江苏省人均寿命（2018年为76.63岁）酌情计算本案被扶养人生活费，那么原告耿某生将无法获得该项赔偿，这个结论显然不会得到社会认同。因而，在审判实务中，从个案正义出发，假如原告耿某生20年之后仍是无民事行为能力人，还可以再主张5年至10年的被扶养人生活费，该赔偿仍然无须考虑扶养者耿某环的实际年龄及生前状况。

编写人：江苏省滨海县人民法院　蒋晓明

12

履行了主要扶养义务的实际扶养人可获得死亡赔偿金

——郑某诉姜某琼、中国财险大邑支公司机动车交通事故责任案

【案件基本信息】

1. 裁判书字号

四川省成都市中级人民法院（2018）川01民终15010号民事判决书

2. 案由：机动车交通事故责任纠纷

3. 当事人

原告（被上诉人）：郑某

被告（被上诉人）：姜某琼

被告（上诉人）：中国财险大邑支公司

【基本案情】

2017年9月13日晚，姜某琼驾驶川A40×××号小型轿车，由大邑县晋原镇邑新大道方向沿元通南段路往大邑大道方向行驶。当车行至大邑县晋原镇元通路南段

250号外路段时，姜某琼驾车驶入右侧人行道，车辆前部与从相对方向沿人行道推行自行车至此的王某昌相撞。王某昌经大邑县人民医院抢救无效于次日死亡。该事故经大邑县公安局交通警察大队认定，姜某琼承担事故全部责任，王某昌无责。川A40×××号车在中国财险大邑支公司投保了交强险和第三者责任险，保险限额500000元（含不计免赔），事故发生在保险期间。

王某昌身前为大邑县东风煤矿退休职工。王某昌的父母、配偶、独生女均已去世。原告郑某与王某昌之女系恋爱关系，王某昌之女因病死亡后，郑某与王某昌夫妻于2003年7月2日签订了《抚子协议书》，王某昌居住地的村委会以及邻居予以见证。此后，郑某将户籍迁入大邑县晋原镇大树村3组即王某昌居住地，与王某昌以父子相称，共同生活至本次事故发生之日，长达14年。王某昌去世后，郑某处理了丧葬事宜。

【案件焦点】

郑某是否具有死亡赔偿金和精神损害抚慰金的赔偿请求权。

【法院裁判要旨】

四川省大邑县人民法院认为：侵害他人民事权益，依法应当承担侵权责任。姜某琼驾车造成王某昌死亡，大邑县公安局交通警察大队作出的《道路交通事故认定书》认定姜某琼承担事故全部责任；郑某于2003年与王某昌签订的《抚子协议书》后，郑某即将其户口迁入大邑县晋原镇大树村3组，一直与王某昌一起生活并以父子相称，在生活上对王某昌予以照料，在精神上对王某昌予以慰藉，王某昌因本次事故死亡后，安葬事宜也是由郑某处理，郑某已经成为王某昌生前最亲近的人，从维护公序良俗的角度，应赋予郑某享有赔偿权利人的主体资格。四川省大邑县人民法院作出判决：

一、中国财险大邑支公司在判决生效之日起三十日内赔偿郑某317137.44元，支付姜某琼垫付费用10000元；

二、驳回郑某的其他诉讼请求。

中国财险大邑支公司不服四川省大邑县民事判决，向四川省成都市中级人民法院提起上诉。

中国财险大邑支公司认为郑某与死者王某昌未经民政部门登记，不成立法律意义上的收养关系，其不具备诉讼主体资格；郑某申请出庭的证人也不能核实其居住情况，该证人证言不应当被采信。

四川省成都市中级人民法院认为，王某昌的父母、配偶和独生女儿均先于其去世，郑某作为王某昌女儿生前的男朋友，并不在其近亲属之列，且由于郑某与王某昌夫妻签订《抚子协议书》时，郑某已成年，双方不能成立法律规定的收养关系。但本案特殊之处在于，郑某与王某昌夫妻从2003年起即在一起共同生活，距王某昌因交通事故去世，已经长达14年。在此期间郑某未外出务工，证人出庭陈述证实双方在“同一屋檐下生活、同一锅里吃饭”，双方对外以父子相称，相互扶助的关系受到同村村民的一致认可和较好评价。

侵权责任法有关近亲属有权主张被侵权人的死亡赔偿金的规定，其立法本意在于近亲属与被侵权人从物质到精神层面均具有紧密联系，被侵权人的死亡对近亲属造成的损害最为显著和直接。但本案王某昌确无其他近亲属，尽管与郑某没有血缘关系，但双方长期共同生活、共同劳动、共同消费，彼此之间在精神上相互抚慰、生活中相互扶助、家庭财产相互混同，双方具有较强的人身依附关系。郑某作为对王某昌履行了主要扶养义务的实际扶养人，其获得物质的补偿和抚慰符合侵权责任法的立法本意，亦遵从了公序良俗和敬老扶弱的社会传统道德。故一审判决认定郑某具有死亡赔偿金和精神损害抚慰金的赔偿请求权并无不当，二审予以维持，对中国财险大邑支公司的上诉意见不予采纳。

综上所述，中国财险大邑支公司的上诉请求不能成立，应予驳回；一审判决认定事实清楚，适用法律正确，应予维持。依照《中华人民共和国民事诉讼法》第一百七十条第一款第（一）项规定，判决如下：

驳回上诉，维持原判。

【法官后语】

一、死亡赔偿金概述

死亡赔偿金，系民法中因侵权行为导致自然人死亡这一法律事实可能产生的物质性赔偿义务中的一种项目。在学理上，对死亡赔偿金的权利基础主要有三种观点。(1) 生命价值说认为，死亡赔偿金是对于死者生命价值的赔偿，故因不同被侵权人生命价值的不同而不同。(2) 精神抚慰说认为，死亡赔偿金的目的是对死者近亲属由于失去亲人而产生的精神损害的补偿。(3) 逸失利益说认为，死亡赔偿金是对于被侵权人本应增加而未增加的可期待消极利益的赔偿，是对死者劳动能力丧失的赔偿。

二、扶养关系人可作为赔偿权利人

(一) 赔偿权利人应采取混合标准

1. 死亡赔偿金是对物质供养关系人的赔偿。原《中华人民共和国侵权责任法》第十八条规定，被侵权人死亡的，其近亲属有权请求侵权人承担侵权责任。尽管侵权责任法规定赔偿权利人为近亲属，但死亡赔偿金以受害人死亡为前提，不是死者的遗产，故赔偿请求权人至少应不局限于遗产继承人。侵权责任法有关近亲属有权主张死亡赔偿金的规定，其立法本意应在于近亲属与被侵权人从物质到精神层面均具有紧密联系，被侵权人的死亡对近亲属造成的损害最为显著和直接。但承前所述，死亡赔偿金是对生者物质损害的赔偿，其计算方式也以满足当地日常消费所需，即包括了受害人生前实际扶养人的生存权和发展权的需要。由此可见，长期共同生活、共同劳动、共同消费，家庭财产相互混同的物质上的扶养、扶助关系是判断是否具有赔偿请求权的重要依据。

2. 继承法中最相类似规定的适用。尽管死亡赔偿金不是遗产，但侵权责任法和人身损害赔偿司法解释均采"继承丧失说"的法理基础，在继承法及其司法解释中就遗产的分配原则及考量因素，与前文所述死亡赔偿金的求偿主体的确认存在类似之处。原《中华人民共和国继承法》第十四条规定，对继承人以外的依靠被继承人扶养的缺乏的劳动能力又没有生活来源的人，或者继承人以外的对被继承人扶养较多的人，可以分给他们适当的遗产。将"继承人以外的对被继承人扶养较多的人"纳入了继承遗产的主体范围，可以适当分得遗产。

(二) 符合公序良俗和敬老扶弱的社会传统道德

《中华人民共和国民法典》第一条规定，为保护民事主体的合法权益，调整民事关系，维护社会和经济秩序，适应中国特色社会主义发展需求，弘扬社会主义核心价值观，根据宪法，制定本法。因社会的变迁，居民养老成为热点和难点问题，传统基于血缘、姻缘的法定人身权利义务关系已经不能涵盖日益复杂的社会现实情况，将尽到了主要扶养义务的扶养人列为赔偿金主体，利于弘扬社会主义核心价值观，符合公序良俗和敬老扶弱的社会传统道德。

三、死亡赔偿金的裁判实务问题

（一）举证义务的承担

扶养关系中的扶养并非法定义务，应属于意定行为，完全遵从个人自愿原则。双方并无法定的权利义务关系，当一方对与另一方形成扶养关系后，法律规定双方之间产生一定的权利与义务关系，以及履行义务一方享有一定的权利，接受义务的一方承担一定的义务。原《中华人民共和国继承法》第十四条中将继承人以外的人纳入可继承遗产的主体，需要具备的一个条件是“对被继承人扶养较多的”扶养义务。参照该条规定，要成为死亡赔偿金主体，也需要证据其自身承担了主要或较多的扶养义务，具体的举证责任如下。

1. 证明形成了扶养关系。其举证具体应具备如下条件：一是双方有扶养的意思，意思表示包括积极主动的意思表示外，例如签订书面协议，当然也可用消极的意思表示，例如双方对共同生活没有提出过反对意见，接受或者是愿意共同生活。二是扶养的标准应当是尽到了生活扶助的义务，扶养义务人对被扶养人的管理生活上的照料。扶养关系的成立不应该仅仅是经济上的救助，还应包括生活中的照料，感情的交流等。三是扶养事实需持续一定的时间。如果双方扶养事实持续的时间较短，则无从判断双方是否形成了事实上的扶养关系，仅凭短时间的扶养就让扶养义务人享有继承、具备扶养人身份的权利，不公平公正。本案中，原告即与死者共同生活 14 年，在此期间，原告未外出务工，证人陈述双方“同一屋檐下生活，同一锅里吃饭”。

2. 证明承担了主要扶养义务。仅仅形成了扶养关系，还不足以达到可以纳入赔偿权利人的标准，还需进一步证明承担了主要的扶养义务，其证明力达到让法官足以形成内心确认的程度。尽到主要扶养义务的事实，本身是一个长期存在的事实，无法从单个的书证或者是录音录像证据进行证明，因此证据更多的是以邻居、亲友的证人证言，或者是所在地居委会、村委会出具的证明为主。实务中，当事人虽然无法提供直接证据，但举出的间接证据要形成证据链，证明其尽到了主要扶养义务。具体到本案中，原告在一、二审中申请了三名证人出庭作证，均为当年签订《抚子协议》的见证人，且与原告以及死者身前系邻居，能够客观、真实地证明双方家庭生活的基本情况，当地村委会亦出具书面证明。

（二）赔偿顺序和分配原则

从理论上说，死亡赔偿金以受害人死亡为条件，是侵害人对死者近亲属期待继承利益的赔偿，而不是对死者财产损失和生命的赔偿，因此死亡赔偿金不是死者的遗产。从实务上看，对于死亡赔偿金的分配，原则上应当以继承法的分配原则为基础，再综合考虑权利人与死者亲属关系的远近、生活的紧密程度、对死者的经济依赖程度以及其自身生活状况等因素，在死者近亲属和扶养关系人之间进行分配，不应简单处理。

编写人：四川省成都市中级人民法院　付冬琦

四川省成都市青羊区人民法院　赵珍

13

车辆全损时车辆购置税损失属于车辆重置费用

——常某道诉陈某、平安财险夷陵支公司机动车交通事故责任案

【案件基本信息】

1. 裁判书字号

湖北省宜昌市中级人民法院（2019）鄂05民终1800号民事判决书

2. 案由：机动车交通事故责任纠纷

3. 当事人

原告（被上诉人）：常某道

被告（被上诉人）：陈某

被告（上诉人）：平安财险夷陵支公司

【基本案情】

2018年11月12日，陈某驾驶鄂E×××××号小型客车沿猇亭大道行驶至猇亭大道与迎宾路交岔路口时，与常某道驾驶的鄂E×××××号小型客车发生碰撞，造成陈某与常某道受伤、两车受损的交通事故。交警部门认定，陈某负事故主要责任，常某道负事故次要责任。事后常某道将其车辆交由4S店维修。常某道与4S店约定：4S店处理其车辆拆检定损后若不在4S店维修，则须向4S店缴纳车辆损失定

损估价费3000元。4S店拆检车辆后，提出了维修报价。平安财险夷陵支公司认为维修车辆所需费用已超过原告投保的车辆价值297800元的60%，已符合该平安财险推定全损的惯例，没必要维修了。于是平安财险夷陵支公司向常某道提出，车辆损失可按推定全损予以赔付，常某道车辆残值由平安财险所有。常某道与陈某同意平安财险夷陵支公司前述赔偿方案后，常某道将事故车辆交由平安财险拍卖处理。后平安财险夷陵支公司共计赔付常某道车辆损失264560元。其中：在交强险财产损失范围内赔偿原告车辆损失2000元；在商业三者险范围内赔偿常某道车辆损失77560元；向常某道支付事故车辆拍卖所得价款185000元。另承保常某道车辆车损险的平安财险赔付常某道车辆损失33240元。常某道共获得车辆损失赔款297800元。因常某道车辆未在4S店维修，常某道按约定向4S店支付了拆检定损估价费用3000元。

陈某所驾驶的鄂E×××××号小型客车的交强险和商业险投保于平安财险夷陵支公司，不计免赔商业三者险保险金额为50万元。案涉事故发生于保险责任期间。常某道受损车辆为BM××××××型，该车购置于2015年4月，裸车购置价为396800元，另在税务部门按378000元的10%交纳车辆购置税37800元。

常某道认为，平安财险未赔偿其车辆购置税损失和拆检定损费用损失，损害了其权益，遂提起诉讼，请求判令陈某与平安财险夷陵支公司共同赔偿其损失28560元（车辆购置税费37800×70%＋车辆损失鉴定费3000元×70%），并承担诉讼费用。

陈某认为，常某道主张的车辆购置税损失没有法律依据，即使法院认定存在车辆购置税损失，该损失也应由平安财险赔偿。

平安财险夷陵支公司承认其已付常某道的赔偿不含车辆购置税损失，但认为：车辆购置税损失属于间接损失，不属于商业三者险的赔偿范围，且车辆购置税损失应按事故发生前相应时点的重置费用乘以购置税缴税比例计算，而不是按新车价格计算；常某道交付给4S店的3000元劳务费不是鉴定费，该项费用属于间接损失，亦不属于保险赔付范围。

【案件焦点】

车辆购置税是否属于《最高人民法院关于审理道路交通事故损害赔偿案件适用法律若干问题的解释》第十五条所规定的“车辆重置费用”。

【法院裁判要旨】

湖北省宜昌市猇亭区人民法院经审理认为：（一）车辆受损后被推定全损，再次购买车辆必然向国家交纳车辆购置税。车辆购置税属于车辆重置费用。但该项损失的计算，应考虑已使用车辆的年限情况。故酌定原告车辆购置税损失为28350元。在推定全损的情况下，车辆购置税损失并非平安财险所称的间接损失，依法属于保险赔偿范围。陈某承担事故主要责任，平安财险应在商业三者险范围内承担70%即19845元的赔偿责任。（二）拆检定损费用系确定保险标的的损失程度所支付的必要的、合理的费用。对于该费用的负担，应按照有约定依约定，无约定由保险人负担的原则处理。平安财险未提交保险合同，不能证明合同双方对此存在约定，则属于保险车辆相应责任的部分，应由平安财险负担。故平安财险夷陵支公司应按70%的比例负担该费用，即2100元。

湖北省宜昌市猇亭区人民法院依照《中华人民共和国侵权责任法》第二条、第十九条、第四十八条，《中华人民共和国道路交通安全法》第七十六条第一款第（一）项，《中华人民共和国保险法》第六十四条，《最高人民法院关于审理道路交通事故损害赔偿案件适用法律若干问题的解释》第十五条第（二）项、第十六条之规定，判决如下：

一、平安财险夷陵支公司在商业三者险范围内赔偿常某道车辆损失19845元和拆检定损估价费用2100元，限于本判决生效后十日内履行；

二、驳回常某道的其他诉讼请求。

平安财险夷陵支公司持原审意见上诉。湖北省宜昌市中级人民法院审理认为：《最高人民法院关于审理道路交通事故损害赔偿案件适用法律若干问题的解释》第十五条所规定的“车辆重置费用”，是指因机动车交通事故导致被侵权人的车辆灭失或者无法修复的，被侵权人为取得与交通事故发生前被损害车辆价值相当的车辆所开支的费用。而车辆购置税属于车主购车时必须支付的费用，属于车辆的重置成本，应当作为直接损失认定，由平安财险在商业三者险范围内进行赔偿。《中华人民共和国保险法》第六十四条规定“保险人、被保险人为查明和确实保险事故的性质、原因和保险标的的损失程度所支付的必要的、合理的费用，由保险人承担”。车辆拆检评估费是确定车辆损失程度必然发生的费用，依法应由平安财险予以赔偿。平安财保夷陵公司提出车辆购置税、车辆拆检评估损失不应由其赔偿的上诉理由和请求不能成立，不予支持。

湖北省宜昌市中级人民法院依照《中华人民共和国民事诉讼法》第一百七十条第一款第（一）项之规定，判决如下：

驳回上诉，维持原判。

【法官后语】

在机动车交通事故责任纠纷案件中，当事人经常会因某项具体损失是否属于财产损失而发生争议。为解决类似争议，《最高人民法院关于审理道路交通事故损害赔偿案件适用法律若干问题的解释》第十五条以列举的方式对应予支持的财产损失作出了规定。但由于列举的局限性，难以详尽地列明某项损失是否属于应予支持的财产损失范围，导致争议仍大量存在。本案所涉争议，主要乃车辆购置税是否属于重置费用、如何认定损失数额、是否属于直接财产损失等问题。笔者查看各地类案判决，发觉裁判意见并不统一。因此，有必要对此问题予以厘清。本案一、二审判决均认定，损害发生时相应车辆购置税属于车辆重置费用，且属于直接经济损失，并据此判决平安财险予以赔偿，既符合原《中华人民共和国侵权责任法》第十九条的规定，也符合《最高人民法院关于审理道路交通事故损害赔偿案件适用法律若干问题的解释》第十五条第（二）项的规定，无疑是正确的。

一、车辆购置税是车辆市场价值的组成部分

众所周知，购买新车后，均必须先缴纳车辆购置税，然后才能上牌登记。由于车辆购置税是在含税（增值税）价格外实行一次性课征，故每辆车只需缴纳一次车辆购置税。买受二手车不需再缴纳车辆购置税。车辆灭失或报废后，车辆购置税是不能退税的，另行购买新车需另外缴税，不得抵扣。由此可知，新车进入消费市场或营运市场并缴纳车辆购置税后，其市场价值不仅包含车辆的裸车价值，还包括车辆购置税等费用，一起形成车辆的整体市场价格。

二、车辆受损必然导致车辆的市场价值减少，车辆购置税损失的认定应以损失发生的时点为限

车辆的市场价格随着车辆使用时间的延长而逐步贬损，其中车辆购置税所对应的那部分价值亦逐步贬损。车辆使用若干年报废后，该部分价值将不复存在。因此，既不能简单地将购车时缴纳的车辆购置税认定为车辆购置税损失，也不能以车

辆全损后另购新车所缴纳的车辆购置税认定为车辆购置税损失，而应将损失发生时车辆购置税所对应的那部分价值认定为车辆购置税损失。在车辆受损后能够修复再行使用的情况下，不存在车辆购置税损失的问题。车辆受损后无法修复，才有车辆购置税损失的问题。发生交通事故致车辆全损（包括推定全损）的，受损时车辆购置税所对应的价值应认定为财产损失，而此前因折旧因素已损耗的车辆购置税所对应的车辆价值，则不属于财产损失。

三、车辆重置费用应按损失发生时车辆的市场价格确定，该市场价格已包含损失发生时车辆购置税所对应的那部分价值

原《中华人民共和国侵权责任法》第十九条规定，侵害他人财产的，财产损失按照损失发生时的市场价格或者其他方式计算。该市场价格，即为《最高人民法院关于审理道路交通事故损害赔偿案件适用法律若干问题的解释》第十五条所规定的“车辆重置费用”。就如同二手车交易，买方只需支付相当于交易时该二手车相应市场价格的对价，即可取得车辆所有权，无须向出卖方额外支付车辆购置税。故在已按损失发生时车辆的市场价格即重置费用确认侵权人财产损失后，不应再额外重复支持被侵权人车辆购置税损失。损失发生时车辆的市场价格，司法实践中一般通过司法鉴定确认。需要注意的是，在鉴定中，应提醒鉴定机构将车辆购置税对车辆市场价格的影响因素考虑进去。本案未经鉴定确定车辆受损时的市场价格，平安财险明确承认其已付赔偿款中不包含车辆受损时车辆购置税的剩余价值，则原告的该部分损失应当依法予以支持。

四、应由侵权人分担的包含损失发生时车辆购置税所对应的车辆价值在内的重置费用，是重置同等价值车辆的必要成本，应认定为直接财产损失

商业三者险保险条款中，通常约定有间接损失不赔的免赔条款，类似争议中，平安财险也经常以车辆购置税损失属于间接损失为由要求免责，但从前面的解读可知，车辆购置税损失显然属于直接损失，故平安财险之该抗辩不能成立。

编写人：湖北省宜昌市猇亭区人民法院　邓希桥

14

间接损失原则上不应纳入道路交通纠纷赔偿范围

——李某春诉北方出租车公司等机动车交通事故责任案

【案件基本信息】

1. 裁判书字号

北京市昌平区人民法院（2019）京0114民初20592号民事判决书

2. 案由：机动车交通事故责任纠纷

3. 当事人

原告：李某春

被告：北方出租车公司、中国人保北京市分公司、杏丽运输服务部

【基本案情】

2018年9月21日，在北京市昌平区南百路张各庄村南路口处，案外人郭某稳驾驶出租车（内乘李某春等）与案外人冯某秀驾驶的自重型自卸货车相撞，事故造成李某春等人受伤，车辆损坏。该事故经北京市公安局公安交通管理局昌平交通支队马池口大队认定，郭某稳承担事故主要责任，冯某秀承担次要责任，李某春无责任。事故发生后，李某春立即被送往医院住院12天，产生医疗费、住院伙食补助费、护理费、营养费、残疾辅助器具费等损失。

李某春系中国石油兰州石化公司职工，该公司人事处出具的《证明》中，除列明李某春因受伤请假61天扣发工资金额外，还计算出因扣发工资导致李某春“五险一金”缴纳额的减少金额。事故发生时，李某春与其丈夫乘坐出租车是为了赶往机场参加赴日旅游团。李某春提交的其与北京中国国际旅行社有限公司签订的《团队出境旅游合同》载明，李某春计划于事故当天前往日本旅游，并支付旅游费用6680元。该合同第十三条约定旅游者未按约定时间到达约定集合出发点，也未能在出发中途加入旅游团队的，视为旅游者解除合同。旅行者在行程开

始前当日提出解除合同的，应按旅游费用总额的70%扣除必要费用，并按合同约定办理退款手续。因发生本案交通事故，李某春未能按时参团，也未从旅行社取得退款。

郭某稳为北方出租车公司的司机，冯某秀为杏丽运输服务部的司机，二人在事故发生时驾驶车辆均属职务行为。冯某秀驾驶的车辆在中国人保北京市分公司投保交强险和商业三者险，事故发生在保险期限内。

李某春请求判令被告赔偿医疗费、二次手术费、住院伙食补助费、营养费、护理费、误工费、残疾辅助器具费、精神损害抚慰金、交通费、其他损失（旅游费和"五险一金"损失），共计182559.27元。

【案件焦点】

赔偿金是否包括"五险一金"损失及旅游费损失。

【法院裁判要旨】

北京市昌平区人民法院经审理认为：对于李某春主张的医疗费、住院伙食补助费、营养费、护理费、误工费、残疾辅助器具费、交通费损失，在核定损失数额的基础上依法应予支持。对于李某春主张的旅游费损失及"五险一金"损失，因李某春的误工费已依法得到支持，"五险一金"与误工费性质不同，因误工导致工资收入减少而影响"五险一金"的缴存额度，该项"损失"即使能够确定金额也属于间接损失。李某春主张"五险一金"损失无法律依据，不应予以支持。李某春主张旅游费用损失，但未提供充分证据证明该损失的确定金额，虽然李某春提出旅游费发票能证实其已支付的旅游费用，但根据旅游服务合同中的相关条款，李某春有权要求合同相对方退还一定费用，李某春可待损失确定后另案处理。

北京市昌平区人民法院依据《中华人民共和国侵权责任法》第四十八条，《中华人民共和国道路交通安全法》第七十六条，《最高人民法院关于审理道路交通事故损害赔偿案件适用法律若干问题的解释》第十六条第一款、第二十二条，《中华人民共和国民事诉讼法》第六十四条、第一百四十四条规定，判决如下：

一、中国人保北京市分公司在交强险限额范围内赔偿李某春医疗费用赔偿金6667元、死亡伤残赔偿金25564元，于本判决生效之日起十日内履行；

二、中国人保北京市分公司在商业第三者责任险限额范围内赔偿李某春各项损失共计31307.18元，于本判决生效之日起十日内履行；

三、北方出租车公司赔偿李某春各项损失共计43050.09元，于本判决生效之日起十日内履行；

四、驳回李某春的其他诉讼请求。

【法官后语】

从情理的角度分析，原告因计划出国旅游，行程当日乘坐出租汽车前往机场的路上遭遇本案交通事故。原告当场被送往医院急救，无法及时联系旅行社办理航班改期、行程改期等事项。原告伤情较重，出院后无法正常工作，导致工资、奖金等收入减少，缴存基数变化进而影响"五险一金"的缴存金额。侵权人的违法行为给原告造成损害后果，且该损害后果与侵权行为存在一定的因果关系，侵权人似乎应当承担相应的赔偿责任。

"五险一金"即医疗保险、养老保险、失业保险、工伤保险、生育保险和住房公积金。"五险一金"与误工费有着本质的区别，"五险一金"的缴存金额减少影响的是未来不确定收益，甚至缴存金额减少还可能增加实际到手的工资收入。现有判例对该项损失一般不予认定，裁判尺度较为统一。但应注意若被侵权人的住房公积金已经在按月提取且误工确实导致其提取金额减少的情形。而旅游费损失在既有判例中存在三种不同的裁判思路：一是认为旅游费损失与交通事故没有必然联系，或是认为原告主张旅游费损失没有法律依据，不支持；二是认为旅游费损失属于间接损失，也是财产损失的一种，应当赔偿；三是不明示旅游费损失是否应当赔偿，而是基于损失金额尚未确定或者被侵权人未向旅游合同相对方主张合法权益等理由，不在案件中处理该项损失。

经过类案检索分析，本案在依法裁判的同时也尊重既有生效判决裁判思路的矛盾冲突，明确驳回了原告关于"五险一金"损失的权利主张，以迂回的方式回避了原告旅游费损失的权利主张，裁判文书充分说理的同时亦做好判后答疑工作，取得了胜败皆服的良好司法效果。然而，此类案件所反映出的问题值得进一步探讨。

"五险一金"和旅游费损失是否为此类案件财产损害赔偿范围无法律法规明文规定。因此类损失非侵权行为直接导致的人身损害或财产损失，将其定性为间接损失应不存争议。与直接损失不同，对于间接损失的赔偿应持格外谨慎的态度：要么通过法律规范明确（如停运损失），要么借由法官有限的自由裁量权在充分说理的基础上根据个案的情况判定（如侵权人故意实施侵权行为等）。可赔偿损失范围的扩大能使被侵权人的权益得到保障，但也会同比例地增大道路交通参与人的负担。合理的裁判思路应当是：在机动车交通事故责任纠纷案件中，“五险一金”以及预付型娱乐休闲费用（如旅游费）等间接损失原则上不属于可赔偿的损失，但在特殊情形下，法官可结合双方过错程度、因果关系原因力等因素，在损失数额可确定的前提下对赔偿问题作出判定。

编写人：北京市昌平区人民法院　王崇华

15

交通事故一次性赔偿协议的效力认定及审查

——李某杰诉王某赏等机动车交通事故责任案

【案件基本信息】

1. 裁判书字号

北京市第一中级人民法院（2019）京01民终5611号民事判决书

2. 案由：机动车交通事故责任纠纷

3. 当事人

原告（上诉人）：李某杰

被告（被上诉人）：王某赏、人保财险公司、苑某、平安财险公司

【基本案情】

2014年1月4日19时28分，在北京市海淀区复兴路京西路口，王某赏驾驶××号小客车由东向南行驶，苑某驾驶京××号小客车由西向东行驶，李某杰驾驶北京×号电动自行车由南向北行驶到路口东南角等候信号灯，王某赏驾车违反交通信号、在禁止左转弯的路口违反禁令标志左转，苑某驾车违反交通信号，王某赏所驾车辆右后侧与苑某所驾车辆前部相撞，后王某赏所驾车辆左后侧与李某杰的电动自行车

前部接触，造成三车受损，李某杰受伤。事故经公安机关交通管理部门认定王某赏负主要责任，苑某负次要责任，李某杰无责任。

王某赏所驾车辆在人保财险公司投保了交强险及责任限额为20万元的商业三者险，苑某所驾车辆在平安财险公司投保了交强险及责任限额为20万元的商业三者险，此次事故发生在保险期限内。

事发后，李某杰于2014年1月4日21时至2014年1月21日11时在北京水利医院住院治疗，出院诊断：1. 急性轻型闭合性颅脑损伤；2. 多发软组织损伤（面部、胸部、左膝）；3. 皮肤挫擦伤（左踝）。出院医嘱：1. 休息一个月，定期一个月门诊复查；2. 继续加强左踝关节功能锻炼；3. 不适随诊。

李某杰出院后，王某赏、苑某、李某杰三方于2014年1月21日签订事故赔偿协议书，约定：王某赏负事故70%责任，苑某负事故30%责任。王某赏、苑某两方赔偿李某杰各项损失共计2.5万元人民币，该赔偿款包括李某杰的交通费、护理费、误工费、伙食住宿费、被扶养人生活费、后续治疗费、精神损失费等各项损失赔偿。王某赏、苑某两方于赔偿款协议签订之日一次性向李某杰付清赔偿款。本协议所涉及的赔偿是一次性终结赔偿，王某赏、苑某两方支付李某杰费用后，今后李某杰不得以任何理由向王某赏、苑某及任何第四方提出赔偿要求或提出诉讼。本协议签订时，三方均是在自愿的情形下签订的，不存在任何重大误解或显失公平的情形，三方不得以任何理由对于协议提出反悔。

协议签订后，王某赏、苑某依约向李某杰支付了2.5万元赔偿款。但李某杰认为，在签订协议时王某赏对其进行了重大误导，向其隐瞒了真实伤情，而且其伤情一直在恶化，故认为该协议无效，遂提起本案诉讼。

【案件焦点】

在事故三方签订一次性赔偿协议且该协议已经履行完毕的情形下，伤者还能否向事故责任方主张赔偿。

【法院裁判要旨】

北京市海淀区人民法院经审理认为：首先，在发生交通事故后，当事人可以自行协商处理损害赔偿事宜，当事人自愿达成的调解协议受法律保护，对当事人具有法律约束力，当事人应当按照协议约定履行各自的义务，不得擅自变更或解除协议。故，本案中三方签订的交通事故一次性赔偿协议是当事人的真实意思表示，内容未违反法律、行政法规的强制性规定，应属合法有效。

其次，为了保证协议的公平公正，合理确定各方的权利和义务，《中华人民共和国合同法》第五十二条及第五十四条明确规定了合同无效及合同可撤销的法定事由，应当据此对各方签订的交通事故赔偿协议进行审查。本案中，李某杰表示在签订协议时王某赏对其进行了重大误导，向其隐瞒了真实伤情，签订协议时其不知道其锁骨骨折术后改变，而且其伤情一直在恶化，故认为该协议无效。根据李某杰的陈述，本案显然不存在符合《中华人民共和国合同法》第五十二条规定的协议无效的情形。结合李某杰的诉讼请求，应理解为李某杰要求撤销三方签订的协议书，进而对其损失进行重新评价，以获得其所期望的赔偿数额。

本院对三方签订的赔偿协议书是否符合法定撤销事由进行了详细评述。经审查，事故三方于2014年1月21日签订的赔偿协议书不存在重大误解、订立时显失公平，以及欺诈、胁迫或乘人之危的情节，故该赔偿协议书对三方具有法律约束力，各方均应恪守承诺，遵守协议书的约定。现王某赏、苑某已按照赔偿协议书的约定向李某杰支付赔偿款2.5万元，根据协议约定，涉案交通事故已经一次性终结赔偿，李某杰再行要求王某赏、人保财险公司、苑某及平安财险公司承担赔偿责任，没有事实和法律依据，本院不予支持。

综上所述，依照《中华人民共和国民法总则》第五条、第六条、第七条，《中华人民共和国合同法》第六条、第八条、第五十二条、第五十四条，《中华人民共和国民事诉讼法》第六十四条之规定，判决如下：

驳回李某杰的全部诉讼请求。

李某杰不服原审判决，提起上诉。二审法院同意一审法院裁判意见，二审判决：

驳回上诉，维持原判。

【法官后语】

本案是交通事故民事赔偿案件中的常见类型之一。在一些未造成重大伤亡的常规交通事故中，当事人往往有意愿通过签订一次性赔偿协议的方式解决交通事故赔偿纠纷。但是，在协议签订或履行后，也时常出现一方反悔的现象。

实践中，针对该类案件的审理难点主要在于：一是审理程序如何确定，是合同纠纷还是侵权纠纷；二是如何审查一次性赔偿协议的效力。

一、审理程序如何确定，是合同纠纷还是侵权纠纷

一种观点认为，在当事人签订赔偿协议后，原本因交通事故产生的侵权纠纷即应转化为因赔偿协议所致的合同纠纷。当事人如果对赔偿协议的效力产生争议，应当先行起诉合同纠纷以解决赔偿协议是否存在无效或可撤销情形，而不能径行起诉机动车交通事故责任纠纷主张侵权赔偿。另一种观点认为，此类案件仍应当作为机动车交通事故责任纠纷处理，在审理时应当首先审查赔偿协议的效力，如果赔偿协议不存在依法可撤销、变更、无效或解除的情形，则应按协议约定确定赔偿责任。如果发现赔偿协议存在可撤销、变更、无效或解除的情形，可在本案中直接加以确认，对原告主张的超出赔偿协议的诉讼请求，可在确认协议效力的基础上重新认定赔偿数额。我们同意第二种观点。因为双方签订赔偿协议的基础法律关系是因交通事故所致的侵权责任纠纷，将此类纠纷置于机动车交通事故责任纠纷案由下作为一个案件处理，既有利于基础法律关系的审查，又减少了当事人的诉累，便于从整体上化解当事人之间的纠纷。

二、如何审查一次性赔偿协议的效力

与一般民事合同一样，交通事故赔偿协议也可能出现无效、效力待定和可撤销的情况。在法律适用上，应当依据原《中华人民共和国合同法》第五十二条及第五十四条的规定，对交通事故一次性赔偿协议的效力予以审查。一般来说，只要当事人具有完全民事行为能力，经过平等协商自愿达成赔偿协议，并且协议不违反法律、行政法规的强制性规定、不损害公共利益的，这份赔偿协议就应该是有效的。

涉及赔偿协议效力的案件，最常见的争议主要集中在重大误解和显失公平上，当事人往往以重大误解或显失公平为由，要求撤销原赔偿协议，从而主张更多的赔偿。本案中亦是如此。在本案的审理过程中，本院对涉案赔偿协议书是否符合法定撤销事由进行了详细评述，分别从涉案赔偿协议是否存在重大误解，订立合同时是否显失公平，以及是否存在以欺诈、胁迫的手段或者乘人之危使李某杰在违背真实意思的情况下签订赔偿协议三个方面进行了逐一论证，综合考虑了三方签订赔偿协议的时间点，李某杰历次就诊记录中所反映的治疗情况、伤情变化及身体康复状况，李某杰的损失情况及对赔偿款的花费情况等实际情况，最终认定涉案赔偿协议

书合法有效，不存在可撤销、可变更的情形，各方均应恪守承诺，遵守协议书的约定。法庭最终驳回了李某杰的全部诉讼请求。

编写人：北京市海淀区人民法院 游晓飞

16

人身损害十级伤残，可认定丧失劳动能力程度为10%

——雷某诉新思路公司等机动车交通事故责任案

【案件基本信息】

1. 裁判书字号

湖北省荆门市中级人民法院（2019）鄂08民终1114号民事判决书

2. 案由：机动车交通事故责任纠纷

3. 当事人

原告（被上诉人）：雷某

被告（上诉人、被上诉人）：新思路公司、人民财保渭南公司、熊某强、人民财宝荆门公司、荣华物流公司、问某

【基本案情】

2019年3月6日，雷某乘坐的段某锋驾驶的陕EC××××/陕R××××车，追尾撞上熊某强驾驶的鄂H×××××车，造成两车受损、雷某受伤的交通事故，经荆门今宋法医司法鉴定中心鉴定，雷某的伤残等级为十级。交警部门认定段某锋承担事故主要责任，熊某强承担事故次要责任。雷某海、高某芳系雷某父母，雷某瑶系雷某之女。诉讼中，人民财保渭南公司认为，《最高人民法院关于审理人身损害赔偿案件适用法律若干问题的解释》明确规定，残疾赔偿金可根据受害人丧失劳动能力程度或者伤残等级确定，但被扶养人生活费只能根据扶养人丧失劳动能力程度确定。雷某虽鉴定为十级伤残，但其并未提供丧失劳动能力程度的相关证据，不应支持其父母及女儿的被扶养人生活费。

【案件焦点】

被侵权人遭受人身损害被鉴定为十级伤残，确定其丧失劳动能力程度时是否直接参照其伤残等级确定。

【法院裁判要旨】

湖北省荆门市东宝区法院经审理认为：雷某因交通事故遭受人身损害，被鉴定为十级伤残，故其丧失劳动能力程序为 10%，被侵权人应按 10% 的赔偿比例，赔偿雷某被扶养人生活费，共计 44392.60 元。

湖北省荆门市东宝区人民法院依照《中华人民共和国侵权责任法》第十六条，《中华人民共和国道路交通安全法》第七十六条，《最高人民法院关于审理人身损害赔偿案件适用法律若干问题的解释》（以下简称解释）第十七条、第十八条、第十九条、第二十条、第二十一条、第二十三条、第二十五条、第二十八条，《最高人民法院关于确定民事侵权精神损害赔偿责任若干问题的解释》第八条第二款、第十条，《中华人民共和国民事诉讼法》第六十四条、第一百四十四条，作出如下判决：

一、人民财保荆门公司于判决生效之日起十日内赔偿原告雷某经济损失 93410.96 元；

二、人民财保渭南公司于判决生效之日起十日内赔偿原告雷某经济损失 49162.23 元；

三、驳回雷某的其他诉讼请求。

人民财保渭南公司不服一审判决，提出上诉。湖北省荆门市中级人民法院经审理认为：根据解释第二十八条规定，被扶养人生活费根据扶养人丧失劳动能力程度，按照受诉法院所在地上一年度城镇居民人均消费性支出和农村居民人均年生活消费支出标准计算。本案中，受害人雷某因交通事故致其人身损害，经鉴定为十级伤残。一审法院以雷某伤残等级评定为依据，综合考虑其因伤残可能导致的实际收入减少，认定雷某劳动能力丧失程度为 10%，并以此计算雷某海、高某芳、雷某瑶的被扶养人生活费并无不当。人民财保渭南公司的该项上诉理由不能成立，不予支持。

湖北省荆门市中级人民法院依照《中华人民共和国民事诉讼法》第一百七十条第一款第（一）项之规定，作出如下判决：

驳回上诉，维持原判。

【法官后语】

被扶养人生活费赔偿的是受害人因人身损害丧失劳动能力，而影响其未来收入减少进而导致被扶养人生活费减少的情况。受害人未来收入的减少系抽象损失，无法具体量化，只能进行抽象评价，解释用“丧失劳动能力程度”作为标准和参数，对受害人未来收入的减少进行抽象评价。故要确定受害人的被扶养人生活费，必须先确定其丧失劳动能力程度。但道路交通事故责任纠纷案件中，受害人往往通过伤残等级鉴定确定其伤残程度，很少做劳动能力丧失程度鉴定。那么在确定受害人的被扶养人生活费时，伤残等级和丧失劳动能力程度的标准是什么关系？能否一级伤残按100%，十级伤残按10%丧失劳动能力计算被扶养人生活费，依此类推？

解释虽对残疾赔偿金和被扶养人生活费的确定标准，采用不同的表述，仅规定残疾赔偿金可根据受害人丧失劳动能力程度或者伤残等级确定。但解释对残疾赔偿金和被扶养人生活费的计算均采用“劳动能力丧失说”，即两者均是根据受害人的伤残等级抽象评定其劳动力丧失程度，并以此作为评价受害人逸失利益损失的依据，两者赔偿基数是一致的。故计算残疾赔偿金、被扶养人生活费时，受害人的劳动能力丧失程度均以伤残等级评定或劳动能力丧失程度鉴定为依据。法院可根据伤残等级，对应地确定相应的劳动能力丧失程度，进而确定相应的赔偿基数。但应注意，在采用“劳动能力丧失说”同时，被扶养人生活费赔偿基数的确定并不能机械地套用伤残等级，同时也要考虑受害人收入丧失与否的实际情况，综合考虑赔偿基数，以平衡当事人双方的利益。本案中，雷某系货车司机，其因交通事故致十级伤残，故法院参照受害人十级伤残等级，综合考虑到其因伤残可能导致实际收入的减少，确定其丧失劳动能力程度为10%，并以10%的赔偿标准计算被扶养人生活费有事实和法律依据。

编写人：湖北省荆门市中级人民法院　胡晓

17

外国人的赔偿标准

——裴某深、裴某内诉刘某等机动车交通事故责任案

【案件基本信息】

1. 裁判书字号

广西壮族自治区钦州市中级人民法院（2019）桂07民终1499号民事判决书

2. 案由：机动车交通事故责任纠纷

3. 当事人

原告：裴某深、裴某内

被告：刘某、张某美、保险公司

【基本案情】

2018年9月29日，被告刘某驾驶中型自卸货车在钦州市钦州湾大道与陈某山驾驶的摩托车发生碰撞。摩托车搭乘裴某深、受害者裴某香。事故导致陈某山、裴某香（经抢救无效死亡）、裴某深受伤，经交警大队认定本案被告刘某负此次事故的主要责任，陈某山负此事故的次要责任，裴某深和裴某香在此事故中无责任。中型自卸货车登记在被告刘某名下，该车辆在被告保险公司购买有机动车第三者责任强制险和商业险（第三者责任险限额500000元）。裴某深和裴某香于2017年1月入境后，但居住在陈某山的家中（农村）。原告裴某内是受害人裴某香的父亲，原告裴某深是受害人裴某香的母亲。

【案件焦点】

外国人在我国境内遭受人身损害，如何确定赔偿标准。

【法院裁判要旨】

广西壮族自治区钦州市钦南区人民法院一审认为：受害人裴某香生前随其母亲

裴某深从越南越境到中国境内后工作居住，原告诉称其到中国境内是为了进城镇打零工、从城镇获得主要收入后给越南的家庭使用，若为从事农业生产则其无须越境到中国从事，但因用工制度规定致使原告无法证实劳务关系、收入情况等证明且受害人已经死亡无法查证从事工作的具体地点。本院认为，参照第八次《全国法院民事商事审判工作会议纪要》第八条“残疾赔偿金或者死亡赔偿金的计算标准，应根据案件的实际情况，结合受害人住所地、经常居住地、主要收入来源等因素确定”的规定，原告的诉称符合一般常理，原告已经穷尽举证义务。此外，原告还提供了《广东省高级人民法院、广东省公安厅关于〈道路交通安全法〉施行后处理道路交通事故案件若干问题的意见》拟佐证外国人的人身损害赔偿，按照城镇居民的有关标准计算赔偿数额，故本院从填平损失及人道主义、公平原则出发，对原告主张按城镇居民标准计算死亡赔偿金。

广西壮族自治区钦州市中级人民法院经二审认为：针对赔偿标准的问题，即上诉人认为受害人在中国后，既然是居住在钦州农村，就应当适用广西农村人口的标准进行赔偿，不应当适用广东的标准。本案中，受害人是越南国人，作为非法入境者，虽然是居住在钦州的农村，而对于外国人在中国发生事故，造成人员损害，应当适用什么赔偿标准，在广西尚没有相关的规定。本案中，在现有证据不能确定受害人在其国家内的居住条件及赔偿标准的情况下，一审法院从填平受害人的损失，以及人道主义、公平原则出发，按照城镇人员标准进行赔偿，并无不当，也有利于受害人家庭生活。而且，一审判决也没有引用广东的规定及判决书，只是作为参考而不是作为判决依据，不存在上诉人上诉状中所提出的一审判决适用广东省的规定从而违反了我国法律及相关司法解释规定的问题。保险公司的上诉请求不成立，应予驳回。一审判决认定事实清楚，适用法律正确，程序合法，应予维持。

【法官后语】

关于外国人在我国境内遭受了人身损害，其赔偿应当按什么标准计算，在司法实践中尚无定论。目前司法实践中的做法大概有以下几种：（1）按照受诉法院所在地标准赔偿；（2）按照死者本国标准赔偿；（3）发达国家的外国人参照国内城镇标准最高省份赔偿。

损害发生前，受害人居住在境内的钦州地区，原告方起诉并未依照《最高人民法院关于审理人身损害赔偿案件适用法律若干问题的解释》第三十条的规定主张其越南境内的人均可支配收入高于受诉法院，法院采取按受诉法院所在地标准计算死亡赔偿金。我国作为《公民权利和政治权利国际公约》和《经济、社会及文化权利国际公约》的缔结国，有必要创造条件实现条约中的生存权，这是法律规定的侵权行为法制度填补受害人损失的价值体现。本案的双方当事人对按受诉法院所在地标准计算无异议，但同时，我国对人身损害赔偿一直存在城镇和农村两个标准，要求统一赔偿标准的声音也不曾断绝，当事人的争议焦点也就在于按照受诉法院的城镇标准计算还是农村标准计算。也就是说，探讨外国人在国内的赔偿标准，无论采取上述三种司法实践的任意一种，到最后是否还需要区分外国人居住在中国境内的城镇还是农村或者外国人的“户籍”问题（姑且假设外国也分农村和城镇的户籍），但是往往忽视外国人一般在国内居住时间较短，不适宜考虑一年居住期的问题。《广东省高级人民法院、广东省公安厅关于〈道路交通安全法〉施行后处理道路交通事故案件若干问题的意见》第二十八条“对现役军人、香港、澳门、台湾同胞和华侨、外国人、无国籍人的人身损害赔偿，按照城镇居民的有关标准计算赔偿数额”以及江西省南昌市中级人民法院出台的《关于审理道路交通事故人身损害赔偿纠纷案件的处理意见（试行）》中的规定，均是采取了这种做法。

生命无价，本不该用金钱衡量生命之重量。但逝者已矣，生者如斯，对死者家属的赔偿不仅要考虑到死者的实际收入，更应该体现人道主义原则和务实原则。本案综合考虑我国的赔偿义务人普遍负担能力有限，出于其经济能力的考虑采取受诉法院所在地城镇居民的赔偿标准计算是折中的无奈之举，虽然也可能出现境外（发达国家）的赔偿权利人的利益得不到实际保护的情形，但优先保护受害人又均衡保护责任人，对今后类似案件的处理提供了参考。

另外，在2019年4月15日发布的《中共中央、国务院关于建立健全城乡融合发展体制机制和政策体系的意见》，明确提出“建立健全有利于城乡基本公共服务普惠共享的体制机制”，同时提出“改革人身损害赔偿制度，统一城乡居民赔偿标准”的要求。2019年9月2日，最高人民法院作出《关于授权开展人身损害赔偿标准城乡统一试点的通知》，授权各地方高院在根据各省的具体情况下开展人身损害赔偿纠纷案件统一城乡居民赔偿标准试点工作，部分省份已经执行统一的赔偿标准裁判尺度，“同命同价”是大势所趋。故，本案中按受诉法院所在地城镇标准计算死亡赔偿金是可行的。

编写人：广西壮族自治区钦州市钦南区人民法院 欧阳效锦

18

未成年人因交通事故导致休学损失依法获得赔偿

——陆某玲诉江某锋、安邦财保江苏公司机动车交通事故责任案

【案件基本信息】

1. 裁判书字号

江苏省启东市人民法院（2019）苏0681民初4238号民事判决书

2. 案由：机动车交通事故责任纠纷

3. 当事人

原告：陆某玲

被告：江某锋、安邦财保江苏公司

【基本案情】

2018年8月29日，朱某英驾驶电动自行车，后载陆某玲（2004年出生，在校初中生），由北向南行驶至启东市吕四港镇元巴路与通元路路口时，与由西向东行驶的江某锋驾驶轻型封闭式货车发生碰撞，致朱某英、陆某玲受伤。本起交通事故经交警部门认定江某锋、朱某英负同等责任，陆某玲无责任。江某锋驾驶车辆在安邦财保江苏公司投保了交强险及商业三者险。事发后，陆某玲至启东市第二人民医院住院治疗，共住院17天并花去医疗费4万余元。2019年5月17日，南通三院司法鉴定所对陆某玲的伤情出具司法鉴定意见为：1. 陆某玲因交通事故致右胫腓骨中段开放性骨折；建议护理期限以90日为宜（其中2人护理15日，1人护理75日），营养期限以90日为宜。2. 陆某玲取内固物费用约10000元，取内固定物所需护理以1人15日为宜，营养期限以15日为宜。教育主管部门经审核确认陆某玲需

要休学一年。陆某玲2019年5月27日，陆某玲诉至本院，要求江某锋和安邦财保江苏公司赔偿其因交通事故造成的损失（含休学一年损失15000元）。

【案件焦点】

陆某玲误学是否属于机动车发生交通事故造成的财产损失范围。

【法院裁判要旨】

江苏省启东市人民法院经审理认为：陆某玲系在校学生，因交通事故导致右胫腓骨中段开放性骨折且陆某玲尚有二次手术需要进行，事故的发生肯定使得陆某玲的学业受到影响，教育主管部门经审核确认原告需要休学一年，并为其办理了休学的手续，陆某玲因此增加了中学期间一年的相应支出，该损失与本次事故具有直接的因果关系，所以陆某玲主张误学损失并非自行扩大的损失，依法应当属于财产损失范畴。陆某玲主张误学损失15000元，结合本地人均消费支出，其主张合理，本院对该费用予以支持。据此，依照《中华人民共和国道路交通安全法》第七十六条，《中华人民共和国保险法》第六十五条，《最高人民法院关于审理道路交通事故损害赔偿案件适用法律若干问题的解释》第十六条，《最高人民法院关于审理人身损害赔偿案件适用法律若干问题的解释》第十七条、第十九条之规定，判决如下：

一、被告安邦财保江苏公司于本判决生效之日起三十日内在交强险和商业三者险限额内赔偿原告陆某玲因交通事故造成的损失共计59487.98元（已扣除应返还被告江某锋的垫付款）；

二、被告安邦财保江苏公司于本判决生效之日起三十日内给付被告江某锋2365.18元；

三、驳回原告陆某玲的其他诉讼请求。

【法官后语】

处理机动车交通事故责任纠纷案件时，当事人通常只按照法定赔偿项目主张权利。往往在交通事故发生后，当事人除了法定赔偿项目的损失之外，还有其他合理损失。如果当事人不主张其他合理损失项目，那么根据民事诉讼不告不理原则，该类损失将由当事人自己负担，难以通过司法途径维护合法权益。

原《中华人民共和国侵权责任法》第十六条规定“侵害他人造成人身损害的，应当赔偿医疗费、护理费、交通费等为治疗和康复支出的合理费用，以及因误工减少的收入。造成残疾的，还应当赔偿残疾生活辅助具费和残疾赔偿金。造成死亡的，还应当赔偿丧葬费和死亡赔偿金”。《中华人民共和国道路交通安全法》第七十六条规定“机动车发生交通事故造成人身伤亡、财产损失的，由保险公司在机动车第三者责任强制保险责任限额范围内予以赔偿；不足的部分，按照下列规定承担赔偿责任……”交通事故中伤者的财产损失应当获得赔偿，那么伤者为学生的误学是否属于财产损失？对于人身伤亡的赔偿范围，法律和有关司法解释规定得很明确。而对于财产损失的赔偿范围，法律和有关司法解释都没有予以明确，只是原则性规定“财产损失”是指因机动车发生交通事故侵害被侵权人的财产权益所造成的损失。《最高人民法院关于审理道路交通事故损害赔偿案件适用法律若干问题的解释》第十二条规定，赔偿权利人请求因机动车交通事故造成车辆的维修费用或重置费用、车辆所载货物的损失、车辆施救费用、经营性车辆的停运损失或者非经营性车辆使用中断的损失以及其他财产损失的，人民法院应予支持。但该条文未限定于上述种类。

首先，作为在校学生因交通事故受伤，需要休息和治疗，实际治疗加上医嘱休息的时间长达四个多月，必然会影响学业，在学生课业压力较重的当下，一旦需要长期休养必然跟不上教学进度，学校为学生办理休学符合学校规章制度和客观实际，陆某玲休学一年是合情合理的。因此休学期间产生的相应支出属合理损失。

其次，学生休学在家，不仅没有收入，还要消费支出，会给家庭带来额外的开销，客观上也会延误原告参加工作的时间，必然造成财产损失。这些损失的发生并非原告主观故意，而是因为发生交通事故导致，与侵权行为之间存在必然的因果关系，属于直接损失。

最后，应当遵照未成年人利益最大化原则，对法律、司法解释规定进行合目的性解释。如果不支持陆某玲的该项诉请，那么就无法弥补陆某玲的合理损失，对陆某玲而言就不公平，也不利于未成年人合法权益的保护。同时，支持未成年人因交通事故的误学损失也符合损失填补原则的题中之义。

编写人：江苏省启东市人民法院　胡丹

19

路边修车致修理人损害的，应按交通事故确定各方责任

——黄某乐诉于某伟等机动车交通事故责任案

【案件基本信息】

1. 裁判书字号

北京市第三中级人民法院（2019）京03民终2503号民事判决书

2. 案由：机动车交通事故责任纠纷

3. 当事人

原告（被上诉人）：黄某乐

被告（被上诉人）：于某伟、于某伍、运输公司

被告（上诉人）：保险公司

【基本案情】

2017年9月15日，于某伟驾驶的重型普通货车在路上行驶时发生故障，车辆挡位停在二挡上无法摘挡。于某伟将车辆停放在通州区台湖镇东石桥南路口西南角，打车到黄某乐所在修理厂，黄某乐与于某伟一起回到事发地，黄某乐对于某伟的车辆进行修理。黄某乐用千斤顶支起其中一个轮胎用来固定车体。黄某乐发现车辆气罐没气，轮胎抱死，无法解除刹车、晃动轮胎、摘挡修车。于是其让于某伟保持车辆着火状态，给气罐打气以便调刹车。于某伟将车发动后下车站在车辆左侧，黄某乐觉得可以调刹车了，就去了车底下。2017年9月15日11时56分，车辆突然向前行驶，将处于车底的黄某乐轧伤。对于车辆突然向前行驶的原因，各方均称不清楚，无法确定黄某乐、于某伟的事故责任。黄某乐认为在本案中其系机动车交通事故案件中的第三人，对于自己的损失要求各被告依责承担赔偿责任。

【案件焦点】

原、被告各方对事故发生及产生的损失是否应承担责任及责任比例问题。

【法院裁判要旨】

北京市通州区人民法院经审理后认为：根据《中华人民共和国道路交通安全法》规定，"道路"，是指公路、城市道路和虽在单位管辖范围但允许社会机动车通行的地方，包括广场、公共停车场等用于公众通行的场所。本案事故发生地点为通州区台湖镇东石桥南路口西南角，属于"道路"的范畴。"交通事故"，是指车辆在道路上因过错或意外造成的人身伤亡或财产损失的事件。本案事故发生在车辆驶往目的地的过程中，因车辆发生故障停止运行，修车过程中车辆突然向前行驶致黄某乐受伤，该后果的产生，既有当事人的过错因素，也有一定的意外因素，符合"交通事故"的定义范围。因此，本院认定本次事故属于交通事故。

对于原、被告各方对事故发生及产生的损失是否应承担责任及责任比例问题。原告黄某乐作为车辆修理人员，应当具有相应的行业技术及风险预知能力，能够对故障车辆在修理过程中存在的安全隐患提前防范，并在修理车辆过程中做好防护措施以确保人身财产安全，避免事故的发生。被告于某伟作为事故车辆的驾驶员及实际车主，对车辆维护不当，在车辆再次发生事故后未及时将车辆送至修理厂进行修理，在修车过程中未对修车工的不安全作业行为进行提醒和制止，对事故的发生负有一定过错；被告于某伍作为实际车主，没有尽到对车辆定期维修保养以排除安全隐患的义务，对事故的发生亦负有过错；被告运输公司作为事故车辆的挂靠单位，应与被告于某伟、于某伍承担连带责任。故对于被告于某伟、于某伍、运输公司提出的事故发生在车辆修理期间，均不同意承担责任的辩解意见，本院不予采纳。综合双方的过错程度等因素，酌定本次事故由黄某乐自担70%的责任，于某伟、于某伍、运输公司连带承担30%的责任。

北京市通州区人民法院依法作出如下判决：

一、被告保险公司在机动车交通事故责任强制保险限额内赔偿原告黄某乐医疗费、精神损害抚慰金、护理费、误工费、残疾辅助器具费、交通费、残疾赔偿金共计120000元，于本判决生效之日起七日内执行清；

二、被告保险公司在机动车第三者责任商业保险限额内赔偿原告黄某乐医疗费、住院伙食补助费、营养费、护理费、误工费、残疾辅助器具费、交通费、残疾赔偿金共计55704.32元，于本判决生效之日起七日内执行清；

三、被告于某伟、于某伍、运输公司连带赔偿原告黄某乐鉴定费1305元，于本判决生效之日起七日内执行清；

四、驳回原告黄某乐的其他诉讼请求。

保险公司不服一审判决，提出上诉。北京市第三中级人民法院同意一审法院裁判意见，并作出如下判决：

驳回上诉，维持原判。

【法官后语】

本案中的事故与日常发生的交通事故及故障车辆在修理厂维修期间发生的意外事故均有较大差异，能否将本案定性为交通事故是伤者各项损失能否得到赔偿的重要依据。而是否属于交通事故，应该严格按照交通事故的定义进行综合判断。

根据《中华人民共和国道路交通安全法》第一百一十九条的规定，“交通事故”是指车辆在道路上因过错或意外造成的人身伤亡或财产损失的事件。首先，“道路”，是指公路、城市道路和虽在单位管辖范围但允许社会机动车通行的地方，包括广场、公共停车场等用于公众通行的场所。通过查看现场可知，故障车辆停放地点为通州区台湖镇东石桥南路由北向南行驶的最外侧车道，车道右侧为宽阔的绿化带。虽然车道宽度较正常车道宽很多，但靠路边的停放地仍属“道路”无疑。因为在此修车就将事发地视为修理场所，是一种扩大解释。因为事发地点没有汽车修理暗槽、起吊装置等专门的汽车修理场所所必须具备的基本设施，不论是从修理的硬件设施配备程度还是从对相关修理人员的基本防护来讲，都与专业的车辆修理场所有着实质区别。因此本案中对于保险公司认为应将事发场地视为修理场所的理由，着实不应予以支持。其次，碾轧事故的发生是一个意外，但也存在当事人疏忽大意、过于自信等过错因素。最后，修车工黄某乐因事故造成十级伤残，产生医疗费、护理费等损失数十万元是客观事实。故本案属于交通事故。

对于各方的过错程度，应从本案的具体事发情形综合判定。首先，修理工黄某乐的思虑不周是导致事故发生的最主要原因。黄某乐明知事发地不是汽车修理厂，且故障车辆是重型货车，修车时仅用千斤顶固定车体，安全隐患显而易见。值得一提的是，事发时是这辆车在同一上午第二次发生同样的故障，第一次故障是黄某乐所属汽车修理厂的老板前来帮助排除的，固定车辆方法也是用千斤顶支起了一个前轮。这似乎增强了黄某乐和于某伟能用同样方法修车的自信，这种自信让二人更加疏忽大意，敢于就地展开修理。其次，驾驶员于某伟并未完全转移对车辆的控制，也就不可能摆脱事发的责任。他按照黄某乐的指示上车着火、黄某乐进入车底后在旁站立，应该都是想着能随时搭把手、一起尽快把车修好。这与将车辆放到修理厂、完全交给修车工去修理有着本质区别。

综上，严格对本案进行定性，然后根据本案事实及法律规定判令被告方承担部分责任，使伤者得到了应有的赔偿，彰显了法律的公平正义。相信本案的发生对案件双方及社会大众均会产生一定的安全警示作用，体现了本案的法律效果与社会效果。

编写人：北京市通州区人民法院　刘萍萍

20

同乘人员开车门的行为是否属于“使用被保险机动车”的范畴

——廖某诉赖某等机动车交通事故责任案

【案件基本信息】

1. 裁判书字号

江西省于都县人民法院（2019）赣0731民初4532号民事判决书

2. 案由：机动车交通事故责任纠纷

3. 当事人

原告：廖某

被告：赖某、陈某、大地财保公司于都县支公司

【基本案情】

2017年9月12日，赖某驾驶小型轿车从于都县梓山镇梓山圩往梓山镇方家口

信用社门口路段遇阻，临时停车后，陈某准备下车打开右侧后车门与从后方驶来由廖某驾驶的普通二轮摩托车相刮撞，造成廖某受伤及摩托车受损。于都县公安局交通管理大队作出事故认定书认定赖某负事故主要责任，陈某负事故次要责任，廖某不负事故责任。廖某受伤后被送往于都县人民医院住院治疗，先后住院20天，共住院花费14967.53元，门诊花费341.1元。原告伤情经鉴定构成十级伤残，花费鉴定费1400元。肇事车辆在大地财保公司于都县支公司投保了交强险及不计免赔100万元责任限额商业第三者责任险，事故发生在保险责任期内。

【案件焦点】

机动车同乘人员造成第三人的损失能否在第三者责任商业保险范围内予以赔偿。

【法院裁判要旨】

江西省于都县人民法院认为：赖某为肇事小型轿车在大地财保公司于都县支公司投保了交强险和第三者责任保险，廖某的损失应先由大地财保险公司于都县支公司在交强险限额内赔偿。根据机动车第三者责任保险条款，被保险人或其允许的驾驶人在使用被保险机动车过程中发生意外事故致使第三者遭受人身伤亡，保险公司应依法应当对第三者承担损害赔偿责任。因此可以认定，机动车商业第三者责任险是针对该保险车辆对第三者造成损害所要承担的赔偿责任。本案事故系肇事小型轿车司机赖某临时停车及陈某打开车门时与廖某发生交通事故致廖某人身损害，赖某、陈某的共同过失导致廖某损害结果发生，属于共同侵权，且廖某不负事故责任，因此，赖某、陈某应对廖某的损失承担连带赔偿责任。赖某为肇事车辆投保了100万不计免赔第三者责任险。综上，对于廖某超过交强险部分损失应由大地财保公司于都县支公司在商业第三者责任险限额内予以赔偿。故判决：

一、大地财保公司于都县支公司赔偿廖某120781.63元（交强险112873元+商业险7908.63元），限于本判决生效后十日内付清；

二、廖某获赔后返还赖某垫付款19040.42元；

三、驳回廖某其他诉讼请求。

【法官后语】

本案在审理过程中，最大的争议就是陈某负次要责任造成廖某的损失能否在第三者责任商业保险范围内予以赔偿。

要解决这个争议，最终需要回归到赖某（下简称被保险人）和大地财保公司于都县支公司（下简称保险人）双方签订的格式保险合同，即对该格式保险合同中第二十二条的解释运用。其第二十二条规定：保险期间内，被保险人或其允许的驾驶人在使用被保险机动车过程中发生意外事故，致使第三者遭受人身伤亡或财产直接损毁，依法应当对第三者承担的损害赔偿责任，且不属于免除保险人责任的范围，保险人依照本保险合同的约定，对于超过机动车交通事故责任强制保险各分项赔偿限额的部分负责赔偿。该条款明确了适用第三者责任商业保险的期间、主体、范围、情形等，在正常情况下能准确的处理好相应的保险赔偿问题。但是在面对本案的情形时，就会产生如前所述的争议。在本案中，应当从以下三个方面来解释该条款：

首先，“被保险人或其允许的驾驶人在使用被保险机动车过程中”的使用应当是对被保险机动车的整体使用。这里的整体应当是被保险人或其允许的驾驶人对被保险机动车享有的全部功能利用，既包括驾驶、搭载人员、允许同乘人员及使用等分项功能，也包括被保险机动车行使状态和静止状态两种情形下的使用。从这个意义上来说，被保险人或允许的驾驶人驾驶或停靠被保险机动车只是使用的一项功能利用。同理，被保险人或允许的驾驶人允许其他人员同乘并开车门上下，都是其对被保险机动车的功能使用。那么在此视角下，同乘人员开车门上下车就是一个很自然的动作。虽然相对于被保险人或允许的驾驶人对被保险机动车的全部功能利用，该动作是部分使用被保险机动车，但是被保险人或允许的驾驶人允许的同乘人员及动作，也应当认定是符合第二十二条的规定，属于使用被保险机动车的范畴。

其次，对意外事故的受害人（第三者）而言，不管是肇事车辆（被保险机动车），还是被保险人（驾驶人）、同乘人员，都属于同一个整体。特别是，被保险人（驾驶人）的停靠行为，以及同乘人员的开车门行为，都是对肇事车辆（被保险机动车）的功能利用。在这个意义上，不能把这两个主体的行为割裂开来分析，因为两个行为的合力才引起了意外事故的发生。也正因如此，具体到本案，交通管理部门的事故认定书才会认定赖某负事故主要责任，陈某负事故次要责任。所以，对于受害者来说，只有把被保险人（驾驶人）对被保险机动车的整体功能利用和同乘人员对被保险机动车的部分功能利用结合起来，才能完整的、连贯的对意外事故作出判断和还原，从而公平的保障其人身或财产权益。

再次，第三者责任商业保险承担的就是被保险机动车造成车外人员人身或财产损害时被保险人的赔偿责任。在此视角下，只要是负意外事故责任时，被保险机动车任何部件造成的车外人员人身或财产损害，都应当是属于第三者责任商业保险的赔偿范围。在本案中，尽管是同乘人员开车门导致被保险机动车的车门造成被害人的损伤，但是该同乘人员得到了被保险人（驾驶人）的允许才乘坐该被保险机动车，该允许行为本身就是被保险人（驾驶人）对被保险机动车的功能利用。此时，同乘人员开车门的行为应当为被保险人（驾驶人）对被保险机动车功能使用的延续，该行为当然属于使用被保险机动车的范畴。

综上，本案中陈某的开车门行为和赖某的驾驶、停靠行为综合起来导致了意外事故的发生，同乘的陈某开车门行为当然应当属于使用被保险机动车的范畴，其责任范围内造成廖某的损害应当适用第三者责任商业保险的赔偿规则。

编写人：江西省于都县人民法院　汤晓文

21

快递业特许经营中，特许人对被特许人未尽到管理监督风险防控义务的，应对受害人承担相应的补充赔偿责任

——饶某清诉上海韵达货运公司等机动车交通事故责任案

【案件基本信息】

1. 裁判书字号

江西省高级人民法院（2020）赣民再 24 号民事判决书

2. 案由：机动车交通事故责任纠纷

3. 当事人

原告（被上诉人、再审被申请人）：饶某清

被告（上诉人、再审申请人）：上海韵达货运公司

被告（被上诉人、再审被申请人）：黄某磷、郑某建、资溪县辉辉物流公司

【基本案情】

2016年12月23日，田某无证驾驶D77XX号两轮摩托车（后载其妻饶某清）沿316国道从金溪县县城往抚州市方向行驶，在左转弯驶入枫山小学过程中，与对向一辆行驶至容易发生危险的路段未降低行驶速度由黄某磷驾驶赣FR2XXX号轻型厢式货车发生相撞，造成田某、饶某清受伤及两车不同程度受损的交通事故。此次事故经金溪县公安局交警大队认定，黄某磷负本次事故的同等责任，田某负本次事故的同等责任，饶某清不负本次事故责任。饶某清受伤后，先后被送至金溪县中医院、抚州市第一人民医院、南昌大学第一附属医院、复旦大学附属华山医院等住院治疗。2018年8月23日，经江西神州司法鉴定中心鉴定，饶某清伤残等级为一级伤残，植物性生存状态的后续治疗费为每年12000元，右股骨内固定物取出的后续治疗费为10000元，交通事故外伤参与度为100%，存在完全护理依赖，后期护理人数为2人。黄某磷驾驶的赣FR2XXX号轻型厢式货车行驶证上登记所有人为郑小某建，该车在恒邦财产保险公司江西分公司投保了“交强险”及30万元不计免赔的“商业三者险”，事故发生在保险期限内。2017年3月2日，饶某清就其截止至2017年1月8日的医疗费、误工费等损失向原审法院提起诉讼，原审法院于2017年3月20日作出（2017）赣1027民初273号民事调解书，由恒邦财产保险公司江西分公司赔付饶某清39723元，郑某建赔偿4200元。之后，恒邦财产保险公司江西分公司已经全部赔付420000元。事故发生后，郑某建垫付了50000元医疗费。本案饶某清就其自2017年1月9日之后的相关损失向法院提起诉讼。自2017年1月9日至今，饶某清共住院590天，花费医疗费1021555.23元。再查明，2016年8月18日，辉辉公司与韵达公司签订了韵达速递特许（经营）加盟合同。2016年5月16日至2018年5月10日，辉辉公司的法定代表人系郑某建。黄某磷系郑某建雇佣的司机，从事快递运输工作。

【案件焦点】

快递业特许经营中，被特许人雇佣的司机发生交通事故致他人损害的，特许人是否应对受害人承担赔偿责任。

【法院裁判要旨】

江西省金溪县人民法院经审理认为：《快递市场管理办法》第九条规定："国家对快递业务实行经营许可制度，经营快递业务，应当依照《中华人民共和国邮政法》的规定，向邮政管理部门提出申请，取得快递业务经营许可；未经许可，任何单位和个人不得经营快递业务。"辉辉公司在未经邮政管理部门许可的情况下不得经营快递业务，韵达公司认可其与辉辉公司之间存在加盟关系，据此认定韵达公司与辉辉公司之间属于企业内部发包、承包性质的法律关系，故对于辉辉公司的雇员黄某磷在承包经营活动中对饶某清造成的损害后果，应由韵达公司对饶某清承担赔偿责任。

江西省金溪县人民法院作出判决：上海韵达货运有限公司一次性赔偿给饶华清各项经济损失共计 949600.16 元。

韵达公司提起上诉，江西省抚州市中级人民法院同意一审法院的裁判意见，作出判决：驳回上诉，维持原判。

韵达公司提出再审申请，江西省高级人民法院认为，韵达公司将快递业务授权给辉辉公司特许经营，并通过《特许经营（加盟）合同》将经营风险予以规避，韵达公司在合同订立、履行、结算等过程中均处于强势地位，且根据合同韵达公司对辉辉公司的日常经营活动有管理监督的义务。实践中，快递车辆须长期在路上行驶，快递行业是交通事故风险隐患较大的一个行业，应特别注意风险控制及建立应对风险的赔偿机制。辉辉公司仅为涉案车辆投保了 30 万元的商业三者险，投保金额明显不足，对受害人的保障不力。韵达公司作为特许人，系全国性的较大型专门从事快递货运企业，应明知快递经营中的风险点，其未尽到管理监督风险防控义务，应当对饶某清的损害承担补充赔偿责任。故本案饶某清的侵权损害应由辉辉公司承担赔偿，韵达公司在辉辉公司不能履行部分范围内承担补充赔偿责任。

江西省高级人民法院作出判决：资溪县辉辉物流公司在本判决生效之日起十五日内向饶清清赔偿 949600.16 元，上海韵达货运公司在资溪县辉辉物流公司不能履行部分范围内承担补充赔偿责任。

【法官后语】

随着我国电子商务的快速发展，知名快递公司以特许经营的形式将快递业务由被特许的快递公司经营，已成为普遍现象，该经营模式在促进快递业务发展的同时，也带来了一些问题。在一些特许经营活动中，特许人并未严格审查被特许人的资质条件，被特许人并不具有完备的管理制度、规范的业务操作，在一定程度上增加了经营活动中的风险，且该风险关系到不特定第三人利益及社会公共利益。在被特许人对外侵权法律关系中，被特许人具有独立的民事行为能力，首先应对其经营活动中对第三人的侵权行为承担责任。至于特许人是否应对第三人承担责任，审判实践中存在争议。特许人与被特许人均是独立的法人，特许人一般通过特许经营合同将各种法律风险转嫁给被特许人，而被特许人是规模较小的公司，如果简单地按特许经营合同处理该问题，对于第三人及社会公共利益均存在不公之处。

快递类特许经营与一般特许经营模式相比，有其特殊之处，从事交通运输是快递行业运行的主要方式，道路交通运输不论高速公路还是国道、省道，均是危险系数相对较高的行业，对从事高度危险行业的企业，应当课以更高的注意和保障义务。

快递行业具有交通运输企业的特征，交通事故风险较大，大型快递公司通过《特许经营（加盟）合同》授权地方小型快递公司使用其品牌经营其专有业务，应当对被特许人日常经营活动和行业普遍交通事故风险控制履行管理监督义务。被特许人雇佣的司机发生交通事故致他人损害的，首先应由被特许人承担赔偿责任，特许人作为全国性的较大型专门从事快递货运企业，应明知快递经营中的风险点，其未尽到管理监督风险防控义务的，应当对受害人承担相应的赔偿责任。

在被特许人对第三人侵权关系中，因特许人、被特许人均系独立的法人，特许人承担补充责任较为适宜。补充责任是指直接责任人无法承担全部或者部分责任时，补充责任人依据法律的规定和自己的过错，对直接责任人无法承担的部分予以弥补的民事责任。至于补充份额，应考量特许人对被特许人日常经营活动进行管理监督的紧密程度、特许经营所在行业发生对第三人侵权的概率等因素综合判定。

本案，根据韵达公司与辉辉公司签订的《特许经营（加盟）合同》可知，两个公司对外具备相同外观，韵达公司对辉辉公司的日常经营活动有管理监督义务，韵达公司亦存在通过自身的强势地位将经营风险转嫁给辉辉公司的行为，故韵达公司应当对受害人承担赔偿责任。韵达公司与辉辉公司系独立的民事主体，本案应先由辉辉公司承担赔偿责任，韵达公司承担补充赔偿责任。因本案所涉的快递行业具有交通运输企业的特征，交通事故风险较大，韵达公司对辉辉公司的日常监督管理较为紧密，故韵达公司应在辉辉公司不能履行部分范围内承担补充赔偿责任。

编写人：江西省高级人民法院　闵遂赓

三、交通事故损害赔偿程序

22

机动车交通事故责任纠纷中救助基金管理中心作为第三人对赔偿款优先受偿的处理

——阮某礼诉蔡某贵交通事故责任案

【案件基本信息】

1. 裁判书字号

浙江省台州市椒江区人民法院（2019）浙1002民初3043号民事判决书

2. 案由：机动车交通事故责任纠纷

3. 当事人

原告：阮某礼

被告：蔡某贵

第三人：救助基金管理中心

【基本案情】

2017年6月9日下午，被告蔡某贵（未取得机动车驾驶证）驾驶二轮轻便摩托车沿椒金线自北往南行驶。17时19分，当车辆行驶至椒江区三甲街道椒金线石柱村人行横道线附近路段时，与前方自北往东左转弯由原告阮某礼骑行的自行车发生刮撞，造成原告倒地受伤、两车损坏的道路交通事故。2017年7月18日，台州市公安局交通警察局直属一大队出具道路交通事故认定书，确认涉案交通事故被告蔡某贵承担主要责任，原告阮某礼承担次要责任。事故发生后，原告阮某礼于2017年6月9日至

2017年6月27日在台州市立医院住院治疗，产生住院费用33395.36元。自2017年6月8日至2017年12月28日，原告阮某礼产生门诊诊察费共计136元，门诊医疗费3007.09元，救护车费40元。原告另在健达公司购买护理垫、泡沫敷料、中单等共计160.6元。原告委托浙江光华司法鉴定中心黄岩分所对护理、营养时限进行了评定，该鉴定中心于2019年6月10日出具司法鉴定意见书，确认阮某礼左股骨粗隆间累及粗隆下骨折等明确，建议护理时限为150日，营养时限为90日，均包括住院时间在内。本次鉴定产生鉴定费700元。2017年7月11日，原告阮某礼的儿子阮某河向救助基金管理中心出具承诺书，载明对2017年6月9日发生在椒江椒金线石柱村的交通事故，救助基金管理中心拟为事故责任人垫付事故相关费用。承诺人自愿承诺，无论肇事方、保险人及承诺人是否通过诉讼或非诉讼方式处理本次交通事故民事赔偿事宜，均同意肇事方和保险人将赔款直接优先归还救助基金管理中心。承诺人不得就救助基金管理中心垫付款部分再向肇事方及保险人主张相关权利，同时自愿协助救助基金管理中心追偿垫付款项。2017年10月23日，救助基金管理中心根据申请向台州市立医院垫付了原告的抢救费24395元。原告确认，其交通事故事务是由其儿子阮某河出面处理。原告认可收到被告支付的医疗费2000元。

【案件焦点】

救助基金管理中心在交通事故责任纠纷案件中的法律地位。

【法院裁判要旨】

浙江省台州市椒江区人民法院经审理认为，涉案交通事故经交警部门认定，确定原告承担次要责任，被告承担主要责任。原告有权要求被告承担赔偿责任。第一，关于赔偿金额问题，具体分析如下：关于医疗费用，其中原告住院产生医疗费33395.36元，扣除伙食费412元，尚余32983.36元；门诊医疗费，其中门诊诊察费136元，门诊医疗费3007.09元，共计3143.09元；在健达公司购买的物品，被告无异议，相应款项160.6元，本院予以确认。以上医疗费用共计36287.05元。关于护理费，经鉴定护理期为150天，原告住院18天，住院期间护理费标准为182元/日，出院期间护理费标准低于住院期间标准，原告自愿按50%计算本院予以准许，故护理费金额为15288元（18×182+132×182×50%），原告误写成27300元；关于住院伙食补助费，原告住院18天，住院伙食补助费为540元（18×30）；

关于营养费，被告未构成伤残等级，参考其营养期评定结果，本院酌情确定其营养费为700元；关于鉴定费，因鉴定费系为明确损失而支出的费用，鉴定费700元应计入原告合理损失，其中护理期鉴定费350元，营养期鉴定费350元；关于交通费，原告仅提供了救护车费用共40元，其他交通费，参照原告住院18日，出院后门诊7次，按10元/日标准，酌情确定交通费为250元，加上救护车费40元，共290元；关于自行车修理费，因原告未举证证明修车事实及费用的产生，本院对此不予认定。以上费用共计53805.05元（36287.05+15288+540+700+700+290）。第二，关于责任分担问题。原告使用的自行车系非机动车，被告驾驶的二轮轻便摩托车系机动车，结合交警部门的责任认定，本院确认原告承担事故责任的20%，被告承担事故责任的80%。第三，被告驾驶的二轮轻便摩托车应投保交强险，现其未投保交强险，被告应在交强险限额范围内全额赔偿，不足部分按责任比例赔偿。交强险责任限额医疗费用赔偿限额10000元（含医疗费36287.05元、住院伙食补助费540元、营养费700元、营养期鉴定费350元，共计37877.05元，超出限额按10000元计算），死亡伤残赔偿限额110000元（含护理费15288元、交通费290元、护理期鉴定费350元，共计15928元），故被告先在交强险限额范围内赔偿25928元，余款27877.05元赔偿原告80%，即22301.64元。第四，在原告主张的医疗费中，包括了救助基金管理中心垫付的24395元，救助基金管理中心可向事故责任人进行追偿。本案原告对事故责任承担20%责任，被告对事故责任承担80%责任，故原告应向救助基金管理中心支付垫付款4879元，被告应向救助基金管理中心支付19516元。被告应付的赔偿金额中，应扣除19516元，由被告直接支付给救助基金管理中心。另扣除被告已支付的2000元，被告尚需赔偿原告26713.64元[25928+22301.64-19516-2000]。第五，关于救助基金管理中心有无权利主张优先偿付的问题。原告出交通事故后，其相关事务均是由原告儿子阮某河处理，阮某河出具给救助基金管理中心承诺书，载明"同意肇事方和保险人将赔款直接优先归还救助基金管理中心"，故对救助基金管理中心要求被告优先支付赔偿款的诉讼请求本院予以准许。

故法院判决：

一、被告蔡某贵于本判决发生法律效力之日起十日内优先支付给有独立请求权第三人救助基金管理中心垫付款19516元；

二、被告蔡某贵于本判决发生法律效力之日起十日内赔偿给原告阮某礼各项损失26713.64元；

三、原告阮某礼于本判决发生法律效力之日起十日内支付给有独立请求权第三人救助基金管理中心垫付款4879元；

四、驳回原告阮某礼的其他诉讼请求。

【法官后语】

救助基金管理中心是管理依法筹集用于垫付机动车交通事故中受害人人身伤亡的丧葬费用、部分或者全部抢救费用的社会专项基金的部门。救助基金作为机动车交通事故责任强制保险制度的补充，旨在保证道路交通事故中受害人不能从交强险制度和侵权人得到赔偿或赔偿数额不足以支付抢救费用而受害人无力承担时，可以通过救助基金的救助，获得及时的抢救。在一个案件中一并处理一起交通事故所涉及的各类纠纷，既有效节约了司法资源，又保证了道路交通事故社会救助基金的有序运转，对化解社会矛盾，保障和改善民生具有重要意义。

在本案中，原告请求救助基金管理中心垫付医疗费用，且签订了垫付承诺书，承诺“同意肇事方和保险人将赔款直接优先归还救助基金管理中心”，但在提起诉讼时未通知救助基金管理中心。故此救助基金管理中心究竟基于何种法律关系，以怎样的诉讼地位向哪方主张权利便成了本案的审判难点。本文将从救助基金管理中心追偿的理论基础、追偿对象的确定及救助基金管理中心诉讼地位的确立三个方面进行评析。

一、追偿的理论基础

救助基金管理中心垫付医疗费用后，取得了对肇事方的追偿权利。该追偿权是基于让与请求权抑或基于赔偿代位，法律并没有明确规定。从理论角度分析，笔者倾向于将其认定为一种请求权的让与。一方面，赔偿代位的典型适用是指保险法上的财产保险赔偿代位。赔偿代位的适用范围严格限制在非专属债权之内，也即只能就财产损失进行追偿，因事故产生的医疗费用不在追偿适用范围之限。另一方面，让与请求权是相对更契合三方关系的法律模型。请求权让与是基于其物的所有权或基于其权利而对于第三人的请求权。在交通事故发生后，受害方自然产生对肇事方求偿的权利。而救助基金管理中心基于这种权利，通过垫付医疗费的方式取得了受害方让与的对肇事方的追偿权，其法律关系基本符合请求权让与的要求，故以此作为其理论基础更为妥当。

二、追偿对象的确定

依照交警部门出具的交通事故责任认定书及其他相关证据，法院对肇事方与受害方的责任比例会做出准确划分。在本案中，原告因自身存在过错，故法院酌定其承担20%的责任，被告承担80%的责任。救助基金管理中心的追偿对象也就变成了原、被告双方当事人。其对于原告的债权是基于其垫付医疗费用产生的债权，故可判决原告直接赔偿救助基金管理中心；其对于被告的权利是基于上文分析的请求权让与，且原告与救助基金管理中心签订了优先受偿的协议，故法院判决由被告优先偿还救助基金管理中心剩余的医疗费用。在其他类似案件中，被告的身份可能更加复杂，即出现事故责任人与赔偿义务人不一致的情况，如可能涉及肇事方当事人系车辆使用人而非车辆所有权人，肇事方在行使职务行为过程中发生事故等。因救助基金管理中心的追偿权来源于受害方部分医疗费用赔偿请求权的让与，故法院应当审核基础交通事故案件中的责任承担问题，最终确定的赔偿义务人即作为救助基金管理中心请求权行使的对象相对妥当。此外，保险公司作为被告时，可否由保险公司作为最终的赔偿义务人直接返还救助基金管理中心医疗费用在学理上还存有争议，部分观点认为如直接返还可能会突破保险合同的相对性原则。但根据2012年《最高人民法院关于审理道路交通损害赔偿案件适用法律若干问题的解释》的规定，机动车道路交通事故赔偿义务人不仅包括交通事故责任人，还包括交通事故责任人背后的机动车所有人、管理人，以挂靠形式从事道路运输经营活动的机动车被挂靠人，承包交强险、商业险的保险公司等多个责任承担主体。故在审判该类案件时不宜机械地将救助基金管理中心追偿对象限定在交通事故责任人，可适当扩大至交通事故赔偿义务人，以促进该纠纷的妥善解决。

三、救助基金管理中心诉讼地位的确立

关于救助基金管理中心的追偿诉讼地位，目前司法实践中做法不一，主要为以原告名义直接起诉或者将其追加为第三人。因为原告现已就因交通事故产生的所有费用提出起诉，故倘若认定救助基金管理中心受让的债权必须通过直接起诉的形式追偿，则在本案中该垫付部分的医疗费用法院不作处理，该部分请求需要先予驳回。这也就导致了同一交通事故产生了多起诉讼案件，增加各方诉累，且不利于救助基金管理中心及时追偿，阻碍了救助基金的快速良性运转。故此笔者认为该种处理效率较低有失妥当。对于第二种方案，即救助基金管理中心以第三人身份参加诉讼，笔者认为更有利于纠纷的解决。根据上文分析的救助基金管理中心的权利来源，其受让的权利行使对象为交通事故的赔偿义务人。在审理的案件中，赔偿义务人则为原审案件的原、被告。而有独立请求权的第三人参加诉讼的一般需要满足以下三个条件：1. 他人之间的诉讼正在受诉法院进行；2. 对他人之间的诉讼标的有独立请求权；3. 以起诉的方式参加诉讼，并以本诉双方当事人为被告。救助基金管理中心完全满足以有独三身份参与诉讼的各项条件，故本案中法院将救助基金管理中心追加为第三人，依据第三人与原告的诉讼请求作出判决，亦未突破“不告不理”原则，审理结果也无不当。

民法典对上述情形做了明确规定。《中华人民共和国民法典》第一千二百一十六条规定，道路交通事故社会救助基金垫付后，其管理机构有权向交通事故责任人追偿。

编写人：浙江省台州市椒江区人民法院　周烨阳

23

机动车交通事故中汽车二次碰撞致人死亡责任比例认定

——徐某等诉李某等机动车交通事故责任案

【案件基本信息】

1. 裁判书字号

河北省唐山市中级人民法院（2019）冀 02 民终 5185 号民事判决书

2. 案由：机动车交通事故责任纠纷

3. 当事人

原告（被上诉人）：徐某、李某东、赵某华、赵某沅、赵某熠

被告（上诉人）：中爽公司

被告（被上诉人）：高某、太平洋财险

被告：李某、崔某国、朱某杰

【基本案情】

2018年11月24日18时许，李某驾驶冀B×××××重型自卸货车，沿遵化市北三环东路由西向东行驶至消防队东侧时，与由北向南过公路行人赵某发生事故后，行人赵某倒地后又与由东向西高某驾驶冀B×××××小型越野客车发生事故，造成车辆损坏，赵某当场死亡。经遵化市交通警察大队出具的道路交通事故认定书认定：1. 在李某和赵某之间的事故中，李某负事故的主要责任，赵某负事故的次要责任；2. 在高某、李某和赵某之间的事故中，高某负主要责任、李某负事故次要责任、赵某无责任。冀B×××××重型自卸货车的实际所有人为被告崔某国，在被告太平洋财险天津分公司处投保了交强险，保险期间为2018年1月4日至2019年11月3日。在被告中夑公司投保不计免赔责任限额为100万元的商业三者险，保险期间为2018年11月11日至2019年11月10日。冀B×××××小型越野客车的实际所有人为被告朱某杰，没有投保机动车交强险和机动车三者险。

另查，李某系崔某国雇用的司机，事故发生后，李某与赵某家属协商，赔偿原告损失7万元，取得了原告方谅解。现被取保候审。

另，被告崔某国垫付丧葬费10000元，被告高某垫付丧葬费10000元，要求在本案中一并处理。

另查，原告徐某系死者赵某之妻，原告李某东、赵某华系死者赵某之父母，原告赵某熠、赵某沅系死者赵某的子女。

司法鉴定书鉴定意见：1. 被鉴定人赵某尸检见出血、凝血、组织收缩等生活反应，均为生前伤。2. 其损伤主要集中于头部、胸部、左大腿，未见成型工具损伤，据损伤特点，结合案情及现场分析，符合交通伤特征。头部损伤外轻里重，符合减速伤的特点，撞击后摔倒可以形成，为致命伤。胸腹部、左大腿损伤符合碾轧形成。3. 据检验，死者头部多处挫擦伤，颅骨严重骨折，广泛颅内出血，分析赵某符合重度颅脑损伤死亡。鉴定意见：赵某符合重度颅脑损伤死亡。

唐山物证司法鉴定中心车辆痕迹鉴定意见：1. 乙车（冀B×××××重型自卸

货车）左前侧与行人接触形成。2. 甲车（冀 B×××××越野车）前下侧及车下与低位人体接触并挤压形成。

【案件焦点】

如何认定二次碰撞致人死亡的责任比例承担。

【法院裁判要旨】

河北省遵化市人民法院经审理认为：涉案事故虽被遵化市交通警察大队认定为两起事故，但该事故认定是针对被告李某驾驶的冀 B×××××重型自卸货车与被告高某驾驶的冀 B×××××小型越野客车分别与赵某发生接触而作出的，但实际被告李某、被告高某均只实施了一次侵权行为，因此就此次事故造成的损害赔偿责任本院根据遵化市公安交通警察大队出具的事故责任认定，综合分析事故各方责任的大小，确认就赵某的死亡赔偿由被告李某承担 80% 的民事赔偿责任，由被告高某承担 10% 的民事赔偿责任，由赵某自行承担 10% 的责任。

依据《中华人民共和国侵权责任法》第二条、第三条、第六条、第十六条、第十八条、第二十二条、第二十六条、第三十五条，第四十八条，《中华人民共和国道路交通安全法》第七十六条，《中华人民共和国保险法》第六十四条、第六十五条，《中华人民共和国民事诉讼法》第一百四十四条之规定，判决由被告太平洋财险给付原告徐某、李某东、赵某华、赵某熠、赵某沅保险赔偿款 110085.02 元。原告徐某、李某东、赵某华、赵某熠、赵某沅收到保险赔偿款后返还被告崔某国 10000 元；由被告中爽公司给付原告徐某、李某东、赵某华、赵某熠、赵某沅保险赔偿款 614794.4 元；由被告高某给付原告徐某、李某东、赵某华、赵某熠、赵某沅保险赔偿款 191934.32 元，扣减已经支付的 10000 元，另行赔付 181934.32 元；驳回原告徐某、李某东、赵某华、赵某熠、赵某沅的其他诉讼请求。

中爽公司不服一审判决，提起上诉。河北省唐山市中级人民法院经审理认为：在涉案交通事故中，原审被告李某驾驶冀 B×××××重型自卸货车与行人赵某发生碰撞，赵某倒地后又与被上诉人高某驾驶冀 B×××××越野车发生事故，造成车辆损坏，赵某当场死亡。遵化市交通警察大队针对该事故出具的事故认定是基于李某驾驶的冀 B×××××重型自卸货车和高某驾驶冀 B×××××越野车分别与赵某发生碰撞而作出。原审根据遵化市公安交通警察大队出具的事故责任认定及司法鉴定意见对赵某死亡的原因分析，综合分析事故各方责任大小，认定各方承担的责任比例并无不妥。李某、高某在此次事故中均实施了一次侵权行为，上诉人主张承保李某驾驶的冀B×××××重型自卸货车的太平洋保险承担两份交强险责任于法无据，不予支持。综上所述，中奭公司的上诉请求不能成立，原审判决认定事实清楚，适用法律正确。依照《中华人民共和国民事诉讼法》第一百七十条第一款第（一）项规定，判决如下：

驳回上诉，维持原判。

【法官后语】

随着经济的发展，交通越来越便利，交通工具的数量也随之井喷式增加，当今社会中机动车交通事故也越来越多，造成原因也越来越复杂，汽车二次碰撞导致的交通事故也越来越多，随着人们维权意识的增强，汽车二次碰撞致人死亡事故责任比例如何认定也变得越来越常见和重要。道路交通事故中发生两次碰撞而且两次碰撞系各自独立又互为中介的情形下，应如何断定责任赔偿呢？

以此案为例，交通事故二次碰撞属于无意思联络的数人侵权，根据数人行为与损害后果之间的因果关系形式，可以具体区分为共同危险行为、并发侵权行为与竞合侵权行为的三种类型，以及《中华人民共和国侵权责任法》第十条、第十一条、第十二条规定的情形。本案中，因无法确认第一次事故中赵某是否已死亡，因此死亡结果是由两次事故共同造成的结果，不属于原《中华人民共和国侵权责任法》第十条“二人以上实施危及他人人身、财产安全的行为，其中一人或者数人的行为造成他人损害，能够确定具体侵权人的，由侵权人承担责任；不能确定具体侵权人的，行为人承担连带责任”所规定，也不属于原《中华人民共和国侵权责任法》第十一条“二人以上分别实施侵权行为造成同一损害，每个人的侵权行为都足以造成全部损害的，行为人承担连带责任”的规定，而属于原《中华人民共和国侵权责任法》第十二条规定“二人以上分别实施侵权行为造成同一损害，能够确定责任大小的，各自承担相应的责任；难以确定责任大小的，平均承担赔偿责任”。

本案中有明确的司法鉴定意见可以佐证赵某的主要致死原因是哪一方导致，这样在过错比例确定的前提下，可参酌责任大小。而有些案件中虽然损害原因、损害后果明确，但当事人的过错程度和原因力比例不明确，因此，法律推定各侵权行为人对损害后果负同等责任，平均分担赔偿责任。

本案中，根据事故责任认定书、现场事故证人证言和车辆痕迹检验结论，证实第一次事故发生时赵某与冀B×××××重型自卸货车相撞后倒地处于低位状态，根据司法鉴定意见可知赵某死亡原因为重度颅脑损伤，撞击后摔倒可以形成，为致命伤。第二次事故中冀B×××××越野车与赵某发生碰撞时，赵某已处于低位状态，虽然李某和高某二人分别实施侵权行为造成赵某死亡的后果，但第二次事故中冀B×××××越野车的碰撞不足以对赵某形成“撞击后摔倒”的结果。再结合事故认定书中认定李某在第一次事故中承担主要责任且发生后未及时保护现场，与第二次事故的发生负有次要责任，故李某应对赵某的死亡承担主要责任；高某违反了文明、安全驾驶的规定在第二次事故中承担主要责任，虽然对赵某造成的损害未构成致命伤，但也造成一定伤害，由于第一次事故后并没有证据证实赵某已经死亡，因此高某需承担赵某死亡的次要责任；赵某违法行人确认安全后通行的规则，本人亦应承担一定的责任。根据原《中华人民共和国侵权责任法》第二十六条规定：“被侵权人对损害的发生也有过错的，可以减轻侵权人的责任”，因此认定就赵某的死亡赔偿由被告李某承担80%的民事赔偿责任，由被告高某承担10%的民事赔偿责任，由赵某自行承担10%的责任。

编写人：河北省遵化市人民法院　吴海娟

24

仅依据交警部门出具的事故证明赔偿比例

——顾某圣诉中国人保济南公司等机动车交通事故责任案

【案件基本信息】

1. 裁判书字号

山东省淄博市中级人民法院（2019）鲁03民终3817号民事判决书

2. 案由：机动车交通事故责任纠纷

3. 当事人

原告（被上诉人）：顾某圣

被告（上诉人）：中国人保济南公司

被告（被上诉人）：马某国、李某军、曹某成、恒祥公司、开元公司

【基本案情】

原告顾某圣发生交通事故受伤。交警部门经勘查现场，询问伤者、肇事车辆驾驶员及证人，并委托司法鉴定，均不能作出事故认定书，仅能出具事故证明一份，内容为：事故形成的过程及原因无法查清。肇事车辆在被告中国人保济南公司投保了交强险及商业三者险，本案交通事故发生在保险期间内。

【案件焦点】

交警部门仅出具交通事故证明未确定事故责任的情况下，法院应当如何认定赔偿比例。

【法院裁判要旨】

山东省淄博市博山区人民法院经审理认为：公民的合法权益受法律保护，侵害公民的人身权的，应当承担赔偿责任。本案中，原告顾某圣于2018年11月2日发生交通事故，依据交警部门事故证明中记录的调查情况，包括对当事人以及证人的询问，同时依据山理工交通安全司法鉴定所对原告顾某圣和肇事车辆在事故现场出现时间的确定，能够认定肇事车辆与原告发生交通事故具有高度盖然性，同时被告亦未提供证据证明系原告故意或因原告自身行为造成的人身损害，故本院认定原告所受伤情系由肇事车辆造成，双方之间存在因果关系。

关于赔偿比例。本次交通事故双方特征为：原告系行人，被告驾驶机动车。根据原告陈述，其步行于龙泉管道老厂门口处；根据肇事车辆驾驶员即被告马某国陈述，其驾驶车辆紧靠公路东侧路边行驶，离路边路沿石很近；同时，根据交警部门对事故现场的勘查：事故现场单向为两条机动车道和一条非机动车车道，故综合以上信息可以确认，肇事车辆行驶进非机动车道与原告发生交通事故的盖然性非常大，亦即原告自身对损害结果发生的过错较小。同时，考虑本次事故发生在机动车与行人之间，落实相关司法政策精神，本院酌情由被告按照70%的比例承担

赔偿责任。

一审宣判后，被告中国人保济南公司仅就一审判决中关于免责事由部分的认定提出上诉，未对赔偿比例提出异议。山东省淄博市中级人民法院经审理同意一审法院的裁判意见。据此，二审判决：

驳回上诉，维持原判。

【法官后语】

现实生活中，经常出现事后报警的情况，由于现场已经破坏，交警部门虽然接警但是无法查清事故原因或者分清事故责任的，交警部门只能出具交通事故证明。《道路交通事故处理程序规定》第六十七条规定，“道路交通事故基本事实无法查清、成因无法判定的，公安机关交通管理部门应当出具道路交通事故证明，载明道路交通事故发生的时间、地点、当事人情况及调查得到的事实，分别送达当事人，并告知申请复核、调解和提起民事诉讼的权利、期限”。公安机关在无法查清事故责任的情况下，可以出具事故证明，但司法机关作为最终的裁判者，不能以没有事故责任认定为由拒绝裁判。因此，对于仅有事故证明的案件，法官也应当依法裁判。对此，笔者认为应当做好以下几个方面：

一是严格审查事故证明的证据效力，提取事故证明中相关案件事实，大致还原事故发生的事实经过。交警部门出具的事故证明虽然没有完全查清道路交通事故发生的全部情况，但如同出具事故认定书一样，办案民警也对双方当事人进行了询问调查、鉴定勘验等，对事故发生的大致过程也能够作出一个较为全面的描述。只是基于办案规则或者涉及刑事等其他责任的慎重考虑，无法排除其他可能性导致不能出具事故认定书。因此，事故证明并非毫无意义，严格按照民事证据规定确认其证明效力，大致还原事故发生的经过，努力做到内心确认是审理案件的第一步。

二要严格审查侵权行为构成要件，正确把握道交法律法规的司法精神。道路交通事故责任纠纷归根结底是一种特殊的侵权纠纷，道交损害的成立要符合一般侵权行为的构成要件即侵权人、过错、损害后果和因果关系。司法实践中，交通事故证明一般分为两种：

一种是能够清楚地记载以上四要件，但无法查清事故发生的具体原因即分不出责任的案件。对于该类案件的处理其实只有一个难点：确定赔偿比例。如何确定赔偿比例，笔者认为要在正确适用法律法规和司法解释的基础上，着重领会立法的深意并结合日常经验和逻辑作出能够符合普通大众心理预期的一般判断。具体到该案即属于此种情况。《中华人民共和国道路交通安全法》第七十六条规定，“机动车发生交通事故造成人身伤亡、财产损失的，由保险公司在机动车第三者责任强制保险责任限额范围内予以赔偿；不足的部分，按照下列规定承担赔偿责任：……（二）机动车与非机动车驾驶人、行人之间发生交通事故，非机动车驾驶人、行人没有过错的，由机动车一方承担赔偿责任；有证据证明非机动车驾驶人、行人有过错的，根据过错程度适当减轻机动车一方的赔偿责任；机动车一方没有过错的，承担不超过百分之十的赔偿责任……”根据本条的规定，机动车与行人之间发生交通事故适用的是无过错责任。之所以这么规定，原因在于立法者认为驾驶机动车上路的危险性要远远高于行人，驾驶人必然要承担更高的安全注意义务。一旦发生交通事故，要根据行人的过错程度抵消机动车一方的赔偿责任，而不是根据机动车的过错程度增加其赔偿责任。简单来讲，如果行人获得赔偿是1，那么，法院应当根据行人一方存在的过错程度降低其获得赔偿数额至0.7，而不是在0.5的基础上根据机动车一方的过错增加赔偿数额至0.7。这在本质上也体现了法律对人的生命与健康的尊重和保护。

另一种就是仅能确定因果关系的案件。此类案件中，由于多方面的原因可能同时存在无法确定侵权人、过错及因果关系或者缺少其中一二，能够确定的仅仅是受害人的损害后果。对于这样的案件，确定赔偿比例是后话，首先确定侵权人和因果关系。笔者认为，此类案件交通事故证明书一般会记载超过一人以上的潜在侵权者，法官在审理此类案件的过程中，需要注意的是正确运用举证规则，坚持内心确认，将待证事实推到高度盖然。需要注意的是，交警部门处理交通事故，划分事故责任往往受限于证据，因为其中可能涉及诸如刑事制裁等相关的问题，故相对于民事诉讼，证明标准更高。法官在处理此类案件的过程中遵循的是民事诉讼的证明标准，只要能够达到高度盖然性即可。当然，这其中考验的是法官的专业知识和魄力。

三要注意比例原则。民事诉讼活动以公平公正为最终价值追求，交通事故案件亦不例外。在处理仅有事故证明的交通事故案件时，司法真正成为当事人寻求权利救济的最后一扇门。在处理此类案件中，往往容易走两个极端：一是保持形式的公平，不论个案统一按照50%的比例予以裁判。此种情况看似公平，实则容易造成个案的不公平。它不能根据具体的案件具体分析双方当事人存在的过错，客观理性地确定赔偿比例。二是一味地维护受害者的利益，加重机动车一方的赔偿责任。此种情况主要考虑机动车一方保险充足，赔偿能力较强，风险较小，但却不当地扩大了机动车一方的责任范围，也容易造成实质的不公平。因此，在处理此类案件的过程中，应当严格注意比例原则，遵循权利与义务相一致，过错与赔偿相对应，具体案件具体分析，控制好比例，维护双方当事人的合法权益。

编写人：山东省淄博市博山区人民法院　刘刚

25

多次碰撞交通事故案件中因果关系的认定及举证责任的分配

——霍某诉颜某等机动车交通事故责任案

【案件基本信息】

1. 裁判书字号

北京市第一中级人民法院（2019）京01民终1679号民事裁定书

2. 案由：机动车交通事故责任纠纷

3. 当事人

原告（上诉人）：霍某

被告（被上诉人）：颜某、卢某、保险公司

【基本案情】

2015年4月23日11时，在北京市海淀区厢黄旗东路柳浪家园北里门口，霍某驾驶无号牌电动两轮摩托车由南向北行驶，颜某驾驶卢某名下的××号小客车由南向北行驶，双方发生事故。事故经公安机关交通管理部门处理并出具了交通事故认定书，认定书记载："A（霍某）行驶中向左倒地，B（颜某）车赶到，其车轮胎与A相接触。A倒地、与B接触，造成A损伤。"公安机关交通管理部门认定：霍某未取得机动车驾驶证、未确保安全负事故主要责任，颜某未确保安全负事故次要责任。颜某所驾车辆在保险公司投保了交强险及责任限额为50万元的商业三者险（含不计免赔），此次事故发生在保险期限内。

事发后，霍某于2015年4月23日至2015年5月19日在北京市红十字会急诊抢救中心住院治疗，共计26天，出院诊断：1. 左侧第3－8肋骨骨折；2. 骨盆骨折：左侧耻骨上支及坐骨骨折累及左侧耻骨联合关节面；3. 左侧锁骨骨折；4. 双侧胸腔积液；5. 双肺挫伤；6. 胸4椎体压缩骨折；7. 脑外伤后神经反应；8. 全身多处软组织损伤；9. 左外踝骨折；10. 右侧第6肋骨骨折；11. Ⅱ型糖尿病。出院医嘱：全休一个月，一个月后复查，不适随诊，禁止过早负重，左侧锁骨骨折建议手术治疗，住院期间陪护一人。霍某向本院提交了北京市红十字会急诊抢救中心司法鉴定中心于2015年8月31日出具的鉴定意见书，鉴定意见为：被鉴定人霍某7根肋骨骨折符合X级伤残，骨盆畸形愈合符合X级伤残，左上肢功能部分障碍符合X级伤残。累计伤残赔偿指数为20%。

审理中，双方虽对上述交通事故认定书的真实性及所载内容未持异议，但对双方之间的具体接触部位，以及霍某的伤情与双方接触事故之间的因果关系存在争议。一审根据双方提交的证据，对举证责任进行了分配，并委托北京中正司法鉴定所对霍某的全部伤情与此次交通事故之间的因果关系及参与度进行了鉴定。北京中正司法鉴定所出具的最终鉴定意见为：霍某的上述伤情不是“颜某车辆轮胎与霍某左下肢（大腿部位）相接触”造成，参与度为0。

【案件焦点】

1. 颜某所驾车辆与霍某之间的具体接触部位；2. 霍某的伤情与双方接触事故之间有无因果关系。

【法院裁判要旨】

北京市海淀区人民法院经审理认为：根据双方提交的证据及本案争议焦点，2015年4月23日的交通事故应当区分为两个阶段：一是霍某单方倒地的事故（以下简称单方倒地事故）；二是颜某驾车赶到，其车轮胎与霍某相接触的事故（以下简称双方接触事故）。

一、关于颜某所驾车辆与霍某之间的接触部位

根据本案证据可以认定：颜某所驾车辆未与霍某所驾车辆发生接触，颜某所驾

车辆上没有剐痕或其他碰撞痕迹，在事故认定过程中仅有霍某裤子上的胎纹与颜某所驾车辆的车轮胎存在关联，而交警对裤子上胎纹的勘查比对位置位于左裤腿的大腿位置。本案中没有证据显示颜某所驾车辆与霍某的其他部位存在接触，故应当认定双方之间的接触部位为霍某的左下肢（大腿部位）。

二、关于霍某的伤情与双方接触事故之间的因果关系

首先，根据双方的接触部位及日常生活经验，霍某的伤情中与双方接触事故关联最紧密的是骨盆骨折伤情，因为左下肢大腿部位如果遭受严重挤压或碾轧，有可能导致骨盆骨折，故本院最初根据该情况对举证责任进行了适当分配：由颜某、卢某、保险公司举证证明霍某的“骨盆骨折”伤情与双方接触事故之间没有因果关系；由霍某举证证明其余伤情与双方接触事故之间的因果关系。

其次，本案中，鉴定机构于2016年3月9日出具的鉴定意见，仅明确了Ⅱ型糖尿病与涉案交通事故之间不存在因果关系，而对其他损伤未能区分是属于霍某的单方倒地事故所致，还是属于双方接触事故所致。后本院向鉴定机构重申了案件争议焦点及鉴定目的，鉴定机构于2018年10月16日向本院出具了补充意见：霍某的伤情不是“颜某车辆轮胎与霍某左下肢（大腿部位）相接触”造成，参与度为0。

最后，结合霍某单方倒地事故的地面划痕、霍某各部位的伤情损害程度以及双方之间的接触痕迹等具体情况，本院认为，霍某单方倒地事故的严重程度相较于双方接触事故而言，明显更重，故而其因单方倒地事故致伤的盖然性明显更高。

综上，本院认为霍某的伤情与双方接触事故之间没有因果关系。故对霍某主张的人身损失，本院均不予支持。但考虑到颜某所驾车辆的轮胎与霍某的裤子有接触，故对霍某主张的财产损失费中的裤子损失，本院酌情予以支持。

综上所述，依照《中华人民共和国侵权责任法》第六条、第十九条、第四十八条，《中华人民共和国道路交通安全法》第七十六条，《中华人民共和国民事诉讼法》第一百四十四条之规定，判决如下：

一、保险公司于本判决生效后七日内赔偿霍某裤子损失费二百元；

二、驳回霍某的其他诉讼请求。

霍某不服原审判决，提起上诉。在二审过程中，霍某申请撤回上诉，二审法院出具民事裁定书准许霍某撤回上诉。

一审判决自二审裁定书送达之日起发生法律效力。

【法官后语】

本案是典型的混合型交通事故案件，即由一次单方倒地事故与一次双方接触事故混合而成，该类型案件的审理难点在于如何认定伤者的争议伤情与两次事故形态之间的因果关系，其中亦涉及如何向鉴定机构明晰鉴定目的，以更好地实现通过鉴定程序厘清案件争议事实的制度价值。

一、认定混合型交通事故案件因果关系的基本思路

1. 首先应当组织双方充分质证并就争议焦点充分发表意见，引导双方就事故发生的具体细节、碰撞形态、双方之间的接触部位、有争议的伤情诊断等一一进行辩论，从而梳理出每个环节的争点，通过对这些争点的细致研判，合理分配举证责任。

具体到本案，合议庭通过双方的举证及陈述，首先划分了涉案交通事故的两个阶段：一是霍某单方倒地的事故（以下简称单方倒地事故）；二是颜某驾车赶到，其车轮胎与霍某相接触的事故（以下简称双方接触事故）。其次根据本案证据认定了双方之间的接触部位为霍某的左下肢（大腿部位）。然后根据双方的接触部位及日常生活经验认定，霍某的伤情中与双方接触事故关联最紧密的是骨盆骨折伤情，因为左下肢大腿部位如果遭受严重挤压或碾轧，有可能导致骨盆骨折，故最初根据该情况对举证责任进行了适当分配。

2. 积极引导双方通过鉴定程序厘清争议事实

骨盆骨折伤情多由高能外伤所致，交通事故外伤可形成骨盆骨折伤情，摩托车单方事故亦可形成骨盆骨折伤情。霍某的其他符合交通损伤特点的伤情亦属此类情形。故仅凭霍某的受伤部位及伤情特征仍然难以判定诉争伤情与双方接触事故之间的因果关系。因此，合议庭释明双方进行了因果关系鉴定。

二、对鉴定意见应当主动审查，发现鉴定意见有瑕疵或者未能实现鉴定目的的，应当要求鉴定机构出具补充鉴定意见

在常规的单次碰撞致伤的交通事故案件中，进行伤情因果关系鉴定的主要目的一般是区分诉争伤情是外伤型交通损伤还是自身疾病所致，但在混合型交通事故案件中则有不同，进行伤情因果关系鉴定的主要目的是区分诉争伤情与某一次碰撞之间的因果关系，如果法官没有充分向鉴定机构说明鉴定事项的争点及目的，很有可能得到一份无法厘清争议焦点的鉴定意见。这就需要法官在委托鉴定时向鉴定机构

明确鉴定事项的争点及鉴定目的，在鉴定意见出具后，亦应对鉴定意见进行审查，发现鉴定意见有瑕疵或者未能实现鉴定目的的，应当要求鉴定机构出具补充鉴定意见。

本案中，合议庭经审查认为，原鉴定意见着重分析了霍某的伤情符合交通事故所致外伤型交通损伤的特点，但未进一步区分诉争伤情究竟是属于霍某的单方倒地事故所致，还是属于双方接触事故所致。故向鉴定机构出具了要求补充鉴定的函，向鉴定机构重申了案件争议焦点及鉴定目的，后鉴定机构出具了补充鉴定意见，明确了诉争伤情与双方接触事故之间的因果关系。本院结合霍某单方倒地事故的地面划痕、霍某各部位的伤情损害程度以及双方之间的接触痕迹等具体情况，认定霍某单方倒地事故的严重程度相较于双方接触事故而言，明显更重，故而其因单方倒地事故致伤的盖然性明显更高。最终，法院认定霍某主张的伤情与双方接触事故之间没有因果关系，从而驳回了霍某的相应诉讼请求。

编写人：北京市海淀区人民法院　游晓飞

26

物业施划车位内发生的交通事故的责任认定

——张某庚、张某霞诉金坛公司等机动车交通事故责任案

【案件基本信息】

1. 裁判书字号

江苏省常州市中级人民法院（2019）苏04民终1788号民事判决书

2. 案由：交通事故责任纠纷

3. 当事人

原告（被上诉人）：张某庚、张某霞

被告（被上诉人）：吴某军、金坛公司

被告（上诉人）：太平洋财险常州公司

【基本案情】

2018年6月16日12时30分，王某英驾驶电动自行车沿金坛区五星家园小区内道路由南向北行驶至五星家园小区13幢楼下时，遇停放在物业公司施划的停车位里吴某军的苏D×××××号小型轿车，发生碰撞，造成事故，王某英经医院抢救后于次日在家中死亡。公安部门出具的交通事故尸体检验报告载明，死者王某英死亡原因为颅脑损伤。

吴某军车辆在保险公司投保了交强险及150万元不计免赔率的商业三者险。

另查明，为满足五星家园小区业主停放机动车的需要，物业公司增加施划停车位，案涉停车位由吴某军使用，每年向物业公司缴纳600元管理服务费，用于停放苏D×××××号小型轿车。经法院现场勘验，该停车位与道路垂直，少量占用道路，苏D×××××号小型轿车无法完全停入该停车位，小部分车身在停车位外。

王某英因该次交通事故死亡造成的死亡赔偿金、医疗费、丧葬费等损失合计805680元。

【案件焦点】

物业公司施划的车位存在瑕疵，引发交通事故，责任应当如何分配。

【法院裁判要旨】

江苏省常州市金坛区人民法院一审认为：公民享有生命健康权，侵害公民身体造成伤亡的，应当赔偿医疗费、死亡赔偿金等相关损失。本案属因道路交通事故引发的损害赔偿纠纷，依法应先由承保交强险的保险公司在责任限额范围内予以赔偿，仍有不足的，由事故各方按保险合同约定和各自过错比例承担。

物业公司提出死者患有二级高血压，不排除是死者突发高血压病撞到吴某军的车辆，死者的身体原因是造成本次事故的根本原因的辩解意见。根据入、出院记录记载及公安部门所做的死者死亡检验报告，王某英死亡原因为颅脑损伤，而该颅脑损伤系在该交通事故中造成，故该交通事故与王某英死亡之间具有直接因果关系，故本院对物业公司该辩解意见不予采纳。

三被告还提出自己对该交通事故的发生均无过错，不应承担赔偿责任的辩解意见。本院认为，死者王某英驾驶电动自行车在居民小区内行驶，其应当知道居民小区内道路通行条件不比一般的公共道路，但其未尽到谨慎的注意义务，在事发时通行条件尚可的情况下，撞到停放在停车位内的吴某军车辆，其对该交通事故的发生自身具有重大过错，应承担主要责任；物业公司为满足业主停车需要施划停车位，并向业主收取相应的管理服务费本无可厚非，但其应当按照规范施划停车位，提供不影响通行安全的停车位给业主使用，然而其提供的案涉停车位垂直小区道路施划，占用小部分道路，吴某军的小轿车无法完全停放进该停车位，对安全通行存在一定的安全隐患，故物业公司对该交通事故的发生具有一定过错，应承担相应的赔偿责任；吴某军明知物业提供的停车位存在一定的安全隐患，但在该交通事故发生时仍然将机动车停放在案涉停车位内，对该交通事故的发生也具有一定过错。综合考虑交通事故各方在事故中的过错大小、事故车辆情况、事故发生地点居民小区与一般公共道路区别等因素，吴某军以承担 10% 的赔偿责任为宜，物业公司以承担 15% 的赔偿责任为宜。王某英因该次交通事故死亡造成的损失合计 805680 元，保险公司应赔偿 186417 元（在交强险范围内赔偿 117610 元，三者险范围内按 10% 责任比例赔偿 68807 元），由物业公司按 15% 责任比例赔偿 103210.5 元。

一审法院依照《中华人民共和国侵权责任法》第十六条、第二十六条、第四十八条，《中华人民共和国道路交通安全法》第七十六条，《最高人民法院关于审理道路交通事故损害赔偿案件适用法律若干问题的解释》第十六条，《中华人民共和国民事诉讼法》第一百四十二条规定，作出如下判决：

一、被告太平洋财险常州公司于本判决生效之日起 30 日内赔偿原告张某庚、张某霞交通事故损失人民币 186417 元，该款应当直接向原告方履行；

二、被告金坛公司于本判决生效之日起 30 日内赔偿原告张某庚、张某霞交通事故损失人民币 103210.5 元，该款应当直接向原告方履行；

三、驳回原告方的其他诉讼请求。

江苏省常州市中级人民法院同意一审法院判案理由，依照《中华人民共和国民事诉讼法》第一百七十条第一款第（一）项规定，判决如下：

驳回上诉，维持原判。

【法官后语】

一、居民小区发生交通事故后责任认定的程序规范

《中华人民共和国道路交通安全法》第一百一十九条对道路进行了明确定义，

道路是指公路、城市道路和虽在单位管辖范围但允许社会机动车通行的地方，包括广场、公共停车场等用于公众通行的场所。关于居民小区内道路是否属于道路，在居民小区发生交通事故，实务中，交警部门处理时没有按照道路进行认定，而是认为居民小区属于道路以外的地方，但交警部门又未严格按照《中华人民共和国道路交通安全法》第七十七条“车辆在道路以外通行时发生的事故，公安机关交通管理部门接到报案的，参照本法有关规定办理”的规定，未参照作出交通事故责任认定，往往只是出具情况说明，简要载明事故情况，没有事故成因分析和责任认定，而该情况说明不能像道路交通事故认定书一样可以向上级交警部门复核，又因该类案件当事人对事故责任争议非常大，大大增加了法院查明案件事实、认定各方当事人事故责任的难度。

本案中，五星家园小区是个老小区，根据业主和车辆信息花名册，该小区有1418户业主，然而停车位只有327个，因业主私家车增长过快，无法满足停车需求。物业公司遂在小区内道路两旁、部分绿化带等地方增划停车位。吴某军每年向物业公司缴纳600元管理服务费后，将车辆停放在增划的停车位内。王某英驾驶电动自行车撞到停在路边停车位里吴某军的车辆，受伤后经抢救无效死亡。交警部门出警后，根据现场照片、事故现场图等，仅出具1份情况说明，简要载明电动车和轿车碰撞事实，未进行事故成因分析和责任认定。为查明该交通事故事实，尤其是停车位的详细情况，法院到事故现场进行勘验，最终为确定各方当事人事故责任进行了充分的证据准备。

二、居民小区停车位交通事故各方责任认定

《中华人民共和国道路交通安全法》第七十六条第一款第（二）项规定，机动车与非机动车驾驶人、行人之间发生交通事故，非机动车、行人没有过错的，由机动车一方承担赔偿责任；有证据证明非机动车驾驶人、行人有过错的，根据过错程度适当减轻机动车一方的赔偿责任；机动车一方没有过错的，承担不超过10%的赔偿责任。在居民小区发生交通事故，应当依据侵权责任法和道路交通安全法的相关规定，根据各当事人行为对交通事故所起作用大小及过错严重程度，确定各当事人的事故责任大小。

本案中，死者王某英驾驶电动自行车在居民小区内行驶，其应当知道居民小区内道路通行条件比不上一般的公共道路，但其未尽到谨慎的注意义务，在事发时通行条件尚可的情况下，撞到停放在停车位内的吴某军车辆，其对该交通事故的发生自身具有重大过错，应承担主要责任；物业公司为满足业主停车需要施划停车位，并向业主收取相应的管理服务费本无可厚非，但其应当按照规范施划停车位，提供不影响通行安全的停车位给业主使用，然而其提供的案涉停车位垂直小区道路施划，占用小部分道路，吴某军的轿车无法完全停放进该停车位，对安全通行具有一定的安全隐患，故物业公司对该交通事故的发生具有一定过错，应承担相应的赔偿责任；吴某军明知物业提供的停车位存在一定的安全隐患，在该交通事故发生时仍然将机动车停放在案涉停车位内，对该交通事故的发生也具有一定过错。综合考虑交通事故各方在事故中的过错大小、事故车辆情况、事故发生地点居民小区与一般公共道路区别等因素，吴某军以承担10%的赔偿责任为宜，物业公司以承担15%的赔偿责任为宜。关于在该交通事故中各方当事人过错大小和具体赔偿责任比例，二审法院予以认可和支持。

编写人：江苏省常州市金坛区人民法院　汤震球　姚佳璐

四、交通事故保险理赔

27

肇事司机无营运车辆上岗证驾驶车辆发生交通事故的，保险公司应否在商业三者险范围内免责

——孙某星诉中国人保淄博市分公司等机动车交通事故责任案

【案件基本信息】

1. 裁判书字号

山东省淄博市中级人民法院（2019）鲁03民终2038号民事判决书

2. 案由：机动车交通事故责任纠纷

3. 当事人

原告（被上诉人）：孙某星

被告（上诉人）：中国人保淄博市分公司

被告（被上诉人）：徐某祥、高某

【基本案情】

2016年10月7日2时30分，徐某祥驾驶高某所有的鲁C×××××号车与孙某星驾驶的鲁C8××××号车相撞，车辆受损，造成道路交通事故。经交警部门认定，徐某祥负事故的全部责任。孙某星起诉要求赔偿车损21000元，并提供维修结算单予以证实。被告徐某祥未做答辩。被告高某辩称，事故属实但与我无关，不同意赔偿，应由保险公司负责赔偿。被告中国人保淄博市分公司则辩称事故属实，交强险已赔付，商业三者险拒赔，因徐某祥的上岗证已过期，诉讼费、鉴定费等间接损失不予承担。

【案件焦点】

肇事司机未取得营运货运车辆上岗证驾驶车辆发生交通事故的，保险公司应否在商业三者险范围内承担赔偿责任。

【法院裁判要旨】

山东省淄博市张店区人民法院经审理认为：徐某祥驾驶的车辆在中国人保淄博市分公司投保交强险、商业三者险（100 万元）及不计免赔，徐某祥负事故的全部责任，故中国人保淄博市分公司应在交强险及商业三者险范围内承担赔偿责任。中国人保淄博市分公司辩称商业三者险拒赔，证据不足，不予采纳。中国人保淄博市分公司已为孙某星垫付 2000 元，应予扣减。据此，一审判决中国人保淄博市分公司赔偿孙某星车损 19000 元。

中国人保淄博市分公司不服一审判决，持原审答辩意见提起上诉，并在二审中提供投保单、交费发票、车辆挂靠合同、上岗证复印件各一份，拟证实根据《机动车商业保险条款》第二十四条，驾驶出租机动车或营业性机动车，无交通运输管理部门核发的许可证或其他必备证书，属于责任免除，保险公司不予赔偿。山东省淄博市中级人民法院经审理认为：本案中，在中国人保淄博市分公司向投保人出示的《机动车综合商业保险条款》第二十四条规定："在上述保险责任范围内，下列情况下，不论任何原因造成的人身伤害、财产损失和费用，保险人均不负责赔偿。下列人身伤亡、财产损失和费用，保险人不负责赔偿……6. 驾驶出租机动车或者营运性机动车无交通运输管理部门核发的许可证书或其他必备证书……"该条款已加黑加粗，且在投保单投保人声明栏中投保人淄博志晟运输公司已盖章确认，故根据《最高人民法院关于适用〈中华人民共和国保险法〉若干问题的解释（二）》第十一条第二款和第十三条的规定，中国人保淄博市分公司对该条款已尽到了提示、说明义务。高某、徐某祥未提供证据证明其驾驶涉案营运性机动车有交通运输管理部门核发的道路货物运输从业资格证，中国人保淄博市分公司提供的徐某祥的道路旅客运输从业资格证（上岗证）系对旅客运输的许可证书，非货物运输许可证，且于 2014 年 5 月 26 日到期，因此依据相关法律规定，上述有关财产损失的责任免除条款具有法律效力，涉案事故造成的车辆损失应由侵权责任人承担。高某认可其系涉案的鲁 C×××××车辆的所有人，徐某祥系其雇用的司机，故应认定高某为涉案事故的侵权责任人，依法承担对孙某星的赔偿责任。徐某祥作为高某雇用的司机，在本次事故中承担全部责任，构成重大过失，故徐某祥在本案中应当与雇主高某承担连带赔偿责任。原审认定中国人保淄博市分公司在商业三者险限额内承担孙某星车损款19000元赔偿责任不当，予以纠正。中国人保淄博市分公司的上诉主张，于法有据，予以支持。据此，山东省淄博市中级人民法院二审判决：

一、撤销山东省淄博市张店区人民法院（2018）鲁0303民初7642号民事判决；

二、高某赔偿孙某星车辆损失费19000元；

三、徐某祥对上述第二项承担连带赔偿责任；

四、驳回孙某星的其他诉讼请求。

【法官后语】

本案涉及的主要问题在于，肇事司机未取得营运货运车辆上岗证（即道路货物运输从业资格证）驾驶相关车辆发生交通事故的，保险公司应否在商业三者险范围内承担赔偿责任。

司法实践中肇事司机未取得营运货运车辆上岗证驾驶车辆发生交通事故的情况并不少见，在此情况下保险公司应否在商业三者险范围内承担赔偿责任，司法实践中认识不一。有观点认为肇事司机有无上岗证并不影响其驾驶车辆的资格，亦不能显著增加机动车发生交通事故的概率而增大保险公司理赔的风险，保险公司仅依据肇事司机未取得上岗证而要求免责，明显有违公平，故肇事司机无相关从业资格证，不能成为保险公司免除其承担商业三者险赔偿责任的免责事由。也有观点认为肇事司机未取得营运货运车辆上岗证，违反了机动车第三者责任保险合同的约定，故保险公司应当在商业三者险限额范围内免责。本案二审法院则认定保险公司依约应当在商业三者险限额范围内免责，故而改判保险公司在商业三者险限额范围内免责。对此，笔者认为二审法院的认定是正确的，主要理由如下：

一、商业三者险合同关于免责条款的约定不存在无效情形，系有效条款。

依据《道路运输从业人员管理规定》第六条第二款的规定："从业资格是对道路运输从业人员所从事的特定岗位职业素质的基本评价。"亦即取得从业资格证书是驾驶员从事营业性道路运输的基本职业资质，是道路运输安全的基本保障，未取得从业资格不得驾驶营业机动车。第二十四条规定："经营性道路客货运输驾驶员、道路危险货物运输从业人员经考试合格后，取得《中华人民共和国道路运输从业人员从业资格证》。”本案中中国人保淄博市分公司与投保人淄博志晟运输公司签订的机动车第三者责任保险合同中，中国人保淄博市分公司对该免责条款用突出的加黑字体向投保人予以明示，且投保人已经盖章确认知晓该免责条款，且该免责条款不存在原《中华人民共和国合同法》第五十二条规定的欺诈、胁迫、恶意串通、以合法形式掩盖非法目的、损害公共利益及违反法律、行政法规的强制性规定等无效情形，属于有效条款。

二、机动车第三者责任保险合同约定的免责条款属于情形除外条款，并非完全免除保险公司应负的保险责任与合同义务

一般而言，保险合同约定的免责条款有三种类型，分别为情形除外、原因除外、损失和费用除外。本案中“驾驶出租机动车或营业性机动车无交通运输管理部门核发的许可证书或其他必备证书”免责条款的约定属于情形除外类型，即只要符合所列举的情形，不论任何原因造成的损失和费用，保险公司均不负责赔偿，不强调免责事由与事故结果是否具有因果关系。由于保险事故发生的不确定性和偶然性，保险合同属于射幸合同，即保险人承保的危险或者保险合同约定的给付保险金的条件发生与否，均为不确定的。驾驶员在“无交通运输管理部门核发的许可证书或其他必备证书”情形下驾驶机动车发生交通事故的，保险公司不负责赔偿的免责条款，作为射幸合同的一项合同规则，并非完全免除保险公司应负的保险责任与合同义务，只要保险公司履行了免责条款的提示和说明义务后，在免责条款约定的情形发生时，保险公司就可依约不负赔偿责任。

三、驾驶员未取得营运货运车辆上岗证，在驾驶涉案车辆时发生交通事故，符合机动车第三者责任保险合同关于免责情形的约定，保险公司应当免责

《中华人民共和国道路运输条例》第二十二条规定：“从事货运经营的驾驶人员，应当符合下列条件：（一）取得相应的机动车驾驶证；（二）年龄不超过60周岁；（三）经设区的市级道路运输管理机构对有关货运法律法规、机动车维修和货物装载保管基本知识考试合格。”《道路运输从业人员管理规定》第六条第三款规定：“经营性道路客货运输驾驶员和道路危险货物运输从业人员必须取得相应从业资格，方可从事相应的道路运输活动。”依据合同自愿原则，合同内容由当事人在不违反法律规定的情况下自愿约定，机动车第三者责任保险合同系当事人自愿订立，其数额、范围、免责事项均由当事人约定。本案中中国人保淄博市分公司与投保人淄博志晟运

输公司在机动车第三者责任保险合同中约定“驾驶出租机动车或营业性机动车无交通运输管理部门核发的许可证书或其他必备证书”情形的，保险人不负赔偿责任。本案的肇事司机徐某祥未取得营运货运车辆上岗证，在驾驶涉案车辆时发生交通事故，违反了机动车第三者责任保险合同的约定，故中国人保淄博市分公司主张在商业三者险限额内免责，于法有据，依法应当予以支持。二审法院对这一问题的认定无疑是正确的。

编写人：山东省淄博市张店区人民法院　刘晓辉

山东省淄博市中级人民法院　荣明潇

28

保险人能否因驾驶人未取得道路运输从业资格证而免赔

——郑某珍、林某友诉太平财险重庆分公司等机动车交通事故责任案

【案件基本信息】

1. 裁判书字号

重庆市第一中级人民法院（2019）渝01民终3522号民事判决书

2. 案由：机动车交通事故责任纠纷

3. 当事人

原告（被上诉人）：郑某珍、林某友

被告（上诉人）：邓某康、平茂物流公司

被告（被上诉人）：刘某、太平财险重庆分公司

【基本案情】

2017年10月21日，刘某驾驶渝D×××××车由三溪口往北环方向行驶过程中，车辆碰撞位于右侧行车道与应急车道之间的白色车道分隔线上的车外人员林某孟（林某孟系林某友驾驶的渝A×××××/鲁×××××挂重型半挂牵引车的乘

车人，因车辆发生故障后下车），后再碰撞道路右侧护栏，造成林某孟受伤、经医院抢救无效死亡，车辆、路产受损的交通事故。交警部门认定刘某承担本次事故的主要责任，林某友承担本次事故的次要责任，林某孟不承担责任。

太平财险重庆分公司提供的保险条款第二十四条约定，“下列情况下，不论任何原因造成的人身伤亡、财产损失和费用，保险人均不负责赔偿：（二）驾驶人有下列情形：6. 驾驶出租机动车或营业性机动车无交通运输管理部门核发的许可证书或其他必备证书……”以上条款均加粗加黑，投保人声明的投保人签章处加盖有平茂物流公司的印章。

渝D×××××车登记在平茂物流公司名下，系邓某康挂靠在平茂物流公司经营，该车在太平财险重庆分公司投保有交强险和不计免赔的商业三者险100万元。刘某系邓某康聘请的驾驶员，刘某的驾驶证登记准驾车型为C1，但刘某未取得道路运输人员从业资格证。

【案件焦点】

保险公司能否根据保险合同中“驾驶出租机动车或营业性机动车无交通运输管理部门核发的许可证书或其他必备证书的，保险公司不负赔偿责任”的免责条款，就驾驶人未取得道路运输人员从业资格证的情形免赔。

【法院裁判要旨】

重庆市渝北区人民法院经审理认为，首先，《道路运输从业人员管理规定》第六条规定：“国家对经营性道路客货运输驾驶员、道路危险货物运输从业人员实行从业资格考试制度。其他已实施国家职业资格制度的道路运输从业人员，按照国家职业资格的有关规定执行……经营性道路客货运输驾驶员和道路危险货物运输从业人员必须取得相应从业资格，方可从事相应的道路运输活动……”太平财险重庆分公司将行政机关的强制性规定作为保险合同的免责条款不违反法律法规的规定，故该条款不属于提供格式条款一方免除其责任、加重对方责任、排除对方主要权利的情形。其次，《道路运输从业人员管理规定》是为了加强道路运输从业人员管理，提高道路运输从业人员综合素质，根据相关法律规定而制定，第六条中关于“从业人员必须取得相应从业资格”的规定属于强制性规定，且《道路运输从业人员管理规定》第四十五条规定：“违反本规定，有下列行为之一的人员，由县级以上道路运输管理机构责令改正，处200元以上2000元以下的罚款；构成犯罪的，依法追究刑事责任：（一）未取得相应从业资格证件，驾驶道路客货运输车辆的；（二）使用失效、伪造、变造的从业资格证件，驾驶道路客货运输车辆的；（三）超越从业资格证件核定范围，驾驶道路客货运输车辆的。”刘某从业资格与事故的发生之间是否存在因果关系均不能对抗在驾驶经营性客货运输车辆时应当取得相应从业资格证件的规定。本案中，太平财险重庆分公司已就保险条款尽到提示和说明义务。刘某为经营性货运驾驶员，但其未取得道路运输人员从业资格证，根据保险合同约定，太平财险重庆分公司可就商业三者险免赔。

邓某康、平茂物流公司不服一审判决以免责条款未具体指向何种许可证书为由提起上诉。重庆市第一中级人民法院经审理认为，因平茂物流公司对其在投保人声明上签字和盖章的事实予以认可，而投保人声明上明确记载“保险人已明确说明免除保险人责任条款的内容及法律后果”，据此应视为太平财险重庆分公司已就该免责条款所指向的驾驶营业性机动车所应取得的许可证书或其他必备证书种类对平茂物流公司履行了说明义务。故太平财险重庆分公司可就刘某未取得道路运输人员从业资格证的行为免责。遂判决：

驳回上诉，维持原判。

【法官后语】

本案在裁判时分歧很大。

一种观点认为保险公司不能免赔。一方面，驾驶人已经取得了与准驾车型相符的驾驶证，无论其是否取得道路运输人员从业资格证，都不能改变其已经取得合法驾驶该车辆资格的事实，且交通运输部门要求经营性车辆办理道路运输人员从业资格证系一项行政管理措施，驾驶员是否取得道路运输人员从业资格证与发生交通事故之间并不存在因果关系。另一方面，保险合同约定的“交通运输管理部门核发的许可证书或其他必备证书”并不明确，并不必然指向道路运输人员从业资格证，该条款属于约定不明，而保险合同属于格式合同，合同内容约定不明的，应做出对提供格式合同一方不利的解释。

另一种观点认为保险公司可以免赔。商业保险合同遵循双方当事人意思自治，只要合同约定的免责条款不违反法律法规强制性规定且保险公司尽到了提示说明义务，免责条款即为合法有效，各方当事人均应遵守。刘某未取得道路运输人员从业资格证，保险公司根据合同约定应该免责。

笔者认为，应从以下三个方面考虑保险公司能否免赔：

首先，要明确道路运输人员从业资格证书是否属于免责条款约定的“交通运输管理部门核发的许可证书或其他必备证书”。《中华人民共和国道路运输条例》第二十三条规定，从事货运经营的驾驶人员应当经设区的市级道路运输管理机构对有关货运法律法规、机动车维修和货物装载保管基本知识考试合格。《道路运输从业人员管理规定》第六条第三款规定，“经营性道路客货运输驾驶员和道路危险货物运输从业人员必须取得相应从业资格，方可从事相应的道路运输活动”。现实中，道路运输管理部门会根据上述规定负责组织经营性货运驾驶员的培训并进行考核，考核合格后核发道路运输人员从业资格证书。为经营性道路客货运输车辆投保商业三者险的投保人一般为运输公司，其作为专门从事道路运输经营业务的市场主体，应当知道上述法律法规，也应当知道驾驶人员必须取得从业资格证书方能从事经营性客货运输的实际情况。因此，对运输公司而言，保险合同免责条款的约定并不存在约定不明或引起理解上的歧义的情形，“交通运输管理部门核发的许可证书或其他必备证书”当然包括道路运输人员从业资格证书。

其次，要判断免责条款的约定是否合法有效。保险人对被保险人承担的保险责任一方面源自法律明确规定，另一方面源自保险合同的约定。《中华人民共和国道路运输条例》《道路运输从业人员管理规定》均规定，经营性客货运输驾驶员应取得交通运输管理部门核发的从业资格证书。保险人将该内容纳入免责条款，既未免除法律法规为保险人明确设定的义务，也未排除法律法规赋予投保人、被保险人依法享有的权利，故该条款虽系保险人制作的格式合同条款，但不属于《中华人民共和国合同法》第四十条、《中华人民共和国保险法》第十九条规定的无效情形。本案双方签订的商业三者险合同系双方当事人真实意思表示，未违反法律禁止性规定，也不属于《中华人民共和国合同法》第五十二条、第五十三条规定的无效情形。因此，该免责条款应认定为合法有效。

最后，要审查保险人就免责条款是否尽到提示、说明义务。本案涉及的商业三者险保险条款对免责条款使用了足以引起投保人注意的加黑、加粗字体作出提示，其已履行提示义务。投保人声明书载明，“本人确认收到条款及《机动车综合商业保险免责事项说明书》。保险人已明确说明免除保险人责任条款的内容及法律后果”。运输公司在该声明书上签章确认。据此，可以认定保险人已就免责条款向投保人尽到说明义务。

综上，双方当事人签订的商业三者险合同合法有效，保险人已就免责条款尽到提示和说明义务，现经营性货运驾驶员刘某无道路运输人员从业资格证书，即属于保险合同约定的免责事项，保险人可以免赔。

编写人：重庆市第一中级人民法院　江满意

29

关于商业三者险实习期免责条款效力的司法审查

——赵某军诉英大泰和保险公司等机动车交通事故责任案

【案件基本信息】

1. 裁判书字号

福建省厦门市中级人民法院（2019）闽02民终610号民事判决书

2. 案由：机动车交通事故责任纠纷

3. 当事人

原告（被上诉人）：赵某军

被告（上诉人）：英大泰和保险公司

被告（被上诉人）：王某、三龙物流公司、高某宇、金福源汽车公司

【基本案情】

2018年1月16日13时40分，赵某军驾驶无牌两轮电动车沿天马路从北往南方向行驶，行驶至天马路与杏林湾路交叉路口横过机动车道时，与沿天马路从北往南方向行驶由王某驾驶的赣L×××××号重型半挂牵引车（牵引：闽×××××挂号重型平板半挂车）发生碰撞，造成双方车损及赵某军受伤的损害后果。2018年3月6日厦门市公安局交通警察支队集美大队作出《道路交通事故认定书》，认定：赵某军因

违反交通信号指示通行，且横过机动车道时，未下车推行，其行为违反了《中华人民共和国道路交通安全法》第三十八条及《中华人民共和国道路交通安全法实施条例》第七十条第一款的规定，其过错行为在本事故发生中所起的作用大，是造成本事故的主要原因，负事故的主要责任。当事人王某依法取得与其所驾车辆车型相符的机动车驾驶证，事发时驾车在容易发生危险的路段行驶时，未降低行驶速度，其行为违反了《中华人民共和国道路交通安全法》第四十二条第二款的有关规定，其过错行为在本事故发生中所起的作用小，是造成本事故的次要原因，负事故次要责任。

车牌号为赣L×××××的车辆在英大泰和财产保险股份有限公司投保了交强险122000元和商业三者险1500000元及不计免赔。投保均为2017年10月10日至2018年10月9日。该保险所附《机动车综合商业保险免责事项说明书》第二十四条第二款第（五）项约定："实习期内驾驶公共汽车、营运客车或者执行任务的警车、载有危险物品的机动车或牵引车的机动车，保险人不负责赔偿。"投保人声明中载明："本人确认收到条款及《机动车综合商业保险免责事项说明书》。保险人已明确说明免除保险人责任条款的内容及法律后果。"三龙物流公司在投保人签章处盖章。王某初次领取驾驶证时间为2010年12月31日。王某的准驾车型系A2D。其驾驶证副页载明：增驾A2，实习期至2018年2月21日。

王某驾驶的车牌号为赣L×××××的车辆所有人登记为三龙物流公司，该车辆实际所有人为高某宇，挂靠在三龙物流公司运输经营。事发时该车辆所牵引的闽×××××挂号重型平板半挂车登记所有人系金福源汽车公司。高某宇在法院询问笔录中确认，王某系其雇用的员工，王某系在为其提供劳务的过程中发生交通事故。

事故发生后英大泰和保险公司支付给赵某军50000元。高某宇支付赵某军10000元。

【案件焦点】

英大泰和保险公司是否应承担商业三者险赔偿责任。

【法院裁判要旨】

福建省厦门市集美区人民法院一审裁判认为：厦门市公安局交通警察支队集美大队认定赵某军负事故主要责任，王某负事故次要责任，事实清楚，程序合法，予以确认。根据《福建省实施中华人民共和国道路交通安全法》第五十三条的规定，赵某军为行人，负事故主要责任，机动车一方承担 40% 的赔偿责任。赵某军自己承担损害后果 60% 的民事责任，王某承担 40% 的民事赔偿责任。王某所驾驶的肇事车辆在英大泰和保险公司处投保了交强险、商业三者险及不计免赔险，讼争的交通事故发生在保险期间内。根据《中华人民共和国道路交通安全法》第七十六条及《最高人民法院关于审理道路交通事故损害赔偿案件适用法律若干问题的解释》第十六条的规定，英大泰和保险公司应在交强险限额范围内赔偿赵某军损失 120000 元（包括精神损害抚慰金 50000 元）。

英大泰和保险公司与三龙物流公司签订的机动车综合商业保险条款第二十四条第二款第（五）项中约定，实习期内驾驶公共汽车、营运客车或者执行任务的警车、载有危险物品的机动车或牵引挂车的机动车，保险人不负责赔偿。英大泰和保险公司主张根据《机动车驾驶证申领和使用规定》第七十四条规定，机动车驾驶人初次申请机动车驾驶证和增加准驾车型后的 12 个月为实习期；第七十五条规定，机动车驾驶人在实习期不得驾驶公共汽车、营运客车或者执行任务的警车、消防车、救护车、工程救险车以及载有爆炸物品、易燃易爆化学物品、剧毒或者放射性等危险物品的机动车；驾驶的机动车不得牵引挂车。且根据英大泰和保险公司与三龙物流公司签订的综合商业保险条款第二十四条第二款第（五）项规定，保险人不负赔偿责任。根据《中华人民共和国道路交通安全法实施条例》第二十二条规定，机动车驾驶人初次申领机动车驾驶证后的 12 个月为实习期，在实习期内驾驶的机动车不得牵引挂车。有关“实习期”的现行规定《机动车驾驶证申领和使用规定》和《中华人民共和国道路交通安全法实施条例》存在不一致，对保险条款中实习期的理解易产生争议。根据原《中华人民共和国合同法》第四十一条“对格式条款的理解发生争议的，应当按照通常理解予以解释。对格式条款有两种以上解释的，应当作出不利于提供格式条款一方的解释。格式条款和非格式条款不一致的，应当采用非格式条款”的规定，英大泰和保险公司没有证据证明已将条款中“实习期”为“机动车驾驶人初次申请机动车驾驶证和增加准驾车型后的 12 个月为实习期”的含义解释告知投保人，对该条款的理解应当作出不利于英大泰和保险公司的解释，即对“实习期”的理解应当按“机动车驾驶人初次申领机动车驾驶证后的 12 个月”。王某初次申领驾驶证时间为 2010 年 12 月 31 日，其实习期至 2011 年 12 月 31 日。英大泰和保险公司主张免责的条款不成立，对英大泰和保险公司的免责抗辩主张不予支持。

因王某承担40%的民事赔偿责任，故英大泰和保险公司在商业三者险范围内赔偿赵某军的损失数额应为950772.76元［（赵某军合理损失2496931.89元－交强险赔偿数额120000元）×40%］。综上，英大泰和保险公司应在交强险和商业三者险赔偿限额范围内赔偿赵某军损失1070772.76元，扣除英大泰和保险公司已向赵某军支付的款项50000元，英大泰和保险公司应在交强险和商业三者险赔偿限额范围内再赔偿赵某军损失1020772.76元。

根据《最高人民法院关于审理道路交通事故损害赔偿案件适用法律若干问题的解释》第三条的规定，赵某军请求由高某宇和三龙物流公司承担连带责任，予以支持。金福源汽车公司作为车牌号为闽×××××挂号重型平板半挂车的所有人对事故的发生没有过错，赵某军主张金福源汽车公司承担责任，没有法律依据，不予支持。高某宇支付给赵某军的款项可向赵某军另行主张。

综上，本案赵某军的合理损失为2496931.89元，英大泰和保险公司应在交强险、商业三者险赔偿限额范围内再赔偿赵某军经济损失共计1020772.76元。赵某军的其他诉讼请求，没有事实与法律依据，不予支持。依据《中华人民共和国侵权责任法》第六条、第十六条、第二十六条、第四十一条、第四十八条，《中华人民共和国道路交通安全法》第七十六条，《最高人民法院关于审理道路交通事故损害赔偿案件适用法律若干问题的解释》第十四条、第十六条，《最高人民法院关于审理人身损害赔偿案件适用法律若干问题的解释》第十七条、第十八条、第十九条、第二十一条、第二十二条、第二十三条、第二十四条、第二十五条、第三十五条，《最高人民法院关于确定民事侵权精神损害赔偿责任若干问题的解释》第十条，《中华人民共和国民事诉讼法》第六十四条第一款、第一百四十四条，《最高人民法院关于民事诉讼证据的若干规定》第二条之规定，判决：

一、英大泰和保险股份有限公司厦门分公司于判决生效之日起十日内再赔偿赵某军损失1020772.76元；

二、驳回赵某军的其他诉讼请求。

一审宣判后，英大泰和保险公司不服，向福建省厦门市中级人民法院提起上诉，请求：撤销一审判决第一项，改判驳回赵某军对英大泰和保险公司提出的在商业三者险赔偿限额内赔偿经济损失的诉讼请求。

二审法院认为，本案系机动车交通事故责任纠纷。一审依据厦门市公安局交通警察支队集美大队的事故认定，酌定赵某军自行承担 60% 的责任，王某承担 40% 的责任，各方均无异议，予以确认。

关于英大泰和保险公司是否应承担商业三者险赔偿责任问题，在本案中，肇事车辆的驾驶员王某已经根据《中华人民共和国道路交通安全法实施条例》第二十二条的规定完成初次领证的 12 个月实习期，且已取得与本案肇事车辆车型相符的机动车驾驶证。王某在本案事故发生时所处的“实习期”是根据公安部《机动车驾驶证申领和使用规定》第七十四条规定设立的，驾驶员增加准驾车型后还需经历的 12 个月实习期。该增驾实习期为公安部在行政法规规定基础上另行设定的实习期。根据《最高人民法院关于适用〈中华人民共和国保险法〉若干问题的解释（二）》第十条的解释，保险人将法律、行政法规中的禁止性规定情形作为保险合同免责条款的免责事由，保险人对该条款作出提示后，投保人、被保险人或者受益人以保险人未履行明确说明义务为由主张该条款不生效的，人民法院不予支持。因此，对于行政法规所规定的实习期，保险公司只要进行了提示就视为履行了说明义务。虽然英大泰和保险公司有对保险合同中的免责条款进行了概括性的提示，但是本案中王某所处的实习期为公安部《机动车驾驶证申领和使用规定》所设定的增驾实习期，而英大泰和保险公司并未举证证明其有就免责条款中的实习期还包括前述《机动车驾驶证申领和使用规定》补充设定的实习期进行必要的说明，造成本案当事人对实习期免责条款的适用范围发生争议。在此情况下，一审法院根据格式条款的解释规则对英大泰和保险公司主张的免责条款不予采纳并无不当，可予维持。

英大泰和保险公司主张不承担鉴定费有合同依据，应予采纳，鉴定费应由各方按责任比例分担。王某在向高某宇提供劳务的过程中发生交通事故，相关赔偿责任应由雇主高某宇承担；王某驾驶车辆挂靠三龙物流公司经营，故三龙物流公司应承担连带赔偿责任，故高某宇、三龙物流公司应共同承担鉴定费 4040 元（10100 元 ×40%）。

综上，赵某军因本案事故引发的合理损失为 2486831.89 元，英大泰和保险公司应在交强险限额内赔偿 120000 元（包含精神损害抚慰金 50000 元），在商业三者险限额内赔偿 946732.76 元［（2486831.89 - 120000）×40%］，扣除其已支付赵某军的 50000 元，其合计尚应支付共 1016732.76 元。

综上所述，一审判决除鉴定费处理不当外，其余认定事实清楚，适用法律正确，应予维持。依照《中华人民共和国民事诉讼法》第一百七十条第一款第（二）项规定，判决：

一、撤销厦门市集美区人民法院（2018）闽0211民初2494号民事判决第二项；

二、变更厦门市集美区人民法院（2018）闽0211民初2494号民事判决第一项为：英大泰和保险股份有限公司厦门分公司应于判决生效之日起十日内赔偿赵某军1016732.76元；

三、高某宇、三龙物流公司共同向赵某军支付鉴定费4040元；

四、驳回赵某军一审的其他诉讼请求；

五、驳回英大泰和保险股份有限公司厦门分公司二审的其他上诉请求。

【法官后语】

在道路交通事故中，商业三者险对分散事故风险、保障受害人及时获得救济起着重要的作用。但是，如果事故发生后保险公司主张的商业三者险免责事由能够成立，投保人和受害人关于分散风险和获得足额赔偿的期望就容易落空，故实务中围绕商业三者险免责条款的适用常常产生重大争议。本案王某初次领取驾驶证时间为2010年12月31日，后准驾车型增至A2，实习期至2018年2月21日。保险公司基于实习期免责条款主张，因王某在增驾实习期内驾驶牵引车的机动车，故不负赔偿责任。受害人和投保人认为，保险公司把实习期的外延扩展到增驾实习期不符合立法本意，且未作充分告知，不具有免责效力。本案的审理过程说明，实务中对保险免责条款的审查，应从合同解释、司法解释的理解和适用以及利益权衡等多维度予以谨慎审查，最大限度实现公平公正。

1. 合同解释的维度。关于实习期的现行法规定不一致，《中华人民共和国道路交通安全法实施条例》第二十二条规定，机动车驾驶人初次申领机动车驾驶证后的12个月为实习期；而《机动车驾驶证申领和使用规定》第七十四条第一款规定，机动车驾驶人初次申请机动车驾驶证和增加准驾车型后的12个月为实习期。保险公司的格式合同并未明确实习期的含义，根据合同法关于格式条款解释的原理，对格式条款有两种以上解释的，应当作出不利于提供格式条款一方的解释，即应按照前者规定解释实习期为初次申领驾照后的12个月，王某实习期已过，故不属于免责情形。

2. 司法解释的理解和适用维度。根据《最高人民法院关于适用〈中华人民共和国保险法〉若干问题的解释（二）》第十条、第十一条规定，保险公司对免责条款依法应履行提示和明确说明义务，否则免责条款不产生效力，除非保险公司将法律、行政法规中的禁止性规定情形作为免责事由，只需尽到提示义务即可。该解释的意旨在于，法律、行政法规的禁止性规定含义清晰、要求明确、公众知悉度高，一旦违反将科以较重的行政处罚乃至追究刑事责任，故对该部分免责事由的明确说明义务予以免除。而保险公司主张免责所依据的公安部规定并非法律、行政法规位阶，依法仍应履行明确说明义务。保险公司虽对免责条款进行了概括性说明，但未对实习期还包括增驾实习期进行明确说明，故其未履行法定的明确说明义务，该免责条款不产生效力。

3. 利益权衡维度。首先，对于初次申领驾照，实习期内允许驾驶准驾车辆，一方面可提醒其他驾驶人或行人合理注意以确保安全，另一方面可让驾驶员逐步熟悉驾驶操作，故有合理性和必要性。而根据《机动车驾驶证申领和使用规定》第七十四条、第七十五条，增驾实习期不得牵引挂车，这意味着实习期届满后直接驾驶增驾车型，达不到实习期的设立目的，与交通秩序公共利益相悖。其次，增驾实习期是部门规章设立，而非法律明确规定，故增驾实习期内牵引挂车只是违反了部门规章，驾驶员仅应受到行政处罚，保险公司以此免责则保险合同各方利益显著不均衡。最后，驾驶车辆具有高度危险性，但城市生活已与交通运输密不可分，故引入保险机制以分摊、补偿损失，确保受害人得以充分救济。故保险公司的免责主张应进行谨慎审查，若对实习期采扩张解释予以免责，则受害人的损失难以得到及时、全额填补，这对伤情严重的受害人明显不公，也有违保险的社会保障功能。

编写人：福建省厦门市中级人民法院　张南日　陈文琳

30

交强险无责赔付是否应以被保险人行为与损害后果存在因果关系为前提

——高某秀等诉阳光财险芜湖公司等机动车交通事故责任案

【案件基本信息】

1. 裁判书字号

安徽省芜湖市中级人民法院（2018）皖02民终2437号民事判决书

2. 案由：机动车交通事故责任纠纷

3. 当事人

原告（被上诉人）：高某秀、刘某发、刘某兰、刘某怀、刘某坤

被告（被上诉人）：佘某东、李某桂、轩云公司、人保财险芜湖公司

被告（上诉人）：阳光财险芜湖公司

【基本案情】

高某秀等分别系受害人刘某财的妻子、儿子和女儿。2018年4月17日，李某桂驾驶皖B×××××的小型越野客车（临牌），沿S216线由新港往繁昌方向行驶，途经S216线繁昌县繁阳镇华阳村庄屋路段时，遇受害人刘某财驾驶的人力三轮车自西向东横过机动车道时发生碰撞，后李某桂驾驶皖B×××××的小型越野客车（临牌）与前方佘某东驾驶的皖B×××××轻型普通货车发生剐擦，造成受害人刘某财受伤后经抢救无效死亡、车辆损坏的道路交通事故。事故经繁昌县交警大队认定：李某桂负本起事故主要责任，刘某财负次要责任、佘某东无责任。皖B×××××的小型越野客车（临牌）在人保财险芜湖公司投保了交强险和商业险100万元（不计免赔），皖B×××××轻型普通货车在阳光财险芜湖公司投保了交强险和商业险，事故发生在保险期限内。

【案件焦点】

交强险无责赔付是否应以被保险人行为与损害后果存在因果关系为前提。

【法院裁判要旨】

安徽省繁昌县人民法院经审理认为，依据交强险条例的规定，无责任车辆在交强险中承担无责赔偿责任，遂判决阳光财险芜湖公司承担无责赔付责任。

阳光财险芜湖公司以其被保车辆与损害无因果关系不应承担无责赔付为由提起上诉。芜湖市中级人民法院经审理认为：交强险无责赔付应以被保险人行为与损害后果存在因果关系为前提，与损害后果无因果关系的无责被保险人无须承担侵权责任，保险人也无须承担交强险的无责赔付责任。

道路交通事故认定书是公安交管部门处理交通事故以及人民法院认定交通事故侵权责任的重要证据，但是交通事故认定书的事故责任与民事侵权责任不能等同，请求无事故责任当事人承担侵权责任必须满足该当事人行为与损害后果存在因果关系的要件。道路交通事故认定书记载本起事故系李某桂驾驶轿车遇受害人刘某财驾驶人力三轮车发生碰撞后再与佘某东驾驶轻型普通货车发生剐擦。李某桂碰撞刘某财的事故与李某桂后续剐擦佘某东的事故虽然时间上具有先后连续性，但是两起事故不存在法律上的关联性，与单独的两起事故本质上并无差别，且佘某东及其驾驶的车辆在事故中未与受害人刘某财发生过碰撞，也未对受害人的损害后果产生任何影响，故佘某东在本起事故中与受害人刘某财的损害后果之间不存在因果关系，无须承担其损害后果的侵权赔偿责任。

被保险人行为与损害后果存在因果关系是保险人承担交强险无责赔付责任的前提条件。保险公司对第三人的强制保险责任虽是一种法定赔偿责任，但这不意味着承保无事故责任当事人车辆交强险的保险人在所有交通事故中都要承担无责赔付责任。根据《中华人民共和国保险法》第六十五条、《中华人民共和国道路交通安全法》第七十六条、《机动车交通事故责任强制保险条例》第三条以及《机动车交通事故责任强制保险条款（2008 年）》第八条等规定内容，保险人承担法定的赔偿责任也必须具备机动车“造成”或者“致使”损害后果这种引起与被引起的因果关系。学理上，当某一个或一些事实引起或造成了另外一个或一些事实时，人们就说，前者是原因，后者是结果，这种引起与被引起之间的关系就是所谓的因果关系。在所有国家的法律中，因果关系都是法律责任的最基本的构成要件。没有因果关系，而让人承担法律责任，是不可想象的。因果关系不仅归属于侵权行为法基本规定内容，且构成了其他几乎所有赔偿责任构成要件的基础。因此，保险人交强险无责赔付也应当以被保险人行为与损害后果之间存在因果关系为前提条件。本案中，被保险人佘某东在本起事故中与第三人刘某财的损害后果之间不存在因果关系，一审判决适用法律错误，该院予以纠正，应由人保财险芜湖公司在保险限额内承担全部的赔偿责任。

安徽省芜湖市中级人民法院依照《中华人民共和国民事诉讼法》第一百六十九条、第一百七十条第一款第（一）项和第（二）项之规定，作出如下判决：

一、维持安徽省繁昌县人民法院（2018）皖0222民初1916号民事判决第三项；

二、撤销安徽省繁昌县人民法院（2018）皖0222民初1916号民事判决第二项；

三、变更安徽省繁昌县人民法院（2018）皖0222民初1916号民事判决第一项为：上诉人人保财险芜湖公司在交强险限额内赔偿被上诉人高某秀、刘某发、刘某兰、刘某怀、刘某坤121000元，在商业三者险中赔偿被上诉人高某秀、刘某发、刘某兰、刘某怀、刘某坤123541.54元，共计赔偿244541.54元。

【法官后语】

依据我国现行法律规定，结合学理比较研究，我们认为交强险无责赔付应当具备事实行为与受害人的损害之间存在因果关系的前提条件。

综观世界各国有关交强险赔偿责任的立法及司法实践，交强险的功能定位及其与侵权责任的关系模式大体上可以区分为责任保险模式和基本保障模式两种。第一种模式的主要特点是以侵权责任为基础，强调交强险的本质是责任保险，是一种对被保险人依法应当向第三人承担的侵权责任为保险标的的保险，更为强调交强险分担被保险人损失的功能。第二种方式原则上在交强险限额内使侵权责任与交强险相互“脱钩”，只要发生损害，保险人即需根据规定向交通事故的受害人承担赔偿责任。根据我国现行法律的相关规定以及司法实践，我国现阶段更强调交强险的基本保障功能，更为重视交强险对受害人损失的填补功能，主要采纳的是基本保障模式。

在所有国家的法律中，因果关系都是法律责任的最基本的构成要件。没有因果关系，而让人承担法律责任，是不可想象的。因果关系不仅归属于侵权行为法基本规定内容，且构成了其他几乎所有赔偿责任构成要件的基础。因此，无论交强险赔偿责任采取的是责任保险模式还是基本保障模式，交强险赔偿责任在法学理论中本质都属于法律责任。虽然道路交通安全法规定的强制责任保险制度具有迅速填补损害的立法目的，保险公司对第三人的责任是一种法定的赔偿责任，且该赔偿责任与机动车驾驶人是否构成侵权责任、其侵权责任的大小并无关联。但根据《中华人民共和国道路交通安全法》第七十六条、《机动车交通事故责任强制保险条例》第三条以及《机动车交通事故责任强制保险条款（2008年）》第八条等规定内容，保险人承担法定的赔偿责任也必须具备机动车“造成”或者“致使”损害后果这种引起与被引起的因果关系。因此，保险人的交强险无责赔付责任应当以被保险人行为与损害后果之间存在因果关系为前提条件，这不仅是对我国现行法律规定正确的理解与适用，也是避免过分扩大交强险赔偿范围，明确交强险基本保障的功能定位，理顺交通事故中各方当事人赔偿责任的必然选择。

编写人：安徽省芜湖市中级人民法院　张平

31

高速公路因交通事故发生二次伤害时的赔偿责任

——姚某诉陈某正等机动车交通事故责任案

【案件基本信息】

1. 裁判书字号

北京市第三中级人民法院（2019）京03民终16390号民事判决书

2. 案由：机动车交通事故责任纠纷

3. 当事人

原告（被上诉人）：姚某

被告（被上诉人）：张某圆

被告（上诉人）：亚太财保邯郸分公司、陈某正

被告：安邦财保北京分公司、省高速公路京衡管理处

【基本案情】

2017 年 12 月 20 日 22 时许，在大广高速公路广州方向 1514km + 300m 处，张某圆驾驶 A 车在从中间车道向最内侧车道并线过程中和最内侧车道陈某正驾驶的 B 车追尾，两车损坏，事故发生后 B 车乘车人姚某在下车转移过程中从高架桥上坠桥受伤，河北省公安厅高速公路交通警察总队衡水支队深州大队认定张某圆负此次交通事故全部责任。事发高速公路是单向三车道，双向六车道，车道最外侧是应急车道，双向车道是独立桥墩支撑的独立高架桥，双向车道之间有间隙。陈某正车上一共四人，陈某正称追尾事故发生后，因其车辆不能正常启动，其让车上乘客下车，站到其车辆前部，之后其和张某圆一起去车辆后面放置警示标志，回来就没看见姚某，其车上的其他乘客在最内侧车道旁的防护墩上站着，其也站到了防护墩上。姚某称其未在此次追尾事故中受伤，事故发生后陈某正让其往双向车道间的隔离带转移，故其和车上其他乘客都站到最内侧车道旁的防护墩上，其从防护墩上坠桥受伤。姚某提交事发当晚交警在医院调查时的视频，证明车上另一乘客向交警证明是陈某正指挥其车上人员上防护墩的。

【案件焦点】

1. 原告并未在第一次交通事故中受伤，此次交通事故的有责方是否应予赔偿，是否同时处理保险理赔；2. 高速公路上发生交通事故后，司机对乘客是否具有后续义务；3. 车上人员离开车辆后发生的二次伤害相对于本车能否转化为第三者；4. 交通事故司法解释中的道路设计和管理瑕疵应如何认定；5. 多因一果的侵权纠纷如何确定赔偿责任。

【法院裁判要旨】

北京市朝阳区人民法院一审认为，两人以上分别实施侵权行为造成同一损害，能够确定责任大小的，各自承担相应的责任，难以确定责任大小的，平均承担赔偿责任。本案原告是在高速公路上发生交通事故后转移过程中从高架桥上坠落受伤。张某圆和陈某正发生的交通事故，虽未造成原告受伤，但是原告作为行人出现在高度危险的高速公路上的直接原因，张某圆作为事故全责方，其侵权行为是原告损害的原因之一，应承担赔偿责任。因道路管理维护缺陷导致机动车发生交通事故造成损害，当事人请求道路管理者承担相应赔偿责任的，人民法院应予支持，但道路管理者能够证明已按法律、法规、规章、国家标准、行业标准或者地方标准尽到安全防护、警示等管理维护义务的除外。原告以京衡管理处未将双向车道间的缝隙封闭、未设置警示标志存在过错为由，要求京衡管理处赔偿。但机动车在高速公路上发生故障时，车上人员应当迅速转移到右侧路肩上或者应急车道内，行人不得跨越、倚坐道路隔离设施。原告坠桥是其未按交通法规，避险不当导致的，并非京衡管理处在道路管理维护上存在缺陷，其要求京衡管理处赔偿，本院不予支持。原告以事发后陈某正指挥不当要求陈某正赔偿，陈某正虽不认可原告向最内侧车道旁的防护墩转移是受其指挥，但首先，陈某正称其让原告向其车辆前部转移，可见陈某正确对原告如何避险进行指挥；其次，从事发后陈某正和其车上其他乘客向交警的陈述，和事发后陈某正和其车上其他乘客所处的避险位置看，本院采信陈某正指挥原告向最内侧车道旁的防护墩转移。陈某正作为司机，在事故发生后，对其车上人员指挥撤离不当，该侵权行为亦是原告损害的原因之一，陈某正应承担赔偿责任。但是，陈某正虽指挥原告转移到防护墩上，但数人中仅原告坠落，原告应就其自身不慎自担一部分赔偿责任，且原告是无偿搭乘陈某正驾驶的车辆，亦应减轻陈某正的一部分赔偿责任。亚太邯郸公司作为有责车辆的交强险保险公司，应在交强险范围内赔偿，交强险外在三者险范围内按张某园的过错比例赔偿，保险责任外由张某圆赔偿。陈某正是基于原告的乘车人身份对原告指挥撤离，其指挥失当并不构成原告相对其所乘坐车辆的三者转化，安邦财保北京分公司作为陈某正车辆的交强险、三者险保险公司不负赔偿责任，交通事故案件不处理车辆的其他保险，综上，本院确定交强险外的赔偿责任为张某圆40%，姚某和陈某正各30%。

北京市第三中级人民法院二审同意一审法院裁判意见。

【法官后语】

本案是一起发生交通事故后紧急避险行为失当而发生的二次事故，原告受伤原因复杂，起诉主体众多，谁应赔偿，应如何赔偿争议较大。案件审理过程中，承办人围绕争议焦点组织双方举证质证，并针对5个争议焦点进行了审查判断。

对于争议焦点1，承办人认为《中华人民共和国道路交通安全法》第六十七条规定，行人不得进入高速公路，原告是以行人身份从高速公路的高架桥上坠落受伤，原告虽违反道路交通安全法的该条规定，但违反该条规定的责任不应由原告承担，张某圆和陈某正发生的交通事故虽不必然导致原告坠桥受伤，却直接导致原告以行人身份出现在高速公路上，故原告违反该条规定的责任应由张某圆承担，张某圆应承担赔偿责任。张某圆所驾车辆的交强险和三者险保险公司在没有免赔事项的前提下，应在保险责任范围内直接向原告赔偿。

对于争议焦点2，张某圆和陈某正的交通事故发生在高速公路上，《中华人民共和国道路交通安全法》规定“机动车在高速公路上发生故障时，车上人员应当迅速转移到右侧路肩上或者应急车道内”“中华人民共和国境内的车辆驾驶人、行人、乘车人及道路交通活动有关的单位和个人都应当遵守本法”，虽然非驾驶员也受该法调整，但驾驶员在考取驾照时要对交通安全法规进行全面系统的学习，而道路交通安全法的立法目的是预防和减少交通事故，保护人身安全，故驾驶员作为经考试合格，了解交通法规的人员，不仅自己应遵守交通法规，还应在乘车人乘车和离车时指挥乘车人遵守交通法规。

对于争议焦点3，承办人认为虽然在某些情况下，如车上人员在发生交通事故时被甩出车外后又被其原乘坐车辆碾轧，车上人员相较于原车可能转化为三者。但本案中原告受伤时虽所处位置在陈某正驾驶的车辆外，但陈某正是基于其对车上人员指挥撤离不当而承担赔偿责任，原告的身份还是车上人员，相较于陈某正驾驶的车辆不能转化为三者，不属于交强险和三者险赔付范围，故原告要求陈某正车辆的保险公司安邦保险公司赔偿不应得到支持。

对于争议焦点4，《中华人民共和国道路交通安全法》第三十条第一款规定“道路出现坍塌、坑槽、水毁、隆起等损毁或者交通信号灯、交通标志、交通标线等交通设施损毁、灭失的，道路、交通设施的养护部门或者管理部门应当设置警示标志并及时修复”。本案中事发路段不存在道路的特殊情况，故不应过分加重道路管理方设置警示标志的义务。

对于争议焦点5，根据原《中华人民共和国侵权责任法》和《最高人民法院关于审理人身损害赔偿案件适用法律若干问题的解释》的相关规定，二人以上没有共同故意或者共同过失，但其分别实施的数个行为间接结合发生同一损害后果的，应当根据过错大小或者原因力比例各自承担相应的赔偿责任。

本案中，原告坠桥受伤是三个方面原因共同造成的，一是高速公路上发生交通事故致原告需要从高速公路上紧急撤离；二是原告所搭乘车辆的司机陈某正未能正确指挥原告撤离；三是原告避险时从隔离墩上失足落桥。张某圆、陈某正和原告三方分别实施的数个行为共同导致原告坠桥受伤的同一后果，应当根据各方过错大小或者原因力比例承担相应的赔偿责任。承办人结合各方过错程度及赔偿能力最终确定张某圆方承担40%的赔偿责任，原告和陈某正各承担30%赔偿责任。

通过本案也提醒广大乘客和驾驶人，发生事故后切勿因慌乱避险而跨越道路隔离设施，而应迅速转移到右侧路肩或应急车道内。

编写人：北京市朝阳区人民法院　吴薇　杨洁

32

格式合同中被保险人加盖公章行为的效力认定

——陈某英等诉中国人寿渝北区支公司等机动车交通事故责任案

【案件基本信息】

1. 裁判书字号

四川省成都市中级人民法院（2018）川01民终13872号民事判决书

2. 案由：交通事故责任纠纷

3. 当事人

原告（被上诉人）：陈某英、肖某静、杨某

被告（被上诉人）：唐某军、元仁公司、曹某明、杨某君

被告（上诉人）：中国人寿渝北区支公司

【基本案情】

崇州市人民法院经审理查明：2017年10月12日，被告杨某君驾驶川A×××××号轻型普通货车搭载杨某林、肖某静由温江区沿成温邛高速公路往大邑县方向行驶，5时37分许，行驶至G318线2529公里路段处时，所驾车右前部与同方向唐某军驾驶的渝A9××××号重型仓栅式货车后部左侧发生相撞，造成两车受损，杨某君、肖某静受伤，杨某林当场死亡的交通事故。本次事故经崇州市公安局交通警察

大队调查认定：川A×××××号轻型普通货车于05：37：56时间段内行驶速度介于87km/h－89km/h；渝A9××××号重型仓栅式货车后部车身反光标识粘贴不规范，后下部安全防护装置安装尺寸不规范。杨某君所驾车与唐某军所驾车相撞前唐某军所驾车状态未能查明，不能根据交通事故当事人的行为对发生交通事故所起的作用以及过错的严重程度，确定当事人责任，于2017年11月2日作出《道路交通事故证明》。

【案件焦点】

1. 本次交通事故中杨某君和唐某军的责任划分；2. 事故造成杨某林死亡的具体损失计算标准；3. 中国人寿渝北区支公司是否在商业险责任限额中免予赔偿。

【法院裁判要旨】

四川省崇州市人民法院经审理认为：根据崇州市公安局交警大队对此次事故调查作出的现场勘验图、调取事故路段后方监控视频，本次事故发生地段后方500米为高速公路服务区，事故发生时唐某军所驾渝A9××××号车行驶路线为从服务区匝道驶入高速公路行车道，杨某君行驶路线为高速公路最右边行车道经过服务区向前行驶，事故撞击点距导流线终点450米，因无法查明唐某军所驾车辆车速，根据现有证据无法核实唐某军所驾车辆在事故发生时是否已正常行驶至行车道。根据交警部门已查明的唐某军所驾驶车辆具有后部车身反光标识粘贴不规范的违法行为，本次交通事故发生在夜间，这一违法行为与后方来车是否准确判断前方道路车辆情况有一定影响，唐某军对此次事故的发生应承担一定的责任。被告杨某君驾驶车辆在经过服务区时应当注意道路右边匝道来车情况，而其在通过匝道时未减缓车速，未尽到合理安全注意义务，对本次事故的发生也应承担一定的责任。根据双方当事人的过错，本院认定本次事故应由唐某军和杨某君分别承担事故同等责任，对杨某林因本次事故死亡产生的损失各承担50%的赔偿责任。对此次事故造成杨某林死亡产生的损失，根据原告提供的证据，最终确定杨某林死亡产生的损失共654285.83元。

对被告人寿财险渝北区支公司主张因唐某军未取得货运人员从业资格证，保险公司在商业险限额中不承担保险赔付义务的主张，本院认为，被告人寿财险渝北区支公司提供《投保人声明》虽有元仁物流公司盖章，但未确定时间，无法认定该份声明书针对的被保险人和被保险车辆系本案所涉事故车辆及本次保险期间所作声明，对被告元仁物流公司质证认为人寿财险渝北区支公司作为格式合同提供方未尽到合理提示义务的意见本院予以采纳，对被告人寿财险渝北支公司免除保险支付义务的主张本院不予支持。

依照《中华人民共和国侵权责任法》第六条、第十二条、第三十四条，《中华人民共和国道路交通安全法》第七十六条，《中华人民共和国保险法》第六十五条，《中华人民共和国合同法》第三十九条之规定，判决如下：

一、被告中国人寿渝北区支公司在本判决生效之日起三十日内向原告陈某英、肖某静、杨某支付保险金382142.92元；

二、驳回原告陈某英、肖某静、杨某的其他诉讼请求。

宣判后，中国人寿渝北区支公司不服判决，提起上诉。四川省成都市中级人民法院同意一审裁判意见，判决：

驳回上诉，维持原判。

【法官后语】

由于目前保险公司在保险销售中存在许多不规范的行为，如许多被保险人在订立保险合同时没有到场在相关文件上签名或者不具有销售资质的人员代为签名等乱象，导致保险事故发生后，审查保险公司是否履行免责条款生效义务成为审判实务的一个难点。

机动车商业第三者责任保险中保险人免责条款的审查原则，一致观点认为应重视保险法、合同法等法律规范的适用，遵循意思自治原则，严格依照合同约定处理。《最高人民法院关于适用〈中华人民共和国保险法〉若干问题的解释（二）》第十条规定，保险人将法律、行政法规中禁止性规定作为保险合同免责条款的免责事由，保险人对该条款作出提示后，投保人、被保险人或者受益人以保险人未履行明确说明义务为由主张该条款不生效的，人民法院不予支持。在审理实务中，对保险合同格式条款中的免责条款，保险人是否尽到提示和明确说明义务的判断标准则存在一定分歧。成都中院的指导意见认为应当区分免责条款约定的具体事项进行审查，对法律、行政法规所禁止的情形约定免责的，保险人举证证明其充分履行提示义务；对法律、行政法规未作禁止性规定的情形约定免责的，保险人举证证明对此充分履行提示和明确说明义务。由于保险人应当对其履行了提示和明确说明义务负举证责任，而证据采信及证明力标准的认定尚未形成统一的认识，如保险公司是否在订立合同时即提供了格式条款中的免责条款、免责条款提示的方法和程度、明确说明的形式和程度等。

具体到本案中，我们认为本案中存在两个争议的问题。第一，保险公司在订立合同时是否同时将保险条款一同交付给被保险人。实践中，投保单和保险条款并不是一个整体，而是独立存在的两部分。当免责事项出现时很多被保险人抗辩称并没有收到保险条款。因此在产生纠纷时保险公司首先要证明其将保险条款在订立保险合同时就已经给付了被保险人。根据《最高人民法院关于适用〈中华人民共和国保险法〉若干问题的解释（二）》第十一条的规定，“保险合同订立时，保险人在投保单或者保险单等其他保险凭证上，对保险合同中免除保险人责任的条款，以足以引起投保人注意的文字、字体、符号或者其他明显标志作出提示的，人民法院应当认定其履行了保险法第十七条第二款规定的提示义务。保险人对保险合同中有关免除保险人责任条款的概念、内容及其法律后果以书面或者口头形式向投保人作出常人能够理解的解释说明的，人民法院应当认定保险人履行了保险法第十七条第二款规定的明确说明义务”。本案中，保险公司提交的《投保人声明》，文末投保人签名处被保险人元仁物流公司虽加盖印章，由于投保单与保险合同二者并非一个完整的整体，无法确认元仁物流公司在投保时知悉免责条款的具体内容。而保险公司未提供证据证明其已对前述免责条款内容告知元仁物流公司，并以书面或口头形式向元仁物流公司就上述免责条款的内容、概念、所产生的法律后果向元仁物流公司作出明确的解释说明。保险公司应承担举证不利的法律后果。

第二，对免责条款概括性表述的理解问题。根据保险公司提供的保险条款对“无交通运输管理部门核发的许可证或者其他必备证书”中“许可证”与“其他必备证书”并未作具体明确的约定。因行政法规和规章的内容广、覆盖范围宽，因此，在免责条款中的概括性表述是否包含本案特指的无从业资格证情形，各方存在较大争议。保险公司作为格式条款的提供方，当对条款出现两种不同的理解时，应作出不利于保险人的解释，即该概括性条款并不包含无从业资格证情形。保险公司应当就是否具备道路从业资格证进行明确解释并告知法律后果。

与本案类似的情形在实践中大量存在。那么保险公司如何通过保险合同来避免此类风险呢？我们建议保险公司从三个方面入手。第一，规范相关业务流程，加大对保险业务人员的业务培训，在订立合同时要求被保险人到场，对代办保险业务的人员要求出具书面的授权委托书。第二，对现有保险条款作出优化，减少概括性表述，多采用列举式表述，减少文义理解方面的争议。第三，注意相关证据保存，在订立保险合同时对相关环节如签订保险合同环节和给付保险文件时进行同步录音录像。通过上述行为达到切实维护自身和被保险人的利益，减少诉讼争议的目的。

编写人：四川省崇州市人民法院　李永红

33

机动车交通事故案件中鉴定费应由保险人负担

——陵都加油站诉张某贵等机动车交通事故责任案

【案件基本信息】

1. 裁判书字号

重庆市第三中级人民法院（2018）渝03民终854号民事判决书

2. 案由：机动车交通事故责任纠纷

3. 当事人

原告（被上诉人）：陵都加油站

被告（上诉人）：张某贵

被告（被上诉人）：国任财险公司

被告：金轮公司

【基本案情】

张某贵系渝B×××××重型货车的实际车主，将该车挂靠在金轮公司名下经营，且在国任财险公司投保了交强险和商业三者险。2016年3月18日，应东驾驶肇事车辆时因倒车撞坏了陵都加油站的彩钢棚柱，造成彩钢棚受损。经交警部门对事故责任认定，应东负全部责任。对于费用损失数额，因国任财险公司、张某贵、陵都加油站等无法达成一致意见。2016 年 5 月 16 日，国任财险公司委托中衡保险公估股份有限公司对事故损失进行了评估并作出了《评估报告》，评估结论为：因交通事故将立柱撞坏导致无法继续使用而损失的价值为 0.05 万元。陵都加油站对该评估结论有异议，向一审法院起诉并提出鉴定申请，要求鉴定加油站钢架棚、钢架柱受损与之连接的砖混结构房屋受损是否有因果关系，如果有，再对损失进行评估。一审法院委托重庆重大建设工程质量检测有限公司对是否存在因果关系进行了鉴定，鉴定意见为：陵都加油站钢架棚、钢架柱以及与之连接的砖混结构房屋受损与本次交通事故碰撞存在因果关系。陵都加油站支付了鉴定费 3.5 万元。此后，一审法院又委托民太财产保险公估股份有限公司对损失进行鉴定，鉴定意见为：钢架棚、钢架柱损失以及房屋损失合计为 0.95 万元。陵都加油站支付了鉴定费 0.5 万元。即两次鉴定产生鉴定费合计 4 万元。被侵权人陵都加油站诉讼中要求被保险人及保险人赔偿其财产损失及由此产生的鉴定费损失。

【案件焦点】

1. 鉴定费是否是交强险以及商业三者险合同中责任免除范围；2. 鉴定费该由谁负担。

【法院裁判要旨】

重庆市涪陵区人民法院经审理认为，因鉴定费符合保险合同约定的免责事由，保险人有权主张免赔，该费用由被保险人承担。

重庆市涪陵区人民法院依照《中华人民共和国侵权责任法》第二十一条、第四十八条，《中华人民共和国道路交通安全法》第七十六条，《中华人民共和国民事诉讼法》第六十四条第一款规定，作出如下判决：

一、陵都加油站因交通事故所致的财产损失 9500 元，由国任财险公司于判决生效之日起十日内在交强险范围内赔偿 2000 元；在商业三者险范围内赔偿 7500 元；

二、张某贵于判决生效之日起十日内赔偿陵都加油站因交通事故所致的鉴定费用 4 万元，金轮公司承担连带赔偿责任；

三、驳回陵都加油站的其他诉讼请求。

张某贵不服一审判决，提起上诉。重庆市第三中级人民法院经审理认为：国任财险公司虽与投保人在本案事故车辆保险合同的免责条款中有“其他相关费用”的约定，并在《投保提示事项确认书》中责任免除项下载明了“详见《机动车交通事故责任强制保险条款》第十条规定”，但对该“其他相关费用”的概念和内容未予明确表述。现当事人对该“其他相关费用”具体是指哪些费用、是否包括鉴定费用发生争议，国任财险公司不能提供相应的证据证明已就该“其他相关费用”的概念和内容，向投保人进行了明确的释明，尽到了说明义务，因此，不能认定本案鉴定费4万元属于涉案保险合同免责条款中约定的“其他相关费用”。该部分费用应由张某贵、国任财险公司和陵都加油站分担。因事故发生后，张某贵未在当日及时报案，影响了国任财险公司对事故现场的及时查勘、定损等，应承担部分责任，二审法院将该责任酌定为10%即0.4万元；陵都加油站在交警队查勘事故现场、划分事故责任时，未提出房屋有损、且在诉求中扩大损失数额，故也应承担一定责任，二审法院将其责任酌定为5%即0.2万元；国任财险公司否认陵都加油站房屋受损与本次交通事故存在因果关系，以致该笔鉴定费用产生，故其应承担主要责任，二审法院将其责任酌定为85%即3.4万元。

重庆市第三中级人民法院依照《中华人民共和国民事诉讼法》第一百七十条第一款第（二）项之规定，作出如下判决：

一、维持一审判决第一项、第三项；

二、撤销一审判决第二项；

三、鉴定费40000元，由国任财险公司承担34000元，陵都加油站承担2000元，张某贵承担4000元。

【法官后语】

本案的争议焦点在于，保险人国任财险公司是否能够在交强险及商业三者险项下免除因交通事故产生的鉴定费赔偿责任。分析如下：

其一，保险合同未明确鉴定费是否属于免责范围。《机动车交通事故责任强制保险条款》是各商业保险公司承保机动车交通事故强制责任保险的通用条款，该条款是机动车保险合同的组成部分。该条款未明确鉴定费是否属于免责范围。商业三者险方面，商业车险费改之后施行的《中国保险行业协会机动车辆综合商业保险示范条款》是各商业保险公司承保机动车车辆损失保险、第三者责任保险、车上人员责任险等商业保险险种的通用示范条款，也是保险人与投保人保险合同的组成部分，该条款也未明确鉴定费是否为免除赔偿责任的费用。

其二，鉴定费不属于诉讼费用。根据《诉讼费用交纳办法》规定，诉讼费用包括案件受理费、申请费以及证人、鉴定人、翻译人员、理算人员在人民法院指定日期出庭发生的交通费、住宿费、生活费和误工补贴。而该办法同时规定，诉讼过程中因鉴定等发生的依法应当由当事人负担的费用，人民法院根据谁主张，谁负担的原则，决定由当事人直接支付给有关机构或者单位，人民法院不得代收代付。由此可见，鉴定费不属于诉讼费用。交强险合同和原《机动车第三者责任保险条款》免责条款中约定的“仲裁或者诉讼费用”以及新《中国保险行业协会机动车辆综合商业保险示范条款》约定的“诉讼费、仲裁费”均不包括鉴定费。不仅如此，保险合同中“其他相关费用”不应包括鉴定费。虽然本案中保险人举示的交强险合同条款和原《机动车第三者责任保险条款》中的免责条款中有“其他相关费用”的约定，但合同对“其他相关费用”的概念和内容未予进一步明确表述。现当事人对“其他相关费用”是否包括鉴定费用发生争议，国任财险公司又不能提供相应的证据证明已就该“其他相关费用”的概念和内容，向投保人进行了明确释明包括鉴定费。因此，根据格式合同的不利解释规则，当事人对格式合同的相关条款发生理解上的分歧，按照通常理解不能解决的，人民法院应当作出有利于被保险人的解释，即不能认定鉴定费包含于涉案保险合同免责条款中约定的“其他相关费用”之内，该部分费用应根据产生的原因由被保险人、保险人和被侵权人分担。

其三，未列明为除外责任的必要、合理费用应由保险人承担。交通事故发生后，当事人为证明财产损失的数额、人身残疾的等级、护理期限的长度等，常常通过司法鉴定来确定。所以，鉴定费在交通事故纠纷处理中属于合理费用，甚至在某种程度上是必须产生的费用。《中华人民共和国保险法》第六十六条明确规定：“责任保险的被保险人因给第三者造成损害的保险事故而被提起仲裁或者诉讼的，被保险人支付的仲裁或者诉讼费用以及其他必要的、合理的费用，除合同另有约定外，由保险人承担。”所以，在保险人未明确将鉴定费用列为交强险的除外责任时，保险人主张交强险对鉴定费用免责的，人民法院不予支持。

编写人：重庆市第三中级人民法院　张景卫

34

机动车交通事故责任纠纷中顺风车网络平台与保险公司的法律地位与责任承担

——李某香等诉运达公司等机动车交通事故责任案

【案件基本信息】

1. 裁判书字号

北京市第三中级人民法院（2019）京03民终5523号民事判决书

2. 案由：机动车交通事故责任纠纷

3. 当事人

原告（被上诉人）：李某香、王某炎、黄某姐、王某聪、王某琪

被告（上诉人）：运达公司

被告（被上诉人）：尹某、尹某1、陈某、陈某帅、赵某森、人保北京公司、平安北京公司

【基本案情】

2018年2月6日13时20分，陈某、陈某帅、赵某森利用微信小程序中滴滴出行软件的顺风车服务寻找顺风车。尹某作为滴滴出行软件内登记的顺风车车主，与陈某帅达成合乘同意，由尹某载三人从北京动物园前往神龙辛屯小区。14时11分，尹某驾车抵达北京市通州区漷马路米拉广场前，尹某将车辆头南尾北停在道路机动车道与非机动车道隔离带上。陈某开门下车时，适有王某桂驾驶电动二轮摩托车由北向南驶来，电动二轮摩托车前部与尹某驾驶车辆的右后门相撞，造成两车损坏、王某桂受伤，王某桂经医院抢救无效死亡。北京市公安局公安交通管理局通州支队作出《道路交通事故认定书》认定尹某负同等责任，王某桂、陈某负次要责任。

发生事故的顺风单正常完成。陈某帅支付尹某顺风车费用69.4元，该服务费

打入了运达公司的平台，尹某从平台中提现车费62.5元，运达公司获得信息服务费6.9元。滴滴出行微信小程序中顺风车选项的运营公司为运达公司。尹某在事发前一个月发起合乘4次，其中3次合乘均取消，仅本案合乘订单完成。尹某驾驶的肇事车辆登记所有人为尹某1，尹某1系租赁尹某的小汽车购置指标使用。尹某利用自己的驾驶证以及肇事车辆的行驶证在顺风车平台上成功注册登记成为顺风车车主。肇事车辆在人保北京公司投保交强险，在平安北京公司投保商业三者险（保险金额为20万元，含不计免赔）。

【案件焦点】

1. 运达公司是否承担赔偿责任；2. 平安北京公司是否在商业三者险内承担赔偿责任；3. 尹某与陈某承担赔偿责任的形式。

【法院裁判要旨】

北京市通州区人民法院经审理认为，顺风车网络平台负有安全保障义务，根据“风险开启理论”及“报偿理论”，顺风车网络平台应成为责任主体，并在其过错范围内承担按份责任。尹某与陈某构成共同侵权，因陈某未成年，其监护人陈某帅、赵某淼应与尹某承担连带赔偿责任。尹某1作为车辆的登记所有人，在本次交通事故中没有过错，无须承担责任。顺风车服务未改变车辆使用性质，保险标的危险程度未显著增加，故保险公司需在商业三者险限额内承担赔偿责任。

一审法院作出如下判决：

一、人保北京公司在交强险限额内赔偿李某香、王某炎、黄某姐、王某聪、王某琪医疗费10000元、死亡赔偿金10000元、精神损害抚慰金100000元、拖车费300元，共计120300元，于本判决生效之日起7日内执行清；

二、平安北京公司在商业三者险内赔偿李某香、王某炎、黄某姐、王某聪、王某琪死亡赔偿金200000元，于本判决生效之日起7日内执行清；

三、尹某赔偿李某香、王某炎、黄某姐、王某聪、王某琪死亡赔偿金（包括被扶养人生活费）、丧葬费、办理丧葬事宜支出的交通费、办理丧葬事宜的误工损失、护理费、住院伙食补助费、医疗费，共计727782.24元，于本判决生效之日起7日内执行清，陈某帅与赵某淼对于此项赔偿承担连带责任；

四、运达公司赔偿李某香、王某炎、黄某姐、王某聪、王某琪死亡赔偿金（包括被扶养人生活费）、丧葬费、办理丧葬事宜支出的交通费、办理丧葬事宜的误工损失、护理费、住院伙食补助费、医疗费，共计556669.34元，于本判决生效之日起7日内执行清；

五、驳回李某香、王某炎、黄某姐、王某聪、王某琪的其他诉讼请求。

运达公司不服，提起上诉。北京市第三中级人民法院经审理，确认一审法院认定的事实和证据，判决：

驳回上诉，维持原判。

【法官后语】

作为现代共享经济的产物，顺风车在倡导绿色出行、缓解交通拥堵、引领共享经济理念等方面具有不可或缺的作用，但屡见报端荧屏的负面报道使得这一共享出行模式饱受争议。2016年颁布的《国务院办公厅关于深化改革推进出租汽车行业健康发展的指导意见》（以下简称《指导意见》）对顺风车进行定义："私人小客车合乘，也称为拼车、顺风车，是由合乘服务提供者事先发布出行信息，出行线路相同的人选择乘坐合乘服务提供者的小客车、分摊部分出行成本或免费互助的共享出行方式。"同年颁布的《网络预约出租汽车经营服务管理暂行办法》（以下简称《暂行办法》）在附则中规定顺风车按城市人民政府有关规定执行，故北京、上海、深圳、洛阳等多地相继出台指导意见对顺风车行为予以规范。但无论《指导意见》《暂行办法》，还是各城市的规定，均未明确各方的法律地位及责任承担问题，导致司法实践中责任承担的裁判尺度不一。

一、顺风车网络服务平台的法律地位与责任承担

顺风车网络平台承担责任的裁判思路包括三类：一是顺风车平台负有审核、告知、监管等义务，属于有偿服务，合乘者因对平台的信赖而参与合乘，故其应在驾驶人不能赔偿范围内承担补充责任；二是顺风车平台、驾驶人、合乘者三者成立客运合同关系，故平台应承担连带赔偿责任；三是根据"风险开启理论"与"报偿理论"，平台应在过错范围内承担按份责任。

顺风车网络平台不承担责任的裁判思路包括两类：一是顺风车平台仅提供居间信息服务，不承担法律责任；二是私人小客车合乘是由合承服务提供者事先发布出行信息，出行线路相同的人选择乘坐驾驶员的小客车，分摊合乘部分的出行成本的

共享出行方式，私人小客车合乘中相关责任义务由合乘方自行承担，顺风车平台不承担法律责任。

笔者认为，顺风车平台负有安全保障义务，应在过错范围内承担按份责任。第一，顺风车平台负有安全保障义务。一则《暂行办法》将网约车平台定位为普通承运人，区别于顺风车，故顺风车平台不属于承运人，不应与驾驶人承担连带责任。二则顺风车模式下平台需对驾驶人的资质身份等信息进行审查并对合乘行为进行监管，多数乘客基于对平台的信赖完成合乘，故顺风车平台不属于居间人。三则顺风车平台负有安全保障义务，其通过组织运营行为获取了利益，促成了合乘这一群众性活动的广泛开展，作为危险源的开启者，应承担控制危险的义务。

第二，顺风车网络平台应在过错范围内承担按份责任。一则从体系解释角度看，在法律未予以特别规定的情况下，应适用过错责任原则。二则原《中华人民共和国侵权责任法》第三十七条规定，组织者安全保障义务适用的是过错责任原则，该过错应为一般过错。三则连带责任需由法律规定或者当事人约定，现行法律并未明确要求平台承担连带责任，且各当事人之间并未对承担连带责任作出约定，故顺风车平台应承担按份责任。四则若对平台苛以连带责任，势必对顺风车业态的发生产生不良影响，不利于鼓励互联网企业的创新。

二、保险公司的的法律地位与责任承担

保险公司通常援引《中华人民共和国保险法》第五十二条作为免除赔偿责任的辩解理由。判决保险公司承担赔偿责任的裁判理由为：顺风车不属于经营行为，车辆使用性质并未发生改变，危险程度亦未显著增加，保险公司不能免除赔偿责任；判决保险公司免除赔偿责任的裁判理由为：顺风车收取费用，所载搭乘人与车辆驾驶人无特定关系，增加了危险程度，具有营运特征，车辆使用性质已发生改变，保险公司免除赔偿责任。可见，顺风车是否改变车辆使用性质是认定保险公司是否承担赔偿责任的关键。

第一，从车辆出行性质来看，顺风车主要是由驾驶人事先在顺风车平台发布出行信息，出行线路相同的人选择乘坐驾驶人的小客车、分摊合乘部分的出行成本或免费互助的共享出行方式，是驾驶人、合乘者及顺风车平台各方自愿的、非以营利为目的的民事行为。《指导意见》亦通过“分摊部分出行成本或免费互助”对非营利性进行阐释。第二，危险程度显著增加需同时具备显著性、持续性及未曾估计性。根据《指导意见》第十条明确的顺风车三个要素，即“由合乘服务提供者事先发布出行信息”“出行路线相同”“分摊部分出行成本或免费互助”以及各城市文件规定的合乘区域、合乘次数等识别要素来看，顺风车行为并未使保险标的危险程度显著增加。需要注意的是，对于以顺风车之名行网约车之实的情况，保险公司则可免除赔偿责任。

编写人：北京市通州区人民法院　曹越

35

交强险不赔偿因交通事故中的伤者自身过失导致的扩大损失

——左某军等诉卢某刚、中国人保宜兴支公司机动车交通事故责任案

【案件基本信息】

1. 裁判书字号

江苏省无锡市中级人民法院（2019）苏02民终4039号民事判决书

2. 案由：机动车交通事故责任纠纷

3. 当事人

原告（被上诉人）：左某军、左某仙、左某红、左某芬

被告（被上诉人）：卢某刚

被告（上诉人）：中国人保宜兴支公司

【基本案情】

2017年5月22日，卢某刚驾驶的苏B×××××小型普通客车撞到走在人行横道的行人吴某芳，造成吴某芳受伤的交通事故。该车由中国人保宜兴支公司承保了交强险和商业三者险。该事故经宜兴市公安局交通警察大队认定，卢某刚承担事故的全部责任，吴某芳无责任。事故发生当日，吴某芳即被送往宜兴市张渚人民医院治疗至2017年6月19日，经医院建议转院至无锡市人民院治疗至2017年6月21日，经治疗好转后经医院建议又转回至宜兴市张渚人民医院治疗。其间，吴某芳于2017

年7月6日下床时不慎摔倒致骨折，于2017年8月25日再次不慎摔倒伤及头部及左肩部。2018年3月16日，吴某芳家属放弃治疗，经劝说无效后，自动出院。次日，吴某芳因下腔静脉滤网植入术后十月，入院宜兴市张渚人民医院治疗，2018年4月18日，吴某芳家属要求出院，因随时有生命危险，经劝说无效，放弃治疗。出院后，吴某芳于当日死亡。2018年4月18日，宜兴市公安局物证鉴定室出具鉴定书一份，载明："吴某芳符合交通事故所致损伤以及摔跌所致损伤后长期卧床，终因感染、多器官功能衰竭死亡。"2019年3月26日，经卢某刚申请，本院依法委托南京医科大学司法鉴定所出具司法鉴定意见书一份，载明："吴某芳死亡与交通事故死亡存在主要因果关系。"后吴某芳法定继承人左某军、左某仙、左某红、左某芬申请参加诉讼并请求法院判决中国人保宜兴支公司、卢某刚赔偿564481元。

【案件焦点】

发生交通事故后，伤者在治疗期间因自身过失导致损失扩大，扩大部分的损失能否与其他损失一并在交强险限额内先行赔偿。

【法院裁判要旨】

江苏省宜兴市人民法院经审理认为：行为人因过错侵害他人民事权益，应当承担侵权责任。同时，受害人对同一损害的扩大有过失的，可以减轻义务人的赔偿责任。吴某芳住院期间因疏忽大意，不慎两次摔跌，根据鉴定意见，摔跌导致的损伤使得吴某芳卧床时限进一步延长，长期卧床使患者身体各项机能下降以及形成压疮并感染，足以认定吴某芳因摔跌扩大了损失，应当承担与其过错相应的责任。综上，依据原告提供的医药费发票、病程记录，明确吴某芳住院期间与其摔跌无关的损失应全部由被告承担。其他损失与吴某芳摔跌导致的损失有关联性，再根据鉴定意见，本院酌定，由原告自负20%的责任，被告负担80%的责任，在交强险及商业三者险限额内，均应按照前述比例区分赔偿责任。

江苏省宜兴市人民法院依照《中华人民共和国侵权责任法》第六条、第十六条、第二十二条、第二十六条、第四十八条，《中华人民共和国道路交通安全法》第七十六条，《中华人民共和国保险法》第六十五条，《最高人民法院关于审理人身损害赔偿案件适用法律若干问题的解释》第二条、第十七条、第十八条、第十九条、第二十一条、第二十二条、第二十三条、第二十四条、第二十七条、第二十九条、第三十五条，《最高人民法院关于确定民事侵权精神损害赔偿责任若干问题的解释》第八条第二款、第十条，《最高人民法院关于审理道路交通事故损害赔偿案件适用法律若干问题的解释》第十六条，《中华人民共和国道路交通安全法实施条例》第五十六条规定，判决如下：

一、中国人保宜兴支公司应于本判决发生法律效力之日起 10 日内支付交通事故理赔款 498042 元，其中支付左某军、左某仙、左某红、左某芬 418042 元，返还卢某刚 80000 元；

二、驳回左某军、左某仙、左某红、左某芬的其他诉讼请求。

中国人保宜兴支公司不服一审判决，提出上诉。二审法院同意一审法院裁判意见。认为原审判决认定事实清楚，适用法律正确，予以维持。

江苏省无锡市中级人民法院依照《中华人民共和国民事诉讼法》第一百七十条第一款第（一）项规定，作出如下判决：

驳回上诉，维持原判。

【法官后语】

《中华人民共和国道路交通安全法》第七十六条第一款是关于机动车发生交通事故造成人身伤亡、财产损失的，如何进行赔偿和如何确定民事责任的规定。根据本款的规定，机动车发生交通事故造成人身伤亡、财产损失的，首先由中国人保宜兴支公司在机动车第三者责任强制保险责任限额的范围内予以赔偿。这里的“人身伤亡”，是指机动车发生交通事故所造成的事故现场他人的身体受到伤害或人的生命终止。“财产损失”，是指由于交通事故所造成的第三人的物质损失，包括车辆修理费用、抢救费用、人身伤亡善后处理费用等。“责任限额”，又称保险合同的保险金额，是指保险合同当事人确定并在保险单上载明的保险人于保险事故发生时应当赔偿或者给付保险金的最高限额。根据本条的规定，对于机动车发生交通事故，造成人员伤亡、财产损失的，首先由中国人保宜兴支公司在肇事机动车投保的第三者责任强制保险的责任限额范围内进行理赔。这样理赔有利于交通事故的赔偿工作迅捷、明确；有利于保证交通事故受害人及时得到救助；有利于保护机动车驾驶人的合法权益。同时，这也符合国际通用的理赔原则。《机动车交通事故责任强制保险条例》第三条规定，本条例所称机动车交通事故责任强制保险，是指由中国人保宜兴支公司对被保险机动车发生道路交通事故造成本车人员、被保险人以外的受害人的人身伤亡、财产损失，在责任限额内予以赔偿的强制性责任保险。

一般而言，交通事故发生后的理赔，在交强险限额内不区分责任比例，先在交强险限额内赔偿，但根据前述法律、法规的规定，交强险赔偿的范围应该是因被保险机动车发生道路交通事故所造成的人身伤亡、财产损失。虽然《中华人民共和国道路交通安全法》第七十六条中没有规定过失相抵规则，但该法为侵权法的特别法，特别法没有规定的事项，应当使用侵权普通法的规定，本案中，吴某芳在医院治疗期间，疏忽大意，不慎摔跌两次，存在重大过失，再根据两份鉴定意见书，造成吴某芳死亡的原因包括交通事故及摔跌，交通事故为主要原因，摔跌为致其死亡的次要原因，因摔跌扩大的损失部分应由受害人自己承担，同时，减轻赔偿主体的赔偿责任，再根据前述法律、法规的规定，吴某芳因摔跌造成的损失部分，不是因为交通事故所产生，不应在交强险及商业三者险限额中赔偿。

编写人：江苏省宜兴市人民法院　杜鹏伟

36

赔偿义务人应据实赔付交通事故受害人的合理支出

——孔某君诉丁某华、中国人保苏州市分公司机动车交通事故责任案

【案件基本信息】

1. 裁判书字号

江苏省无锡市中级人民法院（2019）苏02民终1025号民事判决书

2. 案由：机动车交通事故责任纠纷

3. 当事人

原告（上诉人）：孔某君

被告（被上诉人）：丁某华、中国人保苏州市分公司

【基本案情】

2018年6月2日12时25分许，丁某华驾驶苏E×××××小型客车在上马墩菜场门口停车后开车门未注意观察，与正常行驶的孔某君的电动车发生事故，致两车损坏，孔某君、秦某豪（11岁）受伤的交通事故。崇安交警队认定丁某华负事故全部责任。

事发时，苏E×××××小型客车由丁某华驾驶，该车登记在丁某华名下，其在保险公司投保了交强险、商业三者险（限额100万元，含不计免赔），事发时在保险期限内。

孔某君因交通事故遭受的损失认定表

具体项目	当事人主张（单位：元）	相应证据或计算方法	法院认定（单位：元）
医疗费	18650.88（其中丁某华垫付1148.1）	医疗费票据	安装种植牙费用过高，认定按照1000元/颗的烤瓷牙计算3颗，合计6316.37
营养费	210		一致认可210
误工费	1000		一致认可1000
交通费	300		一致认可300
修理费	500		一致认可500
合计	20660.88（其中丁某华垫付1148.1）		8326.37（其中丁某华垫付1148.1）

上述事实有交通事故责任认定书、保险合同、病历卡、医疗费票据及当事人陈述等予以佐证。

【案件焦点】

孔某君因交通事故造成牙齿缺失而产生的种植牙费用是否应据实赔付。

【法院裁判要旨】

江苏省无锡市梁溪区人民法院经审理认为：因交通事故造成他人人身遭受损失的，应予以相应的赔偿。双方对事故经过、责任认定、保险情况均无异议，一审法院予以确认。孔某君安装种植牙非必需且费用过高，应按照1000元/颗的烤瓷牙金额计算。苏E×××××小型客车已经购买保险，丁某华的赔偿责任由保险公司承担。保险公司要求扣除10%的非医保，无相关证据提供，一审法院不予支持。

江苏省无锡市梁溪区人民法院依照《中华人民共和国侵权责任法》《中华人民共和国道路交通安全法》及相关行政法规和司法解释的规定，作出如下判决：

一、中国人保苏州市分公司应于判决发生法律效力后10日内赔偿孔某君7128.27元；

二、中国人保苏州市分公司应于判决发生法律效力后10日内支付丁某华1148.1元；

三、驳回孔某君的其他诉讼请求。

孔某君不服一审判决，提出上诉。江苏省无锡市中级人民法院经审理认为：侵害他人造成人身损害的，应当赔偿医疗费、护理费、交通费等为治疗和康复支出的合理费用，以及因误工减少的收入。其中，医疗费根据医疗机构出具的医药费、住院费等收款凭证，结合病历和诊断证明等相关者证据确定。赔偿义务人对治疗的必要性和合理性有异议的，应当承担相应的举证责任。医疗费的赔偿数额，按照一审法庭辩论终结前实际发生的数额确定。本案中，孔某君因遭遇车祸进行补牙，产生的补牙费用为治疗和康复支出的合理费用。其选择专业的口腔医院进行治疗并无不当，所发生的种植牙费用15334.51元有医疗机构出具的医药费凭据为证明，且属于一审法庭辩论终结前实际发生的医疗费数额，丁某华、保险公司理应予以实际赔付。一审法院以烤瓷牙标准计算孔某君此项医疗费属判决不当，应予纠正。

江苏省无锡市中级人民法院根据依照《中华人民共和国民事诉讼法》第一百七十条第一款第（二）项之规定，作出如下判决：

一、维持江苏省无锡市梁溪区人民法院（2018）苏0213民初11350号民事判决第二项；

二、撤销江苏省无锡市梁溪区人民法院（2018）苏0213民初11350号民事判决第一项、第三项；

三、中国人保苏州市分公司应于本判决发生法律效力后10日内赔偿孔某君19512.78元；

四、驳回孔某君的其他诉讼请求。

【法官后语】

原《中华人民共和国侵权责任法》第十六条规定：侵害他人造成人身损害的，应当赔偿医疗费、护理费、交通费等为治疗和康复支出的合理费用，以及因误工减少的收入。根据该法条，应当赔偿的条件必须同时具备以下几个方面，(1) 因侵权造成的人身损害；(2) 以治疗和康复为目的而支出的费用；(3) 该费用必须为合理支出。

在以往的司法实务中，因侵权造成的人身损害以及为治疗和康复而支出的费用两类事实易于查明和确认，但费用是否为合理支出，往往争议较多。侵权法意义上的损害赔偿，为典型的民事损害赔偿，而民事损害赔偿是以弥补权利人的损害为目的的，其适用的赔偿即全部赔偿原则，即填平原则，该原则是我国民事损害赔偿的基本原则之一。

受害人为治疗和康复而支出的费用，是否为合理费用，可通过是否符合填平原则来判断。填平原则的基本理念是，权利人损失多少，侵权人就赔偿多少。适用该原则必须具备两个条件：1. 损失的数额在填平之前是确定的；2. 通过填补至填平，使权利人在经济上的损失消失。只要当事人举证到位，就能准确作出是否“合理”的判断。

本案为道路交通事故引发的人身损害，属于侵权赔偿责任范畴。交通事故造成当事人的损害之一为牙齿缺失。受害人选择专业医疗机构进行补牙的行为系治疗和康复行为，相应产生的费用即为为治疗和康复支出的费用。成年人的牙齿具有不可再生性，一旦缺失，补牙是唯一的治疗和康复途径，而尽可能恢复原状则是救济的最佳方式。相较于人类的原生牙齿，后期的补牙是不可能完全恢复到原生牙的功效状态的，但即便如此，选择更有保障的补牙类型是尽可能接近恢复原状的有效方式，这也是当事人的一项正当权利。烤瓷牙和种植牙不仅在外观上有较大区别，在牙齿的使用功效上也是种植牙更优。合理治疗并非意味着就是“最低标准治疗”。受害人选择正规医疗机构进行补牙，在医生的合理建议下选择有效的治疗康复方案，并不存在过度医疗的问题，由此支出的医疗费用必要且在合理范畴之内，符合填平原则的基本原理。本案权利人起诉时即已完成补牙治疗，具体金额亦由医疗机构出具的收款凭证予以确定，赔偿义务人保险公司只有据实赔付，才能做到权利人损失多少，侵权人就赔偿多少，才能通过填补至填平权利人在经济带上的损失，真正实现弥补权利人损害的立法目的。

综上，本案案情符合原《中华人民共和国侵权责任法》第十六条规定的“合理费用”，具备适用填平原则的两个条件，应当对受害人的补牙损失予以据实赔付。

《最高人民法院关于审理人身损害赔偿案件适用法律若干问题的解释》（2003年）第十九条规定：赔偿义务人对治疗的必要性和合理性有异议的，应当承担相应的举证责任。本案赔偿义务人保险公司虽对该治疗的必要性和合理性有异议的，但对此抗辩内容并未进行举证。故本案依法予以改判。

编写人：江苏省无锡市中级人民法院　张朴田　诸佳英

37

交通事故造成农民身份的公民人身损害的误工费应如何认定

——沈某森诉任某成、阳光财险淄博中心支公司机动车交通事故责任案

【案件基本信息】

1. 裁判书字号

山东省淄博市中级人民法院（2019）鲁03民终2430号民事判决书

2. 案由：机动车交通事故责任纠纷

3. 当事人

原告（上诉人）：沈某森

被告（被上诉人）：任某成、阳光财险淄博中心支公司

【基本案情】

2018年11月27日，原告沈某森乘坐孟某涛驾驶的鲁C×××××号小型汽车顺人民路由西向东行驶至宝山路路口时，与顺宝山路由南向北行驶的被告任某成驾驶的鲁C×××××号小型普通客车相撞，导致车辆受损、沈某森受伤的道路交通事故。后沈某森入淄博世博高新医院住院治疗，经诊断其伤为肺挫伤、软组织挫伤、肋骨

多处骨折。经交警部门认定，任某成对该事故承担次要责任，沈某森无责任。任某成驾驶的事故车辆在阳光财险淄博中心支公司投保。沈某森起诉要求判令阳光财险淄博中心支公司在交强险、商业险范围内向其支付医药费5779.14元、误工费22087.2元、护理费6501元、住院伙食补助费90元、营养费1800元、交通费90元，共计36347.34元，不足部分由任某成赔偿。任某成辩称事故属实，其驾驶的车辆在阳光财险淄博中心支公司投保了交强险、商业三者险（责任限额30万元）、不计免赔险，同意依法赔偿。被告保险公司辩称事故属实，任某成所述投保情况属实，同意在保险范围内依法承担合理的赔偿责任，诉讼费等间接费用不承担。

关于沈某森主张的误工费，二被告辩称事故发生时沈某森年龄已超法定退休年龄，沈某森也没有提供收入减少的相关证据，不同意赔偿误工费。

【案件焦点】

具有农民身份的公民因交通事故造成人身损害的，其主张误工费应如何认定。

【法院裁判要旨】

山东省淄博市张店区人民法院经审理认为：本案系机动车交通事故责任纠纷，沈某森乘坐孟某涛驾驶的汽车发生交通事故，孟某涛负事故的主要责任，任某成负事故的次要责任，任某成驾驶的鲁C×××××号小型普通客车在阳光财险淄博中心支公司投保了交强险、商业三者险（责任限额30万元）、不计免赔险，且事故发生在保险期内，故本次事故给沈某森造成的经济损失，应先由阳光财险淄博中心支公司在交强险责任限额范围内赔偿，不足部分，由阳光财险淄博中心支公司根据商业三者险的保险合同予以赔偿，仍有不足的，由任某成赔偿。沈某森提交村委证明、苹果入库证明及证明人身份证复印件、苹果买卖证明及证明人身份证复印件、果园地块分布及所在位置卫星地图、果园照片等证据，欲证明其果农身份和收入情况。任某成和阳光财险淄博中心支公司辩称，事故发生时沈某森年龄已超法定退休年龄，不同意赔偿误工费；沈某森提供的村委证明真实性不认可，其没提供土地承包产权证书，无法证明其从事果园种植；另外提供的收入和买卖证明，系沈某森单方提供，不予认可；任某成也没有提供收入减少的相关证据。故误工费不应承担。因此，沈某森主张误工费，证据不足，任某成和阳光财险淄博中心支公司相关辩论观点成立，故对误工费不予支持。据此，一审判决：

一、阳光财险淄博中心支公司在交强险范围内赔偿沈某森医疗费、住院伙食补助费、护理费、交通费共计6169.14元；

二、驳回沈某森的其他诉讼请求。

沈某森不服一审判决，持原审起诉意见提起上诉，请求撤销原判，依法改判增加误工费22087.2元，并在二审中提交沈某森苹果买卖收据复印件一份，以及其代理人张某丽的近三年微信朋友圈及QQ发布的相关内容，拟证明沈某森的果农身份。山东省淄博市中级人民法院二审经审理查明：根据沈某森一、二审提交的证据可以证实其从事农业生产，以种植果木为业。二审查明的其他事实与一审查明事实一致，予以确认。

山东省淄博市中级人民法院经审理认为：本案双方当事人争议的焦点问题是阳光财险淄博中心支公司应否支付沈某森误工费。误工费是具有补偿性质的拟制赔偿项目，结合我国特色的农业生产方式，部分家庭成员受伤必然会导致其他家庭成员对家庭农业生产增加劳动付出，以确保家庭生产的整体收益，故具有农民身份的公民受到损害时也应当获得相应的误工费。阳光财险淄博中心支公司应当赔付沈某森误工费。根据沈某森提交的证据可以证实沈某森系从事果木种植。沈某森住院三天，出院后世博高新医院出具的诊断证明证实沈某森需要休息7周即49天，故阳光财险淄博中心支公司应当赔付沈某森误工费9571.12元［184.06元（2017年山东省农林牧渔业年平均工资67182元÷365天）×（49天+3天）］。据此，二审判决：

一、撤销山东省淄博市张店区人民法院（2019）鲁0303民初2646号民事判决；

二、阳光财险淄博中心支公司在交强险范围内赔偿沈某森医疗费、住院伙食补助费、护理费、交通费、误工费共计15740.26元；

三、驳回沈某森的其他诉讼请求。

【法官后语】

本案主要涉及的问题在于，具有农民身份的公民因交通事故造成人身损害的，其主张误工费应如何认定。

误工费系法定的人身损害赔偿项目之一。不过与医疗费等因伤害而直接支出的赔偿费用项目相比，误工费系具有补偿性质的拟制赔偿项目，属于受害人如未遭受人身侵害而本应获得却因侵权人的侵害行为无法得到或者无法完全得到的利益，在学理上可以归为消极损失或者逸失利益。不过从另一个角度讲，误工费也是可以根据受害人的客观情况和特点等予以具体量化计算的损失，因此它亦属于具体损失。在具体计算上，根据《最高人民法院关于审理道路交通事故损害赔偿案件适用法律若干问题的解释》（2003年）（以下简称《人身损害赔偿解释》）第二十条的相关规定，误工费依据受害人是否具有固定收入的不同而采取了区分式的赔偿标准和计算方法。首先，对于受害人有固定收入的，应当以受害人发生损害后财产减少的差额作为赔偿标准，这就是差额赔偿原则。具体就是《人身损害赔偿解释》第二十条第三款中的“受害人有固定收入的，误工费按照实际减少的收入计算”。此时在具体的认定上应当把握两点：一是该固定收入须有合法证明，二是该固定收入必须是受害人实际减少的收入，如若有的受害人受到损害后其供职单位并不会扣发或者全部扣发其（工资）收入，对这类受害人而言就不存在或者不存在全部的误工损失。其次，受害人无固定收入的，则无法确切计算其误工损失的算术差额，只能从损害赔偿的社会妥当性和社会公正性出发，为受害人的损害确定一个相对固定的标准。具体则就是《人身损害赔偿解释》第二十条第三款中的“受害人无固定收入的，按照其最近三年的平均收入计算；受害人不能举证证明其最近三年的平均收入状况的，可以参照受诉法院所在地相同或者相近行业上一年度职工的平均工资计算”。2020年新修正的《人身损害赔偿解释》也是如此规定的。

当然无论是受害人有固定收入还是无固定收入，就误工费的认定而言，人民法院首先应当确定的就是受害人是否存在误工损失的问题，然后才是如何计算的问题。从审判实务来看，实践中受害人有固定收入的情形常多见于城镇中有固定工作单位的职工等情形，此类情形中受害人一旦受到如本案交通事故一样的人身损害，其因伤住院和休息期间不能向所在单位提供劳动，单位对此期间的工资等收入予以扣发，则形成明显的误工损失。而实践中受害人无固定收入的情形则正好与之相反，通常都是那种城镇中无固定工作单位的个体经营人员，其收入都是由自我经营而获得，这类人员因为没有固定工作单位发放工资，故而也就不像有固定工作单位的职工那样具有收入固定化的特点，故对其误工费可以认定但一般都需要按《人身损害赔偿解释》第二十条第三款中的受害人无固定收入的情形加以计算。不过在审判实践中，对具有农民身份的公民的受害人的误工费的认定则需要予以特别注意。

如果具有农民身份的公民进城务工或进城从事某类个体经营的，对其误工费可以按照上述有固定工作单位的职工的个体经营人员误工费的认定思路加以认定；但若不存在这两类情形的，其如果从事农业生产而有一定收入的，在有相关有效证据证实的基础上也是可以对误工费加以认定的，而不能简单地认为农民没有固定工作而在家种地自给自足就不存在误工费的问题。毕竟从误工费的立法本意来看，误工费赔偿是为了保证受害者在因伤治疗和休息期间不会造成原本收入的减少，其立法初衷在于填补损害，在当事人提供了充分证据证明其因误工存在减少相应收入的情况下，人民法院对其主张的误工费应当予以支持，而不论其身份与否。对于农民而言，其只要从事一定的农业生产还是会产生一定的收入的，只要其在受伤害前确实存在劳动收入，其在受到伤害后也显然会使其劳动收入减少，其应当是存在误工费这一消极损失或者逸失利益的。而结合我国特色的农业生产方式，部分家庭成员受伤必然会导致其他家庭成员对家庭农业生产增加劳动付出，以确保家庭生产的整体收益。故具有农民身份的公民在受到人身损害后，其依法是应当可以获得相应的误工费赔偿的。本案即如此。本案中沈某森在本案中提交的证据足以证实其从事农业生产且以种植果木为业，其显然依法应当获得误工费赔偿，一审法院对此未予认定不当。二审法院对误工费依法予以认定无疑是正确的。

编写人：山东省淄博市中级人民法院　荣明潇

山东省淄博市张店区人民法院　刘晓辉

38

连续碰撞的交通事故中同一车辆的交强险可以多次使用

——曹某梅诉陈某等机动车交通事故责任案

【案件基本信息】

1. 裁判书字号

江苏省无锡市中级人民法院（2019）苏02民终3515号民事判决书

2. 案由：机动车交通事故责任纠纷

3. 当事人

原告（被上诉人）：曹某梅

被告（被上诉人）：陈某、毛某、平安保险公司

被告（上诉人）：天安保险公司

第三人：仁德医院

【基本案情】

2016年11月16日18时05分许，曹某梅驾驶无锡L×××××号电动自行车沿无锡市新吴区华友中路东侧机动车道内由北向南逆向行驶至LD×××路灯杆处左侧掉头，遇陈某驾驶苏B×××××号小型轿车沿华友中路由南向北行驶，结果电动车尾与小型轿车右前侧发生碰撞，致电动车倒地，曹某梅跌倒在地受伤。事发后，陈某未在车后设置警告标志。

2016年11月16日18时18分许，毛某驾驶苏B×××××号小型轿车由南向北行驶至该路段时，小轿车车头右前侧碰撞倒地的无锡L×××××号电动自行车后，再次碰撞跌地的曹某梅人体，造成车辆损坏，曹某梅受伤的交通事故。

经交警部门分析事故成因，第一起事故中，曹某梅驾驶非机动车在划分机动车道、非机动车道和人行道的道路上驶入机动车道内逆向行驶，掉头时未确保行车安全，其违法行为是造成事故的直接原因；陈某夜间驾驶机动车上道路行驶，行驶过程中对路面情况疏于观察，未确保行车安全，其违法行为也是造成事故的一定原因，故认定曹某梅负该事故主要责任，陈某负次要责任。第二起事故中，毛某夜间驾驶机动车上道路行驶中对路面情况疏于观察，遇情未采取有效措施，其违法行为是造成事故的直接原因；陈某驾驶机动车发生交通事故后未在车后设置警告标志，未确保安全，其违法行为也是造成事故的一定原因，故认定毛某负该事故的主要责任，陈某负次要责任，曹某梅无责任。

曹某梅向法院起诉，主张其因本次交通事故造成各项损失共计400394.79元，要求各被告在各自责任范围内承担赔偿责任。

各被告对本次事故发生经过及责任认定均无异议，平安保险公司认为本案系由两起事故造成，第一次事故中，天安保险公司应当在交强险和商业三者险范围内按

责承担赔偿责任，第二次事故中应由平安保险公司与天安保险公司在交强险和商业三者险范围内按责承担赔偿责任，即天安保险公司在本案中应当承担两次交强险的赔偿责任。天安保险公司认为两次碰撞应当视为一起事故，其仅需承担一次交强险的赔偿责任。

【案件焦点】

1. 本案应视为一起事故还是两起事故，天安保险公司据此是否应当在两个交强险范围内承担赔偿责任；2. 两次车辆碰撞对曹某梅的受伤的原因力如何确定。

【法院裁判要旨】

江苏省无锡市新吴区人民法院经审理认为：关于第一项争议焦点，本案中的两次碰撞应作为两起事故处理。理由如下：一、本案中的两次碰撞虽然共同造成了曹某梅受伤这一损害结果，但两次碰撞直接间隔时间较长，陈某有充足的时间设置警告标志，保护伤者免受二次伤害，其未采取上述措施是导致第二次碰撞发生的原因之一，该原因与其第一次与曹某梅发生碰撞的原因应当分别独立评价；二、交警部门虽仅出具了一张事故认定书，但其对两次碰撞亦作为两起事故分别进行了成因分析及责任认定。综上，本案中的两次碰撞应当作为两起事故进行处理，天安保险公司据此应当分别在两个交强险范围内承担赔偿责任。

关于第二项争议焦点，二人以上分别实施侵权行为造成同一损害，能够确定责任大小的，各自承担相应的责任；难以确定责任大小的，平均承担赔偿责任。经天安保险公司申请，本院委托中西医鉴定所对两次碰撞对曹某梅伤情的参与度进行鉴定，该鉴定所于2019年5月28日向本院出具终止鉴定告知书，称该委托项目超出其鉴定范围，故终止此次鉴定工作。根据本案事故认定书所载，两次碰撞均导致了曹某梅受伤。诉讼中，双方当事人均未举证证明曹某梅在两次碰撞中所受伤害的具体情况，故本院酌定曹某梅因交通事故所受的损失由两次事故平均分担，即两次事故各造成50%的损失。

经法院认定，曹某梅因本次事故造成的各项损失合计390832.29元。根据两次事故的事故责任认定，酌定在第一起事故中，曹某梅的损失应当由天安保险公司在交强险范围内赔偿，超出交强险部分由陈某赔偿40%，由天安保险公司在其承保的商业三者险范围内替代赔偿；在第二起事故中，曹某梅的损失应当由天安保险公司及平安保险公司在交强险范围内平均赔偿，超出交强险的部分由陈某赔偿30%，由毛某赔偿70%，天安保险公司及平安保险公司在各自承保的商业三者险范围内替代赔偿。

江苏省无锡市新吴区人民法院判决：

一、天安保险公司赔偿曹某梅各项损失231298.28元；

二、平安保险公司赔偿曹某梅各项损失94284.33元；

三、驳回曹某梅的其他诉讼请求。

天安保险持原审起诉意见提起上诉。江苏省无锡市中级人民法院经审理认为：刚肇事后没有依法保护现场、设置警示标志，导致毛某再次对曹某梅造成伤害，两次伤害行为前后间隔，对此交警部门在事故责任认定书中已经明确曹某梅遭受两次事故伤害，并分别对事故发生的原因力作出了认定，原审法院结合事故发生的事实和交警部门对于责任的认定，依法认定本案存在两次事故并无不当，天安保险公司应在两次事故中分别承担交强险责任。

江苏省无锡市中级人民法院依照《中华人民共和国民事诉讼法》第一百七十条第一款第（一）项的规定，作出如下判决：

驳回上诉，维持原判。

【法官后语】

交强险设立的目的是保障机动车道路交通事故受害人依法得到赔偿，促进道路交通安全，而交强险责任限额内不区分责任的赔偿特点也使得伤者的权益能够得到最大程度的保障，在伤者自身也存在一定责任的交通事故中更是如此，故在多车连续碰撞的事故中，同一车辆的交强险能否多次使用成为了受害方非常关心的问题。而这一问题的关键在于，多车连续碰撞的事故是作为一次整体性的事故来处理还是数个单独的事故而分别定责。

对于多车连续碰撞的交通事故应当作为一起事故还是多起事故来处理，主要有以下几个判断因素：1. 交警部门的事故认定。交警部门作为处理交通事故的一线部门，其对于事发的成因、过程及损害结果较司法部门而言均有更加直观的认知，其作出的事故认定书是认定事故经过的重要依据，交警部门可能会根据不同事故的情况，对于多车连续碰撞的事故作出多份事故认定书，也可能在同一事故认定书中分段认定事故责任，亦有可能仅认定一次事故责任，无论交警部门作出何种形式的认定，均是法官审理案件的重要参考；2. 碰撞发生的时间间隔。多车连续碰撞的事故中，可能数次碰撞仅发生在转瞬之间，也可能如本案中两次碰撞一样间隔十余分钟，而间隔时间短的多车碰撞事故显然更加难以区分各次碰撞之间各车辆的责任，也更适合作为一个整体事故来看待，而间隔时间长的碰撞，因为事故各方均有充分的反应时间，各次碰撞之间的可区分性也就更强；3. 侵权行为的次数及类型。在多车连续碰撞事故中，侵权人可能不只存在一个侵权行为，而多次不同形态的侵权行为也可以作为认定存在多次事故的重要因素，例如本案中，陈某在第一次碰撞中的过错为疏于观察路面动态，而在事故发生后，其又未及时在车后设置警告标志，保护事故现场及伤者的安全，这又是另一个侵权行为，两次不同的侵权行为分别是两次碰撞发生的成因之一，故本案最终认定为两次独立的事故。

除上述几个因素外，每个交通事故案件也都存在着各自不同的情况，这就需要裁判者根据事故发生的具体情形，厘清事故成因，从而对于事故责任的认定作出综合性的判断，在切实保障受害者合法权益的同时，也不可为了伤者多获赔偿而强行切割事故责任，加重保险责任，应当在查明事实的基础上，严格依照法律规定，作出合情合理合法的判决。

编写人：江苏省无锡市新吴区人民法院　陆凯

39

明知机动车未年检而承保保险公司仍应在商业三者险中理赔

——许某强诉粟某等机动车交通事故责任案

【案件基本信息】

1. 裁判书字号

四川省广安市中级人民法院（2019）川16民终1886号民事判决书

2. 案由：机动车交通事故责任纠纷

3. 当事人

原告（被上诉人）：许某强

被告（被上诉人）：粟某、丁某

被告（上诉人）：中国人保广安市分公司

【基本案情】

丁某于2018年9月11日为其所有的货车在中国人保广安市分公司投保了交强险和商业三者险，投保时车辆年检有效期至2018年8月。2018年11月15日，粟某借用丁某的车辆，与许某强驾驶的电动车相撞，发生交通事故并导致许某强受伤，该事故经交警部门认定由粟某承担全部责任。嗣后，事故车辆通过了年检。因未获赔偿，许某强便将粟某、丁某以及中国人保广安市分公司起诉至法院，要求三被告赔偿损失26万余元。中国人保广安市分公司提出，事故发生时该车辆未正常年审，属于商业三者险保险条款约定的免赔情形，保险公司履行了格式条款的说明义务，故在商业三者险内不予赔偿。

【案件焦点】

保险公司承保时，被保险机动车行驶证已过检验期，事故发生后保险公司能否在商业三者险中予以免赔。

【法院裁判要旨】

四川省华蓥市人民法院经审理认为：丁某为事故车辆在中国人保广安市分公司投保了机动车交强险和商业三者险，虽然事故车辆逾期年检，但不能证明事故的发生与未进行安全检验之间存在必然的因果关系，而事后该车又通过了年检。同时，中国人保广安市分公司接受投保时，明知事故车辆行驶证有效年审期限至2018年8月，仍然接受投保并收取了保费，对于事故车辆未及时年审的情形，中国人保广安市分公司是明知且持一种放任的态度，故即使在保险期限内因被保险车辆未及时年审导致保险公司的责任风险加大，保险公司自身亦有责任。因此，许某强因交通事故产生的损失仍应由中国人保广安市分公司在交强险和商业第三者责任险责任限额内承担赔偿责任，不足部分由粟某、丁某承担。

四川省华蓥市人民法院依照《中华人民共和国道路交通安全法》第七十六条

第一款第（一）项，《中华人民共和国侵权责任法》第六条、第十六条、第二十二条、第四十八条、第四十九条，《最高人民法院关于审理道路交通事故损害赔偿案件适用法律若干问题的解释》第十六条、第十七条，《最高人民法院关于审理人身损害赔偿案件适用法律若干问题的解释》第十七条、第十八条、第十九条、第二十条、第二十一条、第二十二条、第二十三条、第二十四条、第二十五条、第二十八条以及《中华人民共和国民事诉讼法》第六十四条第一款规定，作出如下判决：

一、被告中国人保广安市分公司于本判决生效后十日内向原告许某强支付205498.34元，向被告丁某支付14100.73元；

二、驳回原告许某强对被告粟某、丁某的诉讼请求；

三、驳回原告许某强的其他诉讼请求。

被告中国人保广安市分公司不服一审判决，提出上诉。四川省广安市中级人民法院经审理认为：确定保险公司能否免责应以保险免责条款的约定为基础，结合机动车未按规定年检是否明显增加了风险发生的概率为标准加以衡量。首先，保险公司未对事故车辆年检情况进行审核，甚至可能系明知事故车辆未进行年检的情形下，仍然接受承保，在保险事故发生后主张按照合同约定不承担保险责任显失公正。其次，在案证据不能证明事故车辆未年检与保险事故的发生存在必然的因果关系，故一审法院判定中国人保广安市分公司承担保险责任正确。

四川省广安市中级人民法院依照《中华人民共和国民事诉讼法》第一百七十条第一款第（一）项规定，作出如下判决：

驳回上诉，维持原判。

【法官后语】

交强险与商业三者险是我国机动车投保的两个主要险种。《机动车交通事故责任强制保险条例》第三条规定，交强险是指由保险公司对被保险机动车发生道路交通事故造成本车人员、被保险人以外的受害人的人身伤亡、财产损失，在责任限额内予以赔偿的强制性责任保险。商业三者险通常表述在保险合同条款中，即保险期间内，被保险人或其允许的合法驾驶人在使用被保险机动车过程中发生意外事故，致使第三者遭受人身伤亡或财产直接损失，依法应当由被保险人承担的损害赔偿责任，保险人依照合同约定，对于超过机动车交强险各分项赔偿限额以上的部分负责赔偿。从上可以看出，商业三者险是交强险的补充，二者在投保意愿、规责原则、赔偿范围、免赔率等方面存在显著的区别。

基于商业三者险的法律性质，围绕本案的争议焦点，产生了两种不同的观点：

第一种观点认为，根据《最高人民法院关于审理道路交通事故损害赔偿案件适用法律若干问题的解释》（2003年）第十六条的规定，商业三者险应当严格根据保险合同约定进行赔偿，商业三者险的性质不同于交强险，不具有强制性。因此，保险公司是否在商业三者险中赔偿，应当严格按照保险合同的约定，充分尊重保险合同自治的原则。商业保险合同中明确约定了机动车未按规定检验或检验不合格的，保险公司有权主张免赔，且保险公司对该免责条款履行了提示和明确说明义务，故本案保险公司不应在商业三者险中赔偿。

第二种观点认为，被保险车辆的年检事项，属于交管部门行政管理的范畴，未按期年审并不等于车辆必然存在安全技术隐患。而确定保险公司能否在商业三者险中免赔应以商业保险合同免责条款的约定为基础，同时结合未按规定年检是否明显增加了风险发生概率的标准进行判断。本案车辆虽逾期年检，但不能证明事故的发生与未进行安全检验之间存在必然的因果联系，而事后该车又通过了年检。因此，本案保险公司的抗辩理由不成立，其仍应在商业三者险中予以赔偿。

笔者赞同第二种观点，即保险公司在明知机动车未正常年检的情况下承保，事后又以未年审为由要求在商业三者险中不承担赔偿责任的，人民法院不予支持。理由如下：

首先，机动车是否年检与交通事故的发生不具有必然的因果关系。机动车年检属于行政管理措施，通常由环保部门、技术质量监督部门、公安机关交通管理部门分别对其主管的项目进行检测，并出具检测结果。2017年10月7日修订的《中华人民共和国道路交通安全法实施条例》第十六条规定："机动车应当从注册登记之日起，按照下列期限进行安全技术检验……（二）载货汽车和大型、中型非营运载客汽车10年以内每天检验1次；超过10年的，每6个月检验一次……"该规定属于行政管理规定范畴，不按规定年审的违法行为依法应由公安机关交通管理部门予以行政处罚。机动车年检的目的在于及时消除机动车的安全隐患，较少交通事故的发生，保障人民生命财产安全。但是机动车未及时年审并不能认定事故车辆必然存在安全技术隐患，而事后案涉机动车又通过了年审，因此说明本次交通事故的发生不是由于车辆的技术缺陷导致。

其次，商业三者险赔偿应以意思自治为基础，同时又不能违背公平之原则。如前所述，商业三者险具有自愿性，一般情况下，确定保险公司能否在商业三者险中免赔应遵循商业保险合同免责条款的约定。但对于个案的处理，仍需考虑两个因素，一是机动车未按规定检验或检验不合格是否明显增加了风险发生的概率，二是保险公司是否尽到合理审查的义务。按照保险行业规定，保险公司在办理保险业务时应对投保车辆行驶证件进行审查，本案事故车辆在投保时已经逾期年检，可以推定保险公司对此是明知的，其依然选择承保并收取保费，视为保险公司对责任风险加大持一种放任的态度。事故发生后，保险公司主张按照商业保险合同约定，且自身已经履行了格式条款的提示和说明义务为由主张免赔，显然不符合权利义务相对等的原则，有失公平。

最后，应综合考虑商业三者险独特的社会价值。车辆投保商业三者险的初衷是为了在发生交通事故后，由保险公司在保险合同范围内予以赔偿，减轻责任方的经济压力，使受害方得到更好的赔偿。若简单地认为肇事车辆未年检属于免赔情形，不符合投保以分散社会风险之缔约目的，同时有违保险立法尊重社会公德与诚实信用的原则，不能达到预期的社会效果和法律效果。

编写人：四川省华蓥市人民法院　罗丹

40

商业保险免责条款是否有效应根据订立合同时该条款是否合理判断，而非从免责事由在具体保险事故中的“参与度”判断

——黄某枝诉吴某记等机动车交通事故责任案

【案件基本信息】

1. 裁判书字号

福建省厦门市中级人民法院（2019）闽02民终97号民事判决书

2. 案由：机动车交通事故责任纠纷

3. 当事人

原告(被上诉人):黄某枝

被告(被上诉人):吴某记、中华联合保险厦门分公司

被告(上诉人):陈某山

被告:远行公司

【基本案情】

2017年3月31日,吴某记驾驶赣B×××××号重型自卸货车倒车时与黄某枝驾驶的闽E×××××的中型普通货车相碰撞,致黄某枝受伤,车辆不同程度受损,事故认定吴某记负全部责任,黄某枝无责任。经鉴定黄某枝的伤残等级为七级伤残附加一处九级伤残、一处十级伤残。黄某枝因伤造成的各项损失共计716645.10元。陈某山有垫付3万元。交强险部分的赔偿金额122000元已获理赔。

赣B×××××号重型自卸货车登记所有人为远行公司,使用性质为货运,该车辆实际所有人为陈某山,陈某山将车辆挂靠赣州圆形物流有限公司从事货运。吴某记事故发生时系陈某山雇用的司机,并系履行货物运输任务的职务行为。吴某记已取得准驾车型A2驾驶证,本案审理过程中吴某记、陈某山在本院指定的期限内未提交吴某记的道路货物运输资格的从业资格证。

赣B×××××号货车商业险投保于中华联合财产保险厦门分公司,由漳州市永信物流有限公司平和分公司代为投保,被保险人陈某山,商业第三者责任险保险金额为150万元,并投保有不计免赔,事故发生在保险期间。在商业险投保单尾部“投保人声明”处记载“本人已经仔细阅读保险条款和特别约定,尤其是字体加粗部分的条款内容,并对保险公司就保险条款内容的说明和提示完全理解,没有异议,申请投保”。漳州市永信物流有限公司平和分公司在投保人处盖章确认。《中国保险行业协会机动车辆综合商业保险示范条款》第二章机动车第三者责任保险“责任免除”部分的第二十四条中约定驾驶出租汽车或营运性机动车无交通运输管理部门核发的许可证书或者其他必备证书,保险人不负赔偿责任。

黄某枝起诉要求中华联合财产保险厦门分公司在保险范围内赔偿各项损失715453.91元(已扣除交强险部分),其他被告承担连带赔偿责任。中华联合财产保险厦门分公司以本案存在商业险免赔事由为由主张商业险免赔。

【案件焦点】

吴某记未取得道路货物运输资格的从业资格证驾驶货运车辆从事货物运输时发生交通事故能否成立商业第三者险免赔。

【法院裁判要旨】

福建省厦门市思明区人民法院经审理认为：

从事道路货物运输依法应先取得道路从业资格证是《中华人民共和国道路运输条例》第二十二条及《道路运输从业人员管理规定》第十条的要求。从业资格是对道路运输从业人员所从事的特定岗位职业素质的基本评价。经营性道路客货运输驾驶员和道路危险货物运输从业人员必须取得相应从业资格，方可从事相应的道路运输活动。根据上述行政法规、部门规章的规定，驾驶员从事货物运输，除持有符合规定的机动车驾驶证外，还必须经过考试合格取得道路运输从业资格证书，道路从业资格证书为从事货物运输的必备证件。本案保险公司明确在保险合同免责条款中约定"驾驶出租汽车或营运性机动车无交通运输管理部门核发的许可证书或者其他必备证书"，保险公司不负责赔偿，该条款将行政法规、部门规章的禁止性规定列入保险合同的免责范围，并未免除保险人依法应当承担的义务或者加重投保人、被保险的责任，也未排除投保人、被保险人或者受益人依法享有的权利的。根据保险法规定，保险公司对保险免责条款的明确说明和提示义务的对象限于投保人，中华联合财产保险公司厦门分公司就本案保险免责条款在投保单等保险凭证上对投保人进行了提示和说明，投保人亦在投保单上盖章确认，应认定为中华联合财产保险公司厦门分公司已履行了提示和明确说明义务，上述保险免责条款对保险合同当事人均具有法律效力。对于中华联合财产保险公司厦门分公司主张因肇事车辆赣B×××××号驾驶员未取得道路货物运输从业资格证违反保险合同约定，其因此不予承担保险责任的意见予以采纳。

吴某记系陈某山雇用的司机，其系在履行货物运输任务过程中致人损害，其雇主陈某山应当承担赔偿责任。根据交警事故认定书，吴某记在事故中承担事故全部责任，对事故的发生具有重大过错，应与雇主陈某山承担连带赔偿责任。陈某山将肇事的赣B×××××号车辆挂靠在远行公司名下经营，挂靠单位远行公司应与陈某山承担连带赔偿责任。

福建省厦门市思明区人民法院依照《中华人民共和国道路交通安全法》第七

十六条，《中华人民共和国侵权责任法》第六条、第十六条、第二十二条，《最高人民法院关于审理人身损害赔偿案件适用法律若干问题的解释》第九条、第十七条、第十九条、第二十条、第二十一条、第二十二条、第二十三条、第二十四条、第二十五条、第二十八条，《最高人民法院关于审理道路交通事故损害赔偿案件适用法律若干问题的解释》第三条、第十五条、第十六条，《最高人民法院关于适用〈中华人民共和国保险法〉若干问题的解释（二）》第十一条、第十三条，《中华人民共和国民事诉讼法》第六十四条、第一百四十四条的规定，作出如下判决：

一、陈某山、吴某记、远行公司应于本判决生效之日起十五日内赔偿黄某枝各项经济损失564645.10元；

二、驳回黄某枝的其他诉讼请求。

陈某山不服一审判决，提出上诉。福建省厦门市中级人民法院经审理同意一审法院的裁判意见，依照《中华人民共和国民事诉讼法》第一百七十条第一款第（一）项规定，作出如下判决：

驳回上诉，维持原判。

【法官后语】

本案的争议焦点是吴某记未取得道路货物运输资格的从业资格证驾驶货运车辆从事货物运输时发生交通事故能否成立商业第三者险免赔。就广泛存在于各保险公司机动车商业第三者险条款中的“驾驶出租汽车或营运性机动车无交通运输管理部门核发的许可证书或者其他必备证书”这一免赔事由，一旦在具体的案件中出现该情节，立刻会成为各方争议的焦点，毕竟免赔一旦成立，对各被告的赔偿责任分配的影响是巨大的。实践中，对该条款的适用，有以下做法：1. 无论是否支持适用该条款，一般都要先审查保险人是否履行免责条款的告知义务，一旦保险人无法证明已经向投保人履行了告知义务，则直接认定保险人未尽到告知义务，不予适用该条款。2. 如果驾驶员虽然不具备道路货物运输资格的从业资格证，但已经取得准驾肇事车辆的车辆驾驶证的，认为驾驶员实际上已经具备了驾驶肇事车辆的技术水平，道路货物运输资格的从业资格证属于对货运行业驾驶员的行政管理手段，不具备该证书不会增加事故发生的概率，因此认为该条款不具备合理性，属于排除保险人义务，加重被保险人义务的情形，认定为无效，商业险免赔不成立。3. 就是本案中的观点，认为经营性道路货物运输驾驶员应当按照行政法规和部门规章的要求取得道路货物运输资格的从业资格证，保险人将行政法规、部分规章的明确要求作为免赔事由不会加重被保险人负担，在保险人已经尽到对免责条款告知义务的前提下，可以适用该免赔条款。

扩展开来讲，除了本案中涉及的免责条款之外，在司法实践中，无论是在机动车交通事故案件还是其他的保险纠纷案件中，一旦案件存在保险条款免责事由规定的情形，对于免赔条款是否有效就会成为案件审理的焦点。部分裁判者会以免责事由在具体保险事故中的“参与度”作为判断是否免赔的标准，一旦认为案件中的具体免赔事由并不会明显增加保险事故发生的概率，便认为不应适用该条款。本文作者认为保险合同作为一种商业合同，应当尊重意思自治原则。判断商业保险免责条款是否有效应根据订立合同时该条款是否合理来判断。综观各类保险合同条款中的免责条款，绝大多数的免责条款之所以会成为免责条款，是因为从宏观上看，这些免责情形往往同时都是具有违法性的或者高度危险性的。只要是能够尽到审慎义务的完全民事行为能力人，就应该明白应当避免存在免责条款中规定的情形，只要这一点能够成立，那么即使在实际的保险事故中免责条款规定的情况对事故的发生并没有起到实际的“促进”作用，也应当承认免责条款的效力。因为双方在订立保险合同时，无法预见到免责情形在实际发生保险事故时对造成事故后果的“参与度”如何，如果在保险事故发生后，以免责事由是否增加事故发生的概率作为判断免责事由能够成立的切入点，一方面会造成由于受法官主观性的影响导致判断标准不一，另一方面也会损害到合同的意思自治原则。因此本文认为判断保险免责条款是否有效，应当从保险合同签订时约定该条款是否合理的角度来判断。

编写人：福建省厦门市思明区人民法院　吕宁

41

社会治安保险中第三者责任保险理赔问题

——熊某芬诉中国人保宜昌市分公司、郑某君机动车交通事故责任案

【案件基本信息】

1. 裁判书字号

湖北省宜昌市中级人民法院（2020）鄂05民终22号民事判决书

2. 案由：机动车交通事故责任纠纷

3. 当事人

原告（被上诉人）：熊某芬

被告（上诉人）：中国人保宜昌市分公司

被告（被上诉人）：郑某君

【基本案情】

2018年10月30日，郑某君驾驶无号牌普通二轮摩托车（车架号AAA，系郑某君所有，其持有的机动车销售统一发票上购买方名称为郑某君）与横过街道的行人熊某芬相撞，造成熊某芬、郑某君受伤的道路交通事故。经交警大队认定，郑某君负事故主要责任，熊某芬负事故次要责任。当天熊某芬被送往医院住院治疗，出院诊断为：腰1椎体骨折、I级脑外伤（脑震荡）、全身多处软组织损伤、腰椎骨质增生；出院医嘱为：1. 出院带药继续巩固治疗，2. 卧床静养1月后复查腰椎CT。经鉴定，熊某芬伤残等级为十级。熊某芬因此次交通事故所受损失共计65091.6元，郑某君在熊某芬住院期间，已垫付医疗费8093.89元。

郑某君在中国人保宜昌市分公司（以下简称人保财险宜昌分公司）投保了湖北社会治安保险，保单号为42001800002382，保险费为240元，保险期间为2018年10月9日至2019年10月8日，保障项目包括家庭财产保险和人身意外伤害保

险。家庭财产保险保障内容共12项，其中第9项为“电动自行车盗抢保险（扩展存放室内院内有牌和暂未上牌摩托车、二轮及三轮电动车）”；第12项为“附加自行车/助动车第三者责任保险（含二轮的暂未上牌摩托车、二轮及三轮电动车）”。

案涉保险告知单中“附加自行车/助动车第三者责任保险”项后填写的车架号为BBB（系郑某君从他处购买的二手车，非本案肇事车辆），保障内容载明：“导致第三者伤残，责任限额为80000元，导致第三者受伤的医疗费用责任限额为10000元（每次事故绝对免赔额100元，给付比例80%）。”保险告知单“特别说明”部分载明：“本方案适用条款和特别约定详见背面‘保险须知’。”保险告知单背面所附“保险须知”第七条约定：“《湖北省分公司家庭财产综合保险附加自行车/助动车第三者责任保险条款》保险责任为：凡被保险人自有的、并持有正规发票的自行车/助动车，在被保险人使用过程中发生道路交通事故，致使第三者遭受人身伤亡。”“保险须知”同时载明：“本保单仅承担被保险人室内或院内的电动车盗抢（扩展有牌和暂未上牌照的摩托车、二轮及三轮电动车），且每户仅赔付一台，以投保清单载明的车架号为准……”

【案件焦点】

在肇事车辆与保险告知单明确载明车辆不一致的情况下，人保财险宜昌分公司是应否承担社会治安保险所附加第三者责任保险的赔付责任。

【法院裁判要旨】

法院生效裁判认为：关于人保财产宜昌分公司是否承担保险责任的问题，人保财险宜昌分公司主张按照保险告知单上关于附加自行车/助动车第三者责任保险的约定，肇事车辆不属于保险标的。经查，该告知单中“特别说明”部分第1条为“本方案适用条款和特别约定详见背面‘保险须知’”，而保险须知第七条“《湖北省分公司家庭财产综合保险附加自行车/助动车第三者责任保险条款》关于保险责任的内容为：凡被保险人自有的，并持有正规发票的自行车/助动车，在被保险人使用过程中发生道路交通事故，致使第三者遭受人身伤亡”。根据上述约定，结合保险告知单中“含二轮的暂未上牌摩托车”的内容，人保财险宜昌分公司不得依据保险告知单排斥“保险须知”的适用。也就是说，郑某君只要符合“保险须知”约定的“自有的，并持有正规发票”的条件，人保财险宜昌分公司就应当承担赔偿责任。

湖北省远安县人民法院一审作出判决：

一、人保财险宜昌分公司在社会治安保险中的“家庭财产综合保险附加助动车第三者责任保险”范围内按照合同约定赔偿熊某芬护理费5760元、残疾赔偿金44791.5元、交通费400元、精神损害抚慰金2000元及医疗费（含住院伙食补助费）7808.08元，以上合计60759.58元；

二、郑某君赔偿熊某芬3876.02元，已支付8093.89元，多支付4217.87元，由熊某芬返还郑某君；

三、驳回熊某芬的其他诉讼请求。

人保财险宜昌分公司不服一审判决，提起上诉。湖北省宜昌市中级人民法院判决：

驳回上诉，维持原判。

【法官后语】

社会治安保险是在党委、政府统一领导下，由综治办组织协调，由保险公司具体组织实施，贯彻合法自愿的原则，以村为单位、以村委会为主体、以契约化管理为手段，约定治安联防和保险责任，形成以治安承包为基础，以出险理赔为补充的群防群治工作新机制。

本案中，郑某君投保了社会治安保险，该险种附加有自行车/助动车第三者责任保险，但其驾驶自有摩托车发生交通事故后，保险公司拒绝赔付，其理由在于保险告知单上填写的车架号与肇事车辆的车架号不一致，意指肇事车辆并不包含在保险范围之内。本案一、二审承办人均注意到保险告知单与其后面所附保险须知内容不一致（保险告知单将摩托车所致交通事故赔偿责任纳入承保范围，保险须知则排除适用），而将二者结合起来考察，综合认定凡投保人自有且有正规发票的摩托车（非仅限于自行车或助动车，亦非仅限于保险单上明确载明车架号的摩托车）肇事所致赔偿责任当属本案保险标的，判令保险公司承担赔偿责任，维护了受害人的利益。

本案中我们首先解决的问题是，保险告知单将保险须知中规定的承保范围作了一定程度的扩充，即对摩托车所致交通事故第三人损失承诺承保，那么应该以哪一个约定为准，答案是显而易见的，保险告知单系投保人手动填写，保险须知系格式条款，两者内容不相一致时，以手写的保险告知单为准当无疑议。

接下来需要解决的第二个问题，就是在保险告知单上载明的车架号所指向的摩托车，并非本案肇事摩托车，还能否认定保险公司的赔偿责任。二审法院在判决书中就保险标的所作释义，保险标的指的是保险保障的对象；在责任保险中，保险标的则是被保险人的民事损害责任而非车辆，但并非投保人驾驶所有车辆所产生的民事损害赔偿责任都应该由承保的保险公司承担，而应仅限于投保车辆，故本案中第三者责任保险投保车辆的确定是我们解决保险公司责任不可逾越的问题。需要注意的是，社会治安保险是一种综合性或复合型的保险，既包括家庭财产保险，也包括人身意外伤害保险，并且附加有第三者责任保险，故其保险的标的亦为复合型，因此我们在考察保险公司责任的时候，必须根据不同的保险明确不同的保险标的。就本案第三者责任保险来看，虽然在保险告知单上载明有车架号，但作用相当于保险条款的“保险须知”仅在特别约定第1条（电动自行车盗抢保险每户仅赔付一台，以投保清单载明的车架号为准）中提及车架号的作用，据以明确盗抢险的保险标的。而对于第三者责任保险，并未要求填写车架号以确定承保范围，仅要求“被保险人自有”且“有正规发票”，故我们无法得出保险告知单上所载车架号系为了约束或限制第三者责任保险的承保范围的结论。换言之，保险告知单上所载明的车架号应理解为回应盗抢险仅赔付一台的约定，而非第三者责任保险。

诚然，前后条文的不一致必然产生理解上的分歧，但保险公司作为合同及合同条款的制定者，其完全有能力且有条件将其承保意愿通过更准确、更清晰的约定表达出来，其未尽此义务导致歧义产生，只有让其承担不利的后果，方能敦促合同条款的完善。本案中保险公司在推出案涉社会治安保险之前，有能力对附加的第三者责任保险承保范围进行明确而未明确，应视为保险公司对承保范围除文字载明的限制外，再无其他限制。因此，在肇事车辆属郑某君所有，且有正规发票的情况下，人保财险宜昌分公司应对熊某芬予以赔偿。

最后需要说明的是，投保人购买的社会治安保险仅需支付240元，除财产损失、人身损害赔偿额度外，在发生交通事故时，还可获得最高100000元的理赔金额，其购买门槛低、理赔标准高的优势在社会上特别是广大农村有很大市场，能够在最大程度上维护交通事故受害人的利益，同时也减轻了肇事司机的赔偿责任和经济损失。

但是从另一方面来看，案涉社会治安保险将第三者责任险作为其附加险种，尤其是将无证摩托车、三轮车所致第三者损害作为保险标的，在一定程度上放任甚至纵容了无牌无证摩托车上路行驶，增加了道路交通安全隐患的风险，对机动车强制责任保险的推行产生了一定的反作用，故建议保险公司对于此类保险标的的确定以及合同条文的拟定，应持更加审慎和严谨的态度。

编写人：湖北省宜昌市中级人民法院　张晓燕　王俊

42

损伤参与度的考量

——王某某诉卞某某、太平洋财险宜兴支公司机动车交通事故责任案

【案件基本信息】

1. 裁判书字号

江苏省无锡市中级人民法院（2019）苏02民终4367号民事判决书

2. 案由：机动车交通事故责任纠纷

3. 当事人

原告（被上诉人）：王某某

被告：卞某某

被告（上诉人）：太平洋财险宜兴支公司

【基本案情】

2018年4月19日19时03分许，卞某某驾驶苏B×××××小型轿车沿230省道由北向南行驶至179公里700米处时，与由东向西横过道路王某某驾驶的人力三轮车发生相撞，造成王某某受伤、车辆损坏的交通事故。宜兴市公安局交通警察大队认定：卞某某承担事故的主要责任，王某某承担事故的次要责任。卞某某是涉案机动车车主，太平洋财险宜兴支公司承保了交强险和限额1000000元的商业三者险（含不计免赔险）。经司法鉴定，王某某构成七级、十级、十级伤残，其定残时76周岁。卞某某在事故发生后已付王某某38597.98元，太平洋财险宜兴支公司已付交强险10000元。要求被告赔偿各项损失142230.56元及承担本案诉讼费和鉴定费。

【案件焦点】

受害人王某某因自身疾病，即其中包含的自身机体老化，与交通事故的外伤共同导致的损伤是否需要计算损伤参与度的问题。

【法院裁判要旨】

江苏省宜兴市人民法院经审理认为：王某某因颅脑损伤致精神障碍被评定为七级伤残，又因颅脑损伤致脑软化灶被评定为十级伤残，前者为智能损害，后者系机体损伤，两者并非同一部位重复评残。司法鉴定意见书分析认为王某某自身大脑病理改变是其“器质性智能损害”的基础，但该司法鉴定意见书同时载明“被鉴定人在此次车祸前虽已存在自身脑部病理改变，但没有明显精神异常的表现”，虽然王某某个人体质对于损害后果的发生具有一定影响，但这种影响仅仅是客观上的介入因素，无法律上的因果关系，亦非侵权责任法上规定的过错。王某某不应因个人情况对交通事故导致的伤残存在一定影响而自负相应责任，否则有违公平原则，故本院对太平洋财险宜兴支公司要求精神伤残按照70%赔付的抗辩意见不予采信。判决如下：

一、太平洋财险宜兴支公司赔偿王某某130746.64元，返还卞某某38597.98元，上述款项于本判决发生法律效力之日起十日内付清；

二、驳回王某某的其他诉讼请求。

太平洋财险宜兴支公司不服原审判决要求考虑相适应的损害参与度比例，提起上诉。无锡市中级人民法院经审理认为：就太平洋财险宜兴支公司二审主张根据王某某具体情况以及相关“老年脑改变”带来的疾病具有不可逆的持续性特征，应当按照相应参与度确定其应当赔偿的金额。但是，“老年脑改变”不可逆的持续性病变能否量化、能否准确确定该病变对于在无外力因素介入下的被上诉人王某某仍将在较短时期内致其精神障碍且在相当概率下能够达到七级伤残的病变程度，对该事实上诉人太平洋财险宜兴支公司未提供任何相应证据或者医学理论予以证明。在无其他证据表明被上诉人王某某对其脑部遭受外力损害存在明显过错或者其行为对遭受损失存在扩大的情况下，鉴于其所获残疾赔偿金的计算仅以五年为标准，一审法院据此未将其自身疾病的参与度考虑到残疾赔偿金及精神损害抚慰金的计算之中，并无不当。

综上，一审法院认定事实清楚，适用法律正确，所作判决应予维持。

【法官后语】

损伤参与度本身是一个法医学概念，是为了明晰交通事故中原有疾病与交通事故损伤分别对受害者死亡或伤残影响的比例关系。其本质是损伤占疾病发生的比例，是以损伤为前提。审判实践中主要的损伤参与度类型，对交通事故伤残等级构成影响的当事人的自身因素主要包括：1. 自身体质；2. 自身疾病；3. 自身外伤（含医疗事故）。

本案的争议焦点就是受害人王某某因自身疾病，即其中包含的自身机体老化，与交通事故的外伤共同导致的损伤是否需要计算损伤参与度的问题。

两级法院均认为王某某的大脑退行性改变不应考虑损伤参与度的比例，从两个不同的方面进行了论证。笔者也赞同该观点，具体的理由如下：

1. 受害人对疾病的退行性改变主观无过错。本案中王某某的“老年脑改变”（脑白质缺血性改变、脑萎缩），也系自然规律，随着年龄增长，身体老年化导致的，故因此加重受害人的责任承担不甚合理。即使因为生活、饮食等不规律的原因导致的受害人自身疾病或自身体质脆弱，而与交通事故共同导致某种伤残，此种生活习惯上的不健康不规律也系个人自由及选择，不能构成法律上的过错。

2. 退行性改变是客观因素，对损害结果并无法律上的因果关系。本案中王某某个人体质对于损害后果的发生具有一定影响，但这种影响仅仅是客观上的介入因素，无法律上的因果关系，亦非侵权责任法上规定的过错。一审法院就以该理由否认了太平洋财险宜兴支公司的抗辩。

3. 考虑退行性改变的损伤参与度对受害人而言有违公平。该类人群，如没有交通事故外力影响，均可以正常生活、工作和学习，该体质并未成为生活上障碍，交通事故外伤的介入导致其无法正常生活、工作，交通事故与损害后果具有完全因果关系。此时如考虑损伤参与度，对该类人群明显不公平。

4. 考虑退行性改变的损伤参与度要有足够的证据及评判依据。根据“谁主张，谁举证”的原则，如若要计算退行性改变的参与度，则就必须明晰退行性改变的此种疾病占损伤中的比例。正如二审法院所论述的，“老年脑改变”不可逆的持续性病变能否量化、能否准确确定该病变对于在无外力因素介入下受害人是否在较短时期也有相当概率下能够达到交通事故精神障碍七级伤残的病变程度，对该事实太平洋财险宜兴支公司需提供相应证据或者医学理论加以证明。而在无其他证据表明王某大对其脑部遭受外力损害存在明显过错或者其行为对遭受损失存在扩大的情况下，不再计算损伤参与度，才更加符合实际。

编写人：江苏省宜兴市人民法院　钱晨

43

网约车停运损失赔偿权利人的认定标准

——王某忠等诉祥龙出租公司机动车交通事故责任案

【案件基本信息】

1. 裁判书字号

北京市第一中级人民法院（2019）京01民终10721号民事判决书

2. 案由：机动车交通事故责任纠纷

3. 当事人

原告（被上诉人）：王某忠、郭某彬、中国人保北京市分公司

被告（上诉人）：祥龙出租公司

【基本案情】

郭某彬是祥龙出租公司的出租司机，祥龙出租公司是车牌号京B×××××号机动车所有人，该车辆在人寿保险公司投保交强险。2018年8月31日凌晨50分许，王某忠驾驶京BZ××××小轿车途经北京市海淀区上清桥由东向北正常行驶时，适有郭某彬驾驶祥龙出租公司所有的京B×××××号车辆由东向北追尾王某忠车辆。事故造成两车不同程度损坏、王某忠受伤。该事故经北京市公安局公安交通管理局海淀交通支队清河大队认定郭某彬负全责。王某忠就其伤情赴中国人民解放军第一附属医院治疗，诊断为：1. 颈椎病，2. 颈髓损伤。

首汽友联公司（甲方）与王某忠（乙方）签订有《劳动合同书》《承包营运合同书》《〈承包营运合同书〉补充协议》。《承包营运合同书》中未约定“乙方承包金定额”的具体数额。《〈承包营运合同书〉补充协议》约定，甲方车辆为预约出

租车，不安装计价器，乙方承包甲方车辆后需接受政府认可的预约出租车平台的调派，不能将车辆用于巡游揽客，乙方承包金由预约出租车平台代付。

【案件焦点】

王某忠是否有权主张其驾驶的京BZ××××小轿车的营运损失。

【法院裁判要旨】

北京市海淀区人民法院认为，机动车发生交通事故造成人身伤害的，由保险公司在机动车第三者责任强制保险责任限额范围内予以赔偿；不足的部分，由当事人依法赔偿。本案中，郭某彬驾驶出租车与王某忠驾驶车辆发生交通事故，经公安机关交通管理部门认定，郭某彬负事故的全部责任，庭审中，双方当事人对此均无异议，法院予以确认。因郭某彬系祥龙出租公司司机，其从事是职务行为，相应法律责任应由祥龙公司承担。

关于各赔偿项目：医疗费、交通费以本院核实为准。营养费一项本院根据王亚忠伤情酌定7日，以每日30元计算；护理费一项不予支持；误工期本院确定为90日；误工费的计算，其中固定工资部分以王某忠提供的民生银行明细为准，即2019年9月至11月间公司因此次事故而减少发放的工资差额；奖金部分参照王某忠前五月平均水平计算。至于营运损失，虽然承包运营合同写明承包金为0，但根据行业惯例，王某忠在受伤期间停运应产生相应损失，由本院酌情判定。关于精神损害抚慰金，因王某忠的伤情未构成伤残等级，故本院对王某忠该项主张不予支持。

综上，王某忠的损失包括：医疗费386031元、营养费210元、交通费400元、误工损失12586元、营运损失28500元，合计45556.31元。

综上所述，依照《中华人民共和国侵权责任法》第六条、第十六条、第二十二条、第四十八条，《中华人民共和国道路交通安全法》第七十六条，《最高人民法院关于审理道路交通事故损害赔偿案件适用法律若干问题的解释》第十四条、第十六条、第二十二条规定，判决如下：

一、中国人保北京市分公司于本判决生效后七日内在机动车第三者责任强制保险限额内赔偿王某忠医疗费、营养费4070.31元；误工费、交通费12986元；

二、祥龙出租公司于本判决生效后七日内赔偿王某忠营运损失28500元；

三、驳回王某忠的其他诉讼请求。

祥龙出公司不服一审判决，向北京市第一中级人民法院提起上诉。

北京市第一中级人民法院经审理认为：根据各方当事人的诉辩主张，本案的争议焦点在于王某忠是否有权主张其驾驶的京 BZ ×××× 小轿车的营运损失。《最高人民法院关于审理道路交通事故损害赔偿案件适用法律若干问题的解释》第十五条规定，因道路交通事故造成下列财产损失，当事人请求侵权人赔偿的，人民法院应予支持：（一）维修被损坏车辆所支出的费用、车辆所载物品的损失、车辆施救费用；（二）因车辆灭失或者无法修复，为购买交通事故发生时与被损坏车辆价值相当的车辆重置费用；（三）依法从事货物运输、旅客运输等经营性活动的车辆，因无法从事相应经营活动所产生的合理停运损失；（四）非经营性车辆因无法继续使用，所产生的通常替代性交通工具的合理费用。该条司法解释规定的“当事人”是指依法享有损害赔偿请求权的机动车或非机动车一方。

本案中，王某忠驾驶的京 BZ ×××× 小轿车营运性质为网络预约出租车（以下简称网约出租车），系合法营运车辆，该车辆因本次交通事故停驶，确实会造成相应的营运损失。但需要说明的是，在营运模式上，王某忠驾驶的网约出租车不同于传统意义上的巡游出租车。网约出租车的营运需要通过互联网上的预约出租车平台（以下简称网约车平台）进行，乘客通过网约车平台进行约车，并通过移动支付方式向网约车平台支付运费，网约车平台再按照约定的分成比例将营运收入在网约车平台、网约出租车所有人、网约出租车驾驶员之间进行分配。当网约出租车因交通事故停运时，网约出租车驾驶员的损失为其误工收入损失，网约出租车所有人的损失为营运损失。而传统巡游出租车营运过程中，乘客将运费直接支付给出租车驾驶员，出租车驾驶员每月再按照承包营运合同中约定的“承包金定额”向出租车公司交纳承包金，即所谓“份儿钱”。当巡游出租车因交通事故停运时，巡游出租车驾驶员的收入会减少，但由于承包营运合同中约定的“承包金定额”为明确固定的金额，使得巡游出租车驾驶员向出租车公司交纳的承包金不因交通事故停驶而改变，车辆停驶产生的营运损失并未由出租车公司承担而是转嫁至巡游出租车驾驶员一方。因此，巡游出租车驾驶员的损失中应包括其误工收入损失和车辆营运损失。根据上述分析，网约出租车营运过程中发生交通事故停驶时，网约出租车驾驶员不是车辆营运损失的赔偿请求权主体。

就本案而言，根据王某忠提交的证据以及个人陈述，京 BZ ×××× 小轿车的所有人为首汽友联公司，王某忠与首汽友联公司签订的《承包营运合同书》中并未约定“乙方承包金定额”的具体金额，《〈承包营运合同书〉补充协议》约定王某忠的承包金由预约出租车平台代付，王某忠自认2018年9月1日到2019年1月23日的所谓承包金其并未向首汽友联公司交纳，综合以上事实可以认定，王某忠主张的所谓“承包金”损失对其而言并未发生。换言之，王某忠并非京BZ××××小轿车营运损失的赔偿请求权主体。据此，王某忠在本案中主张营运损失，不应得到支持。

综上所述，祥龙出租公司的上诉请求成立，应予支持。人寿保险公司经本院传票传唤，无正当理由拒不到庭，本院依法缺席判决。依照《中华人民共和国侵权责任法》第三条，《最高人民法院关于审理道路交通事故损害赔偿案件适用法律若干问题的解释》第十五条，《中华人民共和国民事诉讼法》第一百四十四条、第一百七十条第一款第（二）项、第一百七十四条规定，判决如下：

一、维持北京市海淀区人民法院（2019）京0108民初19733号民事判决第一项；

二、撤销北京市海淀区人民法院（2019）京0108民初19733号民事判决第二项、第三项；

三、驳回王某忠的其他诉讼请求。

【法官后语】

道路交通事故责任纠纷案件中的营运损失，即经营性车辆的停运损失，是指被侵权人用于货物运输、旅客运输或者汽车租赁等经营活动的车辆，无法从事相应经营活动而产生的损失。按照直接损失和间接损失的标准来划分，营运损失应属于间接损失（即可得利益的减少）。《最高人民法院关于审理道路交通事故损害赔偿案件适用法律若干问题的解释》第十二条，将“营运损失”作为道路交通事故财产损害赔偿项目之一予以规定，明确了“营运损失”的可赔偿性。经营性车辆营运损失的赔偿权利人，通常为车辆的所有人或对车辆享有使用、收益的权利人。出租车作为经营性车辆，因交通事故造成“营运损失”时，其赔偿权利人应根据出租车的服务和营运模式予以认定。

出租车作为城市综合交通运输体系的重要组成部分，是城市公共交通的补充，为社会公众提供个性化运输服务。出租车服务方式主要包括“巡游”和“网约”

两种。“巡游出租车在经营服务”（以下简称巡游出租车）是指可在道路上巡游揽客、站点候客，喷涂、安装出租汽车标识，以七座及以下乘用车和驾驶劳务为乘客提供出行服务，并按照乘客意愿行驶，根据行驶里程和时间计费的经营活动。“网络预约出租车经营服务”（以下简称网约出租车）是指以互联网技术为依托构建服务平台，整合供需信息，使用符合条件的车辆和驾驶员，提供非巡游的预约出租汽车服务的经营活动。① 在传统出租车行业被“互联网”改变前，出租车的经营服务基本上都是巡游模式。

目前在我国，出租车营运属于特许经营，只有具有相应经营权的出租车公司才有权进行营运，而个人无权进行营运。“巡游”模式中，出租车驾驶员必须要与出租车公司签订劳动合同及承包运营协议后，才能驾驶出租车公司的车辆从事营运。出租车驾驶员与出租车公司之间存在一种特殊的劳动关系，出租车驾驶员每月按照承包营运协议中约定的“承包金定额”向出租车公司交纳承包金，即所谓“份儿钱”。出租车公司则对驾驶员进行管理，包括交纳各种社会保险以及个人所得税。双方既非简单的劳动关系，亦非单纯的承包关系。巡游出租车在营运过程中，乘客将运费直接支付给出租车驾驶员。出租车驾驶员的收入看似仅包括实际到手的工资收入，但实质上包括其通过劳动所赚取的一切收入，其中也包括承包金。这就使得经营性车辆的“营运收益损失风险”因承包金的收取，已由出租车公司（出租车所有人）转移给了出租车驾驶员（基于合同关系而对车辆享有使用、收益的权利人）。当巡游出租车因交通事故停运时，出租车驾驶员的收入会减少，但由于承包营运协议中约定的“承包金定额”为明确固定的金额，使得出租车驾驶员向出租车公司交纳的承包金不因交通事故停驶而改变。出租车驾驶员已交纳的承包金即成为该出租车的营运损失，出租车驾驶员成为营运损失的赔偿权利人。因此，巡游出租车停驶损失中包括驾驶员的误工收入损失和车辆营运损失。

网约出租车则不同于巡游出租车，其营运需要通过互联网上的预约出租车平台（即网约车平台）进行，乘客通过网约车平台进行约车，并通过移动支付方式向网约车平台支付运费，网约车平台再按照约定的分成比例将营运收益在网约车平台、网约出租车所有人、网约出租车驾驶员之间进行分配。从运费支付和收入分配方式

① 《网络预约出租汽车经营服务管理暂行办法》第二条第二款。

来看，网约出租车驾驶员已经没有了巡游出租车驾驶员需要承担的“份儿钱”。网约出租车作为经营性工具，其营运收益在乘客“即时交易”时已经由网约车平台直接支付给了网约出租车所有人。当网约出租车因交通事故停运时，营运收益的损失并未发生在网约出租车驾驶员身上，而是由网约出租车所有人承担。因此，在网约出租车运营模式下，营运损失的赔偿权利人应是网约出租车所有人，并非网约车驾驶员，除非两者权利义务发生重合。就本案而言，王某忠与首汽友联公司签订的《承包营运合同书》中未约定“乙方承包金定额”的具体数额，且王某忠自认未向首汽友联公司支付相应的“承包金”，上述事实可进一步佐证王某忠并不是该网约出租车营运损失的赔偿权利主体。

网约出租车作为“互联网+出行”的新型业态，主要存在三种营运模式，不同的营运模式决定了网约车所有人、网约车平台与驾驶员之间的不同权利义务关系。第一种模式是自营模式，即网约车平台自己买车、自己雇驾驶员，也就是说，车是网约车平台的车，驾驶员是网约车平台的人。这种模式的典型代表是“首汽约车”。第二种模式是两级平台模式，即第三方平台给从事网约出租车业务的平台提供一个接口，乘客可以通过第三方平台选择不同的网约车平台提供服务。这种模式的典型代表是“高德地图出行”。第三种模式是中介模式，即平台提供中介服务，驾驶员带车入驻平台，也就是说，车不是平台的车，驾驶员也不是平台的人。这种模式的典型代表是“滴滴出行”。本案中，王某忠驾驶的网约出租车就是第一种营运模式，首汽友联公司作为网约车所有人是出租车营运损失的赔偿权利人，王某忠作为驾驶员并非赔偿权利人。而第二种和第三种营运模式中，网约车所有人与网约出租车驾驶员通常为同一人，网约出租车驾驶员往往使用自己所有的车辆通过网约车平台进行营运，此种情况下营运损失的赔偿权利人也“合二为一”。由此可见，网约出租车不同的营运模式，决定着营运损失赔偿权利人的不同认定。

综上，在交通事故案件中，出租车营运损失的赔偿权利人的认定，因出租车营运模式的“互联网化”“大数据化”发生了改变。网约出租车与巡游出租车的营运模式不同，其营运利益和营运风险，由网约车所有人直接承受。因此，网约出租车营运损失的赔偿权利人是网约车所有人，而不再是网约车驾驶员。

编写人：北京市第一中级人民法院　张琦

44

未年审车辆是否应在机动车商业第三者责任保险范围内承担责任

——郜某桐诉李某、平安财保湖北分公司机动车交通事故责任案

【案件基本信息】

1. 裁判书字号

湖北省武汉市中级人民法院（2019）鄂01民终10500号民事判决书

2. 案由：机动车交通事故责任纠纷

3. 当事人

原告（被上诉人）：郜某桐

被告（被上诉人）：李某

被告（上诉人）：平安财保湖北分公司

【基本案情】

2017年9月25日16时许被告李某驾驶鄂A×××××号小型面包车，沿武汉市江汉区长港路由西向东行驶至长港路347号中百超市门前停车后开启驾驶室车门时，遇刘某安驾驶武汉S×××××号电动自行车沿长港路由西向东行驶至此。由于被告李某开车门时妨碍了其他车辆通行，导致所开启的驾驶室车门与刘某安驾驶的电动自行车右侧相撞，造成刘某安向左侧摔倒在地，此时张某胜驾驶的鄂A9×××××号小型普通客车沿长港路由东向西逆向行驶至此将摔倒在地的刘某安碾轧拖行，致刘某安当场死亡。同年10月23日武汉福田爱民司法鉴定中心对鄂A×××××号小型面包车的车辆性能进行检验鉴定，认定该转向系、制动系、照明信号装置均符合安全技术条件，车身及车身附件事故前完好。11月6日武汉市公安局江汉区交通大队出具《道路交通事故通知书》，认定被告李某及张某胜负该事故同等责任，刘某安无责

任。肇事车辆鄂A×××××号小型面包车在被告平安财保湖北分公司购买了机动车交通事故责任强制保险和人民币50万元商业第三者责任保险并约定不计免赔，并在事故发生前未按照规定期限进行安全技术检验。原告郜某桐系刘某安唯一直系近亲属。

【案件焦点】

车辆在事故发生前未年审，是否应当在机动车商业第三者责任保险范围内承担赔偿责任。

【法院裁判要旨】

湖北省武汉市江汉区人民法院，经审理认为：本案中肇事车辆在事故发生前未按照规定期限进行安全技术检验的情况属实，但该车辆经鉴定部门检验在事故发生时性能符合安全技术条件，因此未年审行为并未增加发生交通事故风险，而导致被告平安财保湖北分公司承保风险的提高，因此一审法院判决：

一、被告平安财保湖北分公司于本判决生效之日起十日内赔偿原告郜某桐损失人民币198964元；

二、驳回原告郜某桐的其他诉讼请求。

平安财保湖北分公司不服一审判决，向湖北省武汉市中级人民法院提起上诉，二审法院同意一审法院裁判意见。

【法官后语】

投保车辆逾期年审发生交通事故免责事由是以被保险人违反法定或约定义务为前提条件的免责条款，且其存在具有正当性但也需受到规制。

1. 车辆未年审与交通事故发生是否存在因果关系。车辆年审，是指根据《中华人民共和国道路交通安全法实施条例》及《机动车运行安全技术条件》规定，取得正式号牌和行驶证的车辆必须每年一次到具有相应资质的检验机构给车辆做检验，及时消除车辆安全隐患，敦促车辆及时检修，以降低交通事故发生率。年检仅仅是对车辆检验的一种督促，未年检的车辆上路时，对其更多的是行政处罚。发生交通事故时，在责任承担上，根据道路交通安全法规定，应当根据交通事故当事人的行为对发生交通事故所起的作用以及过错的严重程度来确定。在事故认定中，除规定的肇事逃逸负全责外，其余的无证、无牌、未年审等情形并不必然导致事故发生，因此没有增加交通事故发生的风险，与交通事故的发生并不必然具有因果关系。另外，交通事故发生后，对车辆性能进行相关技术鉴定，如果鉴定结果显示车辆在刹车、制动等方面不符合安全技术标准，肇事车辆事故风险程度增加存在安全隐患，且该因素与交通事故的发生存在因果关系，保险公司据此主张免责的，人民法院应予以支持；但是鉴定肇事车辆在事故发生时性能符合安全技术标准，并未增加发生交通事故风险而导致保险公司承保风险的提高，故仅仅因为车辆未年检而减轻保险公司的责任是不恰当的。

2. 保险人是否履行提示及说明义务。对于被告平安财保湖北分公司辩称其在保险合同中已经就车辆未年检造成事故进行了免责约定，故其不应该承担责任的约定。免责条款作为格式条款，在订立合同的过程中，提供格式条款一方即本案中的保险公司并不与相对方就格式条款的内容进行协商，格式条款具有不变性，提供的一方具有说明的义务。在本案被告保险公司未举证证明其在订立合同时进行了相关说明，其应当在机动车商业第三者责任限额范围内承担赔偿责任。

编写人：湖北省武汉市江汉区人民法院　李琍　王思远

45

无证擅自驾驶他人车辆造成交通事故责任承担及保险赔偿的认定

——何某芳诉邱某强等机动车交通事故责任案

【案件基本信息】

1. 裁判书字号

北京市第三中级人民法院（2019）京03民终8595号民事判决书

2. 案由：机动车交通事故责任纠纷

3. 当事人

原告（被上诉人）：何某芳

被告（被上诉人）：邱某强、李某文

被告（上诉人）：任某阳、中国中国人保密云支公司

【基本案情】

2018年11月22日上午，邱某强驾驶李某文所有的“福田”牌轻型普通货车由西向东行驶至北京市密云区密兴路塘峪村口路段时，与任某阳所骑同向行驶的电动两轮车左侧接触，后普通货车左前部又与何某芳所骑由东向西行驶的电动两轮车前部接触，造成任某阳、何某芳受伤、三车损坏。经查，邱某强系无证、超速驾驶，任某阳未按规定让行。公安交通管理部门认定邱某强负事故主要责任，任某阳负次要责任。何某芳之伤被诊断为：腹部闭合性损伤、前颅窝底骨折、左侧多发肋骨骨折、肺挫伤、肾损伤、肝损伤、骨盆骨折、右侧眼眶骨折、L4椎体骨折等20余处损伤。何某芳自行支付医疗费152574.69元、医疗器械费450元。李某文为何某芳垫付医疗费90000元。李某文经营数辆大货车从事交通运输职业。邱某强所驾事故车辆在中国人保密云支公司投保交强险及责任限额为1000000元不计免赔的商业三者险，事故发生在保险期内。邱某强辩称李某文系其雇主，事发时其受李某文指派驾车救援，其驾车行为是职务行为，其无赔偿责任。李某文辩称，邱某强系其雇用的汽车修理工，事发当天邱某强私自驾车外出，自己并不知情，平时事故车辆停放院内，车钥匙放在车内，不同意赔偿何某芳损失；投保时保险公司未告知无证驾驶不承担责任之免赔条款，应由保险公司在保险限额内承担赔付责任。任某阳辩称，责任划分错误，自身亦是伤者，不应承担赔偿责任。中国人保密云支公司辩称，因邱某强系无证驾驶，属于商业险免赔事项，投保人李某文通过短信确认了保险条款，其公司已尽免赔条款告知义务，故不同意承担保险赔偿责任。

【案件焦点】

1. 将法律、行政法规禁止性规定情形作为保险合同免责条款的免责事由，保险人对免责条款提示说明义务如何认定；2. 车辆管理人对车辆管理存在过失时，应否对交通事故受害人承担损失赔偿责任；3. 当事人对交通事故认定有异议时的救济途径及法院对交通事故认定书如何认定。

【法院裁判要旨】

北京市密云区人民法院经审理认为：公安交通管理部门认定邱某强负事故主要责任，任某阳负次要责任，本院予以确认。邱某强、李某文应对何某芳合理损失承担70%的赔偿责任，任某阳承担30%的赔偿责任。邱某强提供的证据不能证实事故当天系受李某文指派驾车救援，即不能证明其系履行职务行为。邱某强作为完全民事行为能力人，在应当知道未取得机动车驾驶资格不得驾驶机动车上道路行驶的情况下，仍驾驶机动车上道路行驶，发生交通事故造成他人损害，应承担相应责任。李某文作为车辆所有人，对车辆负有管理责任，其长期将车钥匙放置于车上，严重疏于对车辆的管理，亦应承担相应责任。综合考虑双方责任，在保险理赔限额外本院酌定邱某强、李某文各承担己方应承担责任的50%的赔偿责任。邱某强虽系无证驾驶，但不影响保险公司在交强险限额内承担何某芳因人身损害所造成经济损失的赔偿责任。保险人将法律、行政法规中的禁止性规定情形作为商业保险合同免责条款的免责事由，应对该条款作出提示，即保险人在对免责条款采取特别标识后，还应主动向投保人出示该条款，提醒投保人注意该条款的存在。中国人保密云支公司提交的李某文电子投保链接材料，不能证实保险公司已向李某文告知保险免赔事项的条款，故对保险公司之答辩意见不予采纳。

北京市密云区人民法院依照《中华人民共和国侵权责任法》第十六条、第四十九条，《中华人民共和国保险法》第十七条第二款、第六十五条，《中华人民共和国道路交通安全法》第七十六条第一款第（二）项，《最高人民法院关于审理道路交通事故损害赔偿案件适用法律若干问题的解释》第十八条第一款之规定，判决如下：

一、被告中国中国人保密云支公司于本判决生效之日起十日内，在交强险限额内赔偿原告何某芳医疗费一万元、医疗器械费四百五十元；

二、被告中国中国人保密云支公司于本判决生效之日起十日内，在商业三者险限额内赔偿原告医疗费九万九千八百零二元二角八分；

三、被告任某阳于本判决生效之日起十日内赔偿原告何某芳医疗费四万二千七百七十二元四角一分；

四、驳回原告何某芳的其他诉讼请求。

任某阳、中国人保密云支公司不服一审判决，提出上诉。北京市第三中级人民法院经审理认为：任某阳并未对交通事故认定书提出过复核申请，其所提交证据不能证明交通事故认定书对责任划分存在不当，故对其不应承担责任的主张不予采信。关于保险公司的其他上诉请求，二审法院同意一审法院裁判意见。

北京市第三中级人民法院依照《中华人民共和国民事诉讼法》第一百七十条第一款第（一）项之规定，作出如下判决：

驳回上诉，维持原判。

【法官后语】

第一，关于保险公司将法律、行政法规禁止性规定情形作为商业保险合同免责条款的免责事由，保险人提示说明义务的认定。《中华人民共和国保险法》第十七条第二款规定，保险人对免除保险人责任的条款，应当在订立合同时在保险单等保险凭证上作出提示并对该条款进行明确说明，否则该条款不产生效力。《最高人民法院关于适用〈中华人民共和国保险法〉若干问题的解释（二）》第十条规定，保险人将法律、行政法规中的禁止性规定情形作为保险合同免责条款的免责事由，保险人对该条款作出提示后，投保人、被保险人或者受益人以保险人未履行明确说明义务为由主张该条款不生效的，人民法院不予支持。通过对比上述两个法条看出，对于将法律、行政法规中的禁止性规定情形作为保险合同免责条款的免责事由，保险人仅需要对该条款做出提示即可。此处的提示应理解为不仅要在保险凭证上对免责条款做出足以引起投保人注意的标识，还应主动向投保人出示该条款，使投保人注意到保险条款中存在着行为人违反禁止性规定将导致保险人责任免除的条款。将法律、行政法规中的禁止性规定情形作为保险合同免责条款的免责事由，一般包括无证驾驶、酒后驾驶等情形。之所以对此类免责条款履行提示说明义务相对宽松，是因为这些法律、行政法规的禁止性条款，投保人理应理解其概念、内容，只是不知道违反禁止性规定将导致保险人免责的后果。本案中，保险人没有主动向投保人出示该条款，以致投保人未注意到该条款的存在及导致免除保险人保险责任的后果，故该免责条款不生效，保险人应承担保险责任。

第二，关于机动车所有人或者管理人的过错责任问题。《最高人民法院关于审理道路交通事故损害赔偿案件适用法律若干问题的解释》（2012年）第二条规定，未经允许驾驶他人机动车发生交通事故造成损害，当事人依照侵权责任法第四十九条的规定请求由机动车驾驶人承担赔偿责任的，人民法院应予支持。机动车所有人或者管理人有过错的，承担相应的赔偿责任，但具有《中华人民共和国侵权责任法》第五十二条规定情形的除外。本案中，车辆管理人长期将车钥匙放于车内，对车辆疏于保管或管理，并间接促成了交通事故的发生，应承担相应的责任。因此，法院根据驾驶人和车辆管理人的过错程度，判定车辆管理人李某文承担驾驶人邱某强一方应承担责任的50%的赔偿责任。《中华人民共和国民法典》第一千二百一十二条规定，未经允许驾驶他人机动车，发生交通事故造成损害，属于该机动车一方责任的，由机动车使用人承担赔偿责任；机动车所有人、管理人对损害的发生有过错的，承担相应的赔偿责任，但是本章另有规定的除外。本案的处理也符合民法典的最新规定。

第三，关于当事人对交通事故认定有异议时的救济途径及法院对交通事故认定书认定相关问题。《道路交通事故处理程序规定》规定，当事人对道路交通事故认定有异议的，可以自道路交通事故认定书送达之日起三日内提出书面复核申请。当事人逾期提交复核申请的，不予受理。上一级公安机关交通管理部门对道路交通事故认定的事实、证据、适用法律、责任划分、认定程序等进行审查，并作出复核结论。《最高人民法院关于审理道路交通事故损害赔偿案件适用法律若干问题的解释》第二十七条规定，公安机关交通管理部门制作的交通事故认定书，人民法院应依法审查并确认其相应的证明力，但有相反证据推翻的除外。交通管理部门作为专业的交通事故认定部门，具有专业的知识、丰富的事故处理经验以及调取卷宗录像便利等优势，当事人如对事故事实及责任认定有异议应首先选择向交通管理部门提出复核申请。如果当事人未在收到事故认定书时提出复核，到法院审理阶段，除非当事人能提出相反证据推翻事故认定，否则法院原则上确认事故认定书的效力。

编写人：北京市密云区人民法院　张维霞　任显荣

46

续保合同中保险公司对商业三者险免责条款仍应承担提示说明义务

——杨某花等诉中国人保通许支公司等机动车交通事故责任案

【案件基本信息】

1. 裁判书字号

浙江省丽水市中级人民法院（2019）浙11民终1392号民事判决书

2. 案由：机动车交通事故责任纠纷

3. 当事人

原告：杨某花、廖某达、廖某云、廖某

被告（上诉人）：中国人保通许支公司

被告（被上诉人）：李某涛、魏某明、宏运公司

【基本案情】

原告杨某花系赵某兰的母亲，原告廖某达系赵某兰的丈夫，原告廖某云、廖某系赵某兰的女儿。被告李某涛系豫B×××××号重型半挂牵引车/豫B7×××号重型平板半挂车的驾驶员，被告魏某明系案涉车辆实际车主，被告宏运公司系案涉车辆登记所有人，被告中国人保通许支公司系案涉车辆交强险、商业三者险的承保单位。2019年5月22日晚，被告李某涛驾驶豫B×××××号重型半挂牵引车/豫B7×××号重型平板半挂车，从丽水往青田方向行驶，当日20时8分许，途经温寿线（G330）87千米+975米路段，与从高沙村驶入该路段由原告廖某达驾驶的无号牌三轮电动车（搭载赵某兰）发生碰撞，造成赵某兰当场死亡、三轮车损坏以及原告廖某达受伤的道路交通事故。经青田县公安局交通警察大队认定，李某涛、廖某达负同等责任，受害人赵某兰无责任。事故发生后，案涉车辆交强险、商业三者险承保单位中

国人保通许支公司提供了案涉车辆的保险单并认为被告李某涛没有按照驾驶证载明的准驾车型驾驶机动车，符合人保财险公司商业三者险免责条款，中国人保通许支公司应免除商业三者险限额内的相应赔偿责任。被告宏运公司、李某涛、魏某明叙述称案涉车辆商业险系宏运公司代实际车主投保，投保时并未向经办人提供保险条款，也没有对驾驶与准驾车型不符的机动车的免责条款进行解释和说明。经查明，案涉车辆保险单中的保险条款系保险公司单方出具的格式合同条款，对于其真实性予以认定，但并无投保人签字盖章，不能证明被告中国人保通许支公司对该商业三者险合同中的相关免责条款已尽提示说明义务。被告中国人保通许支公司依法应当对原告超出交强险责任限额部分损失在商业三者险限额内承担赔偿责任。

【案件焦点】

1. 被告李某涛驾驶不符合驾驶证准驾车型的车辆发生交通事故，被告中国人保通许支公司是否需要在商业险三者险责任限额内承担赔偿责任；2. 签订续保合同时，沿用之前的保险条款的，保险公司是否对其中的免责条款仍负提示说明义务。

【法院裁判要旨】

浙江省青田县人民法院经审理认为：驾驶人驾驶与准驾车型不符的车辆发生交通事故时，保险公司主张其与被保险人签订的第三者责任险合同中已用免责条款形式约定免除赔偿责任的，保险公司应负举证责任，证明已对责任免除的相关条款进行充分解释说明，否则保险公司不应免除商业三者险限额内的赔偿责任。本案中，案涉车辆的交强险和商业三者险保险合同系续保合同，该合同均由宏运公司代实际车主投保。在签订续保合同时，是由保险公司收取费用后直接将保单邮寄给投保人。本案被告中国人保通许支公司不能举证证明在签订续保合同时已将保单及保险条款交给投保人签字并已告知责任免除的相关条款，应认定对免责条款未尽提示说明义务。因此，被告中国人保通许支公司不应免除商业三者险限额内的赔偿责任。

浙江省青田县人民法院依照《中华人民共和国保险法》第十七条，《最高人民法院关于适用〈中华人民共和国保险法〉若干问题的解释（二）》第十一条的规定，作出如下判决：

被告中国人保通许支公司于判决生效后十日内在交强险范围内赔偿原告杨某

花、廖某达、廖某云、廖某经济损失110000元；在商业三者险范围内赔偿原告杨某花、廖某达、廖某云、廖某经济损失258481.5元。

被告中国人保通许支公司不服一审判决，提出上诉。丽水市中级人民法院经审理认为：上诉人中国人保通许支公司主张续保合同可以沿用之前的约定，但是续保合同是一份独立的合同，保险公司依然应当履行对免责事由进行特别提示及说明义务，本案中，中国人保通许支公司并未提供证据证明对该续保合同中的免责条款已尽提示义务，因此上诉人中国人保通许支公司应当在商业三者险范围内承担赔偿责任。

浙江省丽水市中级人民法院依照《中华人民共和国民事诉讼法》第一百七十条第一款第（一）项之规定，作出如下判决：

驳回上诉，维持原判。

【法官后语】

驾驶不符合驾驶证准驾车型的车辆发生交通事故，保险公司是否需要在商业三者险限额内承担赔偿责任。从审判实践看，有两种不同观点：

第一种观点认为，驾驶员驾驶与准驾车型不符的车辆应视为无证驾驶，保险公司仅在交强险限额内承担责任并有权向侵权人追偿，免除商业三者险限额内的赔偿责任。该观点依据是《中华人民共和国道路交通安全法》第十九条规定：驾驶人应当按照驾驶证载明的准驾车型驾驶机动车；驾驶机动车时，应当随身携带机动车驾驶证。《最高人民法院关于审理道路交通事故损害赔偿案件适用法律若干问题的解释》（2012年）第十八条规定，驾驶人未取得驾驶资格和未取得相应驾驶资格的，保险公司在交强险责任限额范围内即使赔偿的，亦有权向侵权人追偿。一般而言，保险合同的免责条款需由保险人履行合理提示和明确说明义务方能生效。但根据《最高人民法院关于适用〈中华人民共和国保险法〉若干问题的解释（二）》第十条规定，对于法律法规的禁止性规定作为免责条款的，保险人仅需对该条款履行提示义务即可。保险公司将准驾车型不符作为商业三者险的免责事由，无须作明确说明。投保人应当明确知晓驾驶与准驾车型不符的机动车系违法行为，已构成商业三者险的免责情形。

第二种观点则认为，驾驶人驾驶与准驾车型不符的车辆发生交通事故时，保险公司主张其与被保险人签订的商业三者险合同中已用免责条款形式约定免除赔偿责任的，保险公司应负举证责任证明已对责任免除的相关条款进行充分解释说明，否则保险公司不应免除第三者责任险限额内的赔偿责任。笔者更倾向于后一种观点，保险合同说明义务规则的立法目的在于，绝大多数的保险合同属于格式合同，保险条款都是由保险人事先拟定的，合同条款拟定之初，保险人一般都会站在己方立场上反复研究推敲，慎重拟定。而投保人一般不具保险专业知识，对保险合同中的一些专业术语和免责内容，需要保险人予以充分的解释说明，明确双方的权利义务关系，使得投保人在签订保险合同之初就有充分的知情权和选择权。保险人对保险条款中的免责条款具有明确说明的义务体现了保险法上的最大诚信原则，同时实现民法上实质意义的意思表示真实和意思表示自由。同时，保险合同中约定的免责条款通常是在保险人不遵守相关规定而产生违法行为的情况下，保险公司是可以免责的，对免责条款的明确说明义务同时也有对保险人的警示说明作用，以免责为后果，警戒保险人在驾驶机动车时注意遵守相关规范，避免发生违法行为而致使保险公司免责，产生的不利后果由其自身负责。在本案中，案涉车辆的商业三者险系续保，在投保时由保险公司收取费用后直接将保单邮寄至投保人处，而投保人否认收到过保险合同条款及保险单。在实务中，有不少保险公司在与保险人签订续保合同时认为，在第一次与投保人签订保险合同时，已就相应免责条款的内容向投保人进行提示和说明，免责条款在第一次签订保险合同时已经发生效力。而续保合同为前一保险合同的延续，在保险条款与免责条款内容不变的前提下，续保合同以投保人默认合同条款为前提而签订，因此保险人无须再对续保合同的条款进行说明。即使投保人实际未阅读该保险条款，也应由投保人自行承担产生的不利后果。笔者认为，续保合同是一份独立的合同，保险公司依然应当履行对免责条款进行特别提示以及说明义务。在实际操作中，不乏与本案类似的情形，续保合同由挂靠公司代车主投保，批量化续保造成很多保险合同并未经真正的车主签收，也未向实际车主交付保单，因此保险合同中的免责条款车主是不知情的，也未予以重视。在与案涉车辆类似的情形下，交通事故造成的损失通常是巨大的，而实际车主对保险条款中的免责条款不知情，却要承担巨额的赔偿义务，于双方的合同义务而言是显失公平的。批量化续保的现象应得到重视，续保合同中的责任免除条款以及法定责任免除条款，保险公司仍需履行醒目设计和印刷、回答询问、要求投保人签收责任免除条款、获取投保人声明是四项义务。在本案中，被告中国人保通许支公司不能举证证明与被告宏运公司在签订续保合同时对合同中责任免除的相关条款已尽说明提示义务，因此该免责条款不产生效力，被告中国人保通许支公司应当在商业三者险限额内承担赔偿义务。

编写人：浙江省青田县人民法院　吴京晶

47

交强险“空白期”发生交通事故保险公司仍需赔偿

——王某荣诉阳光财险阜阳支公司等机动车交通事故责任案

【案件基本信息】

1. 裁判书字号

安徽省阜阳市中级人民法院（2019）皖12民终5480号民事判决书

2. 案由：机动车交通事故责任纠纷

3. 当事人

原告（被上诉人）：王某荣

被告（上诉人）：阳光财险阜阳支公司

被告（被上诉人）：马某友、李某辉

【基本案情】

2019年1月21日19时许，马某友驾驶皖A×××××号小型轿车，沿阜南县王堰镇Y062乡道小集村至苦庄南北路由南向北行驶至单传虎家北50来米处，因接打电话，遇情况操作不当，撞到路边行人王某荣，造成王某荣受伤的道路事故。阜南县公安局交警大队作出道路事故认定书，认定：马某友负事故全部责任；王某荣无责任。

李某辉系肇事的皖A×××××号小型轿车所有人，马某友借用车辆发生事故，无证据证明李某辉在将该车出借给马某友时存有过错。该车在阳光财险阜阳支公司投有商业第三者险500000元，不计免赔；交强险在阳光财险阜阳支公司收投保款时间为2019年1月21日12时12分，生成保单时间为2019年1月21日12时14分，保单打印时间为2019年1月22日17时，保单上的保险期间为2019年1月22日0时起至2020年1月21日24时止。该保单特别约定内容为：尊敬的客户：投保次日起，您可通过本公司网页、客服电话、营业网点核实保单及理赔等信息。若对查询结果有异议，请联系本公司……重要提示内容为：1. 请详细阅读保险条款，特别是责任免除和投保人、被保险人义务；2. 收到本保险单后，请立即核对，如有不符或疏漏，请及时通知保险人并办理变更或补充手续；3. 保险费应一次性交清，请您及时核对保险单和发票（手续），如有不符，请及时与保险人联系……

王某荣向安徽省阜南县人民法院诉称：请求依法判令马某友、李某辉、阳光财险阜阳支公司赔偿其各项损失合计102842.10元，并承担诉讼费用。

经安徽省阜南县人民法院法院核算，王某荣合理损失合计88925.70元。马某友已付王某荣3500元。

【案件焦点】

1. 在保险“空白期”发生的交通事故，交强险合同是否生效；2. 保险人是否承担赔偿责任。

【法院裁判要旨】

安徽省阜南县人民法院认为，交强险具有社会公益性和法定性，其目的是救济因交通事故遭受损害的第三者权益，最终维护社会公共利益。李某辉于2019年1月21日12时12分缴纳保费，按照普通人理解，李某辉认为此时起保险合同已经生效，车辆即获得保障。投保后，阳光财险阜阳支公司未及时将投保单交付李某辉，即未告知李某辉合同生效时间，故保险单中关于合同生效时间的约定无效，阳光财险阜阳支公司应在交强险限额内赔偿。故判决如下：

一、阳光财险阜阳支公司于本判决生效之日起十日内在机动车责任强制保险限额内赔偿王某荣各项损失50621.20元；

二、阳光财险阜阳支公司于本判决生效之日起十日内在机动车责任商业保险限额内赔偿王某荣各项损失36404.50元；

三、马某友于本判决生效之日起十日内赔偿王某荣鉴定费1900元（马某友已付王某荣3500元，在执行时扣除后多余部分，由王某荣予以返还）；

四、驳回王某荣对李某辉的其他诉讼请求。

宣判后，阳光财险阜阳支公司不服，提起上诉，安徽省阜阳市中级人民法院同意一审法院裁判意见，判决：

驳回上诉，维持原判。

【法官后语】

保险合同是最大诚信合同，最大诚信原则是保险法基本原则。《中华人民共和国保险法》第五条规定："保险活动当事人行使权利、履行义务应当遵循诚实信用原则。"最大诚信原则的内容主要通过保险合同双方的诚信义务来体现，于保险人而言主要体现在告知说明义务。

交强险是强制保险，具有明显社会公益和法定性，不允许存在脱保，否则无法实现交强险及时、有效保障受害人利益及维护交通安全的功能和作用。针对保险期间条款，中国保险监督管理委员会下发《关于加强机动车交强险承保工作管理的通知》（保监厅函〔2009〕91号），复函亦规定投保人在投保机动车交强险时可提出交强险保单出单时"即时生效"。根据保监会通知及复函精神，保险公司作为专业的保险人，有义务就保险期间何时开始对作为普通消费者的投保人作出明确告知。

对于初次投保交强险，或是交强险到期后续保的车辆，保险人接受投保时应该知晓车辆将处于保险"空白期"，该状态对投保人利益有重大影响。实务中普遍存在投保人缴费、保险人出单，双方基本不对保单载明的保险期间做交流现象，尤其是在投保人通过网络、转账给保险公司工作人员等方式远程投保时，可能一段时间后才能见到保单，知晓保单记载内容。此时仅能认定投保人知晓保监会制定的统一的交强险保险条款，该条款对保险期间的规定仅为"交强险合同的保险期间为一年，以保险单载明的起止时间为准"。投保人无从知晓在其投保后才出具的保单上印制的保险期间自何时开始。《中华人民共和国保险法》第十三条规定，"投保人提出保险要求，经保险人同意承保，保险合同成立。保险人应当及时向投保人签发保险单或者其他保险凭证。保险单或者其他保险凭证应当载明当事人双方约定的合同内容。当事人也可以约定采用其他书面形式载明合同内容。依法成立的保险合同，自成立时生效。投保人和保险人可以对合同的效力约定附条件或者附期限。"若保险人未履行该义务，投保人不知保险单有此记载，产生争议时，无法认定该内容为当事人双方约定的合同内容，故而应适用“依法成立的保险合同，自成立时生效”。

具体到本案，保险合同成立后，保险公司未及时将投保单交付投保人，即未告知投保人合同生效时间，故双方并未就合同生效时间达成合意，保险单中对合同效力所附期限的约定无效，应认定合同自成立时生效，保险人应在交强险限额内赔偿。

编写人：安徽省阜阳市中级人民法院　姚斌　王楠楠

48

网络投保中保险人主动履行免责条款提示义务的认定

——冯某萍诉林某锋等机动车交通事故责任案

【案件基本信息】

1. 裁判书字号

广东省佛山市中级人民法院（2020）粤06民终1675号民事判决书

2. 案由：机动车交通事故责任纠纷

3. 当事人

原告（上诉人）：冯某萍

被告（上诉人）：林某锋

被告（被上诉人）：林某城、平安保险公司

【基本案情】

2019年1月25日15时40分许，林某锋驾驶粤E61×××号小型普通客车时遇冯某萍驾驶无号牌电动自行车搭乘吴甲、吴乙二人，双方发生碰撞，造成冯某萍及吴甲、吴乙受伤，两车不同程度损坏的交通事故。2019年3月15日，交警部门作出《道路交通事故认定书》，认定林某锋承担事故的同等责任，冯某萍承担事故的同等责任，吴甲、吴乙不承担事故责任。

林某锋的驾驶证从2017年7月17日至同年12月15日止，扣分已满12分。关于事故发生时林某锋的驾驶证状态，交警部门出具《情况说明》确认：2019年1月15日，民警对林某锋开具公安交通管理行政强制凭证，依法扣留林某锋的驾驶证；在事故认定作出时，由于疏忽，将超分、停止使用、扣留误写为吊销，但该违法行为对此事故的责任划分没有影响。

事故发生时，林某锋驾驶的粤E61×××号小型普通客车登记车主为林某城，该车由林某城通过网络投保的方式向平安保险公司投保了交强险和金额为100万元的商业三者险（含不计免赔），事故发生在保险期限内。林某锋在庭审述称，其与林某城是堂兄弟关系，其父亲从林某城处买来涉案车辆，但没有过户，其是车辆实际控制人；涉案车辆由其父亲找保险公司业务员投保，投保时仅提供了林某城的身份证照片，投保单上的签名并非林某城本人所签。诉讼中，平安保险公司提供的投保人投保时验证身份信息的照片，与林某锋、林某城提供的微信聊天记录中发送给昵称为“田（专业汽车年审，保险，违章）”的微信账户的林某城的身份证照片是同一张照片。

庭审中，平安保险公司的委托诉讼代理人展示了通过手机界面，使用投保人身份证进行网络投保的流程。诉讼中，平安保险公司确认上述程序中的保险条款、免责事项说明等电子单证，需要由投保人主动点击后方可展开阅读，若投保人未点击阅读保险条款，而是直接勾选“已查阅并同意以上信息”承认已阅读保险条款，可继续完成后面的投保流程。

【案件焦点】

1. 关于交警部门作出事故责任的认定是否正确；2. 平安保险公司在商业三者险项下可否予以免赔。

【法院裁判要旨】

广东省佛山市禅城区人民法院经审理认为：关于交警部门作出的事故责任认定效力问题。根据在案证据，事发现场的视频监控完整地记录了交通事故发生的全过程，交警在进行事故责任的分析和认定时，已将冯某萍驾驶电动自行车在机动车道上逆向行驶作为查明的事实及违反交通法规应承担事故责任的因素；至于其搭乘吴甲、吴乙的行为可能构成超载，其属于违反交通法规的行为，但并不是导致本次事故发生的原因。因此，交警部门对本案事故责任的认定事实清楚、程序合法、适用法律正确，一审法院予以支持。

关于平安保险公司主张免除保险责任的意见是否成立的问题。首先，根据《最高人民法院关于审理道路交通事故损害赔偿案件适用法律若干问题的解释》第十八条规定，即使肇事车辆驾驶人林某锋可能存在无驾驶资格的情况下驾车发生本案交通事故的事实，平安保险公司依然应在交强险赔偿限额内对冯某萍承担保险赔偿责任，再依法向林某锋主张追偿权。其次，平安保险公司根据商业第三者责任险条款约定主张免赔的意见成立，一审法院予以支持，理由如下：其一，涉案车辆为标的物的保险合同成立。其二，根据《最高人民法院关于适用〈中华人民共和国保险法〉若干问题的解释（二）》第三条第一款的规定，林某锋、林某城在之后向平安保险公司交纳了保险费，既然其对保险合同成立及效力均无异议，则应视为其对保险业务员代林某城签字或者盖章行为所对应的全部行为予以追认。其三，平安保险公司提交的《机动车商业保险免责事项说明书》（电子版）尾页投保人签章处有“林某城”签名字样，应视为平安保险公司对投保人已履行了免责条款的提示和明确说明义务。其四，根据《中华人民共和国道路交通安全法》第九十九条规定，林某锋在发生本案交通事故时，其驾驶证处于被交警部门暂扣期间，平安保险公司有权在商业三者险范围内不负责赔偿。本案中，林某锋应对冯某萍在交强险赔偿限额外的损失承担60%的赔偿责任。根据在案证据，林某锋与林某城存在亲戚关系，林某锋的父亲委托保险业务员为肇事车辆投保，林某锋驾驶证违法扣分记录显示林某锋在2017年12月15日至2019年1月25日期间的扣分情况所对应的驾驶车辆均为涉案车辆。据此，林某锋、林某城两人称林某锋从2017年年末开始为涉案车辆实际控制人（未办理过户）的意见成立，无证据证明林某城对该车有实际经营利益，故林某城无须对冯某萍承担损害赔偿责任。

经过核算，冯某萍请求的各赔偿项目共计144870.21元。粤E61×××号牌小型普通客车在平安保险公司处投保了交强险，平安保险公司应在交强险责任限额范围内赔偿冯某萍交通事故损失3430元。对超出交强险限额部分的损失，林某锋应承担60%的责任，即59971.56元，因林某锋已向吴甲支付医疗费4130.60元，因吴甲是冯某萍的女儿，伤情较轻微，此部分医疗费，冯某萍实际应承担60%的责任，即2478.36元，其多支出的1652.24元应予扣减，即其实际应赔偿冯某萍58319.32元。

广东省佛山市禅城区人民法院依照《中华人民共和国侵权责任法》第六条第一款、第十六条、第四十八条，《中华人民共和国道路交通安全法》第七十六条，《最高人民法院关于审理人身损害赔偿案件适用法律若干问题的解释》第十七条第一款、第二款、第十九条、第二十条、第二十一条、第二十二条、第二十三条以及《中华人民共和国民事诉讼法》第六十四条第一款之规定，作出判决：

一、平安保险公司于判决发生法律效力之日起十日内在交强险责任限额范围内赔偿冯某萍交通事故损失3430元；

二、林某锋于判决发生法律效力之日起十日内赔偿冯某萍交通事故损失58319.32元；

三、驳回原告冯某萍的其他诉讼请求。

冯某萍、林某锋不服一审判决，提出上诉。广东省佛山市中级人民法院经审理认为：一、关于事故责任的认定。事故发生后，交警部门出具《道路交通事故认定书》认定林某锋、冯某萍均承担事故同等责任，虽然《道路交通事故认定书》关于林某锋驾驶证“被吊销期间”的内容有误，经交警部门纠正为“超分、停止使用、扣留期间”，但上述两种情况均属于驾驶人无驾驶资格的情况，交警部门亦明确该违法行为对事故的责任划分没有影响，因此，交警部门结合双方行为的过错程度以及对事故发生、损害后果的原因力比例，认定双方各负事故同等责任，一审法院对此予以确认并无不当。

二、平安保险公司在商业三者险项下可否予以免赔。1. 关于本案的免责事由。根据《中华人民共和国道路交通安全法实施条例》第二十八条规定，林某锋在驾驶证“超分、停止使用、扣留期间”的情形下仍驾驶车辆上路，违反了上述行政法规的禁止性规定。而涉案车辆投保的商业三者险保险条款明确约定“无证驾驶，驾驶证被依法扣留、暂扣、吊销、注销期间”驾驶机动车发生交通事故是平安保险公司的免责事由。2. 关于禁止性规定免责条款的提示义务。根据《最高人民法院关于适用〈中华人民共和国保险法〉若干问题的解释（二）》第十条的规定，平安保险公司据以主张免赔的免责条款内容，符合以法律、行政法规禁止性规定作为免责事由之情形，在林某锋的行为违反禁止性规定的情况下，能否直接导致平安保险公司免赔的法律后果，关键在于平安保险公司是否已履行提示义务。3. 关于提示义务的一般要求。根据《最高人民法院关于适用〈中华人民共和国保险法〉若干问题的解释（二）》第十一条第一款的规定，保险人履行提示义务应是主动履行，包括主动向投保人提供保险条款，并以合理的方式充分提示其注意。4. 关于网络投保中的提示义务。《最高人民法院关于适用〈中华人民共和国保险法〉若干问题的解释（二）》第十二条对网络投保进行了规范，网络投保应结合其特点，由保险人主动、规范地提供提示说明义务。5. 本案保险人履行提示义务的情况。第一，平安保险公司确认网络投保流程中的《免责事项说明书》《机动车商业险条款》等电子单证，需要由投保人主动点击后方可展开阅读，若投保人未点击阅读保险条款，而是直接勾选“已查阅并同意以上信息”承认已阅读保险条款，可继续完成后面的投保流程。上述投保程序反映，投保人在未点击阅读保险条款的情况下，仅在形式上确认已阅读保险条款即可进入下一流程，实际上将保险人应主动履行的提示义务转为应投保人要求才履行的义务，显然不利于保护投保人。由此可见，平安保险公司未能在网络投保流程中主动、规范履行提示义务。即使投保人按照投保流程完成投保，并不足以证明平安保险公司已以合理的方式提醒投保人注意免责条款。第二，平安保险公司应进一步提供证据如同步录音录像等，证明投保人不仅在形式上确认已阅读保险条款，而是实质上已阅读保险条款，但平安保险公司未能进一步提供有效证据对此予以证明。第三，本案中，完成实名验证进入投保流程的是林某城本人还是仅持有其身份证照片的案外人、林某城的电子签名是否其本人所签尚存在争议，即使该电子签名由林某城本人所签，因平安保险公司的网络投保程序设置不规范，且未能进一步提供证据证明本案投保人已实质阅读保险条款，在此情况下，由投保人签名确认仅是流于形式的确认，同样不足以证明平安保险公司已主动、规范履行提示义务。第四，平安保险公司还主张林某城缴纳相应保险费的行为也应视为对保险合同以及保险人已履行提示、说明义务的追认。根据《最高人民法院关于适用〈中华人民共和国保险法〉若干问题的解释（二）》第三条第一款的规定，该条款目的在于解决由保险人或其代理人代投保人或其代理人签字或盖章的情况下保险合同的效力问题，而不应及于对保险人已履行免责条款提示、说明义务的追认。综上，因平安保险公司就商业三者险的免责条款未尽到提示义务，其据以主张免责的免责条款不产生法律效力。经法院核定冯某萍请求的各赔偿损失共计 144870.21 元。超出交强险的损失 58319.32 元，应由平安保险公司在商业三者险范围内予以赔偿。

广东省佛山市中级人民法院依照《中华人民共和国民事诉讼法》第一百七十

条第一款第（一）项之规定，作出判决：

一、维持广东省佛山市禅城区人民法院（2019）粤0604民初13511号民事判决第一项；

二、撤销广东省佛山市禅城区人民法院（2019）粤0604民初13511号民事判决第三项；

三、变更广东省佛山市禅城区人民法院（2019）粤0604民初13511号民事判决第二项为：平安保险公司于本判决发生法律效力之日起十日内在商业第三者责任保险限额范围内向冯某萍赔偿损失58319.32元；

四、驳回冯某萍的其他诉讼请求。

【法官后语】

近年来，网络销售以其不受时间、地点的控制、快捷便利、信息量大、成本低等特点，逐渐成为主要的保险营销方式。在这种新形式下的保险缔约过程中，免责条款提示说明义务的履行方式发生了根本性改变，保险人往往在投保流程中设置免责条款提示、说明的程序，通过予以接受或拒绝进入下一步程序的方式来保证提示说明义务的履行。在此过程中，保险人往往会基于"便利性"的考虑而忽略了对投保人合法权益的保护，因此，认定保险人是否尽到提示说明义务，应结合网络销售的特点予以考虑。本案中，法院最终认定保险公司未履行免责条款的提示义务，主要基于以下几个方面考虑：

一、禁止性规定免责条款的提示义务

本案中的免责事由属于法律、行政法规的禁止性规定，根据《最高人民法院关于适用〈中华人民共和国保险法〉若干问题的解释（二）》第十条的规定，保险人应该履行对禁止性规定免责条款的提示说明义务。主要考虑到以法律、行政法规中的禁止性规定情形作为免责条款的免责事由，投保人对禁止性规定的概念、内容应当理解，明显有别于其他因专业性、技术性、复杂性极强而需要保险人帮助投保人理解的免责条款，应当减轻保险人对此类免责条款的明确说明义务，但投保人即使知道并能理解法律、行政法规的禁止性规定，若保险人不向投保人说明违反禁止性规定将直接导致免除保险责任的法律后果，投保人无法得知，因此保险人必须对禁止性规定作为免责事由的格式条款进行提示。

本案中，无证驾驶或驾驶证被依法扣留、暂扣、吊销、注销期间驾驶车辆发生事故，既是平安保险公司的免责事由，也属于行政法规的禁止性规定，但仍应在平安保险公司履行免责条款的提示义务后，该免责条款才产生法律效力。

二、提示义务的一般要求

提示义务是指保险人对免除保险人责任的条款，有提醒投保人注意的义务，具体应包括两个层次，一是提供保险合同条款，二是以足以引起投保人注意的方式提醒投保人阅读、提醒投保人注意。一般认为，保险人向投保人提供了保险条款，保险条款中以较大字号、加黑加粗等可使投保人轻松识别的方式，达到足以引起投保人注意的程度，即可认为保险人已经履行提示义务。

应特别注意的是，鉴于提示义务具有先合同义务的性质、保险合同双方的信息不对称性，以及保险条款尤其是免责条款在合同履行过程中的重要性，保险人履行提示义务应是主动履行，包括主动向投保人提供保险条款，并以合理的方式充分提示其注意，而不是被动地接受投保人的要求而履行。

三、网络销售中的提示义务

《最高人民法院关于适用〈中华人民共和国保险法〉若干问题的解释（二）》第十二条结合网络销售的特点，对网络销售中提示、说明义务的履行进行了规范。而无论以任何形式订立的保险合同，均要求保险人主动履行提示义务，通过网络订立的保险合同也不例外。相较于传统的面对面的投保模式，网络投保具有即时传送及反馈、环节清晰可控、信息量大而成本低等特点，其实更有利于投保人体现提示义务的主动性并对投保过程进行留痕。保险人可运用各种网络技术加强与投保人的互动，运用网络系统预先设置好的自动程序控制投保流程，如投保过程中将保险条款的阅读程序设置于投保流程的主线中，通过主动弹出保险条款网页，设置强制停留阅读时间，完成全部保险条款阅读进度后方可进入下一环节等方式，将保险条款尤其是免责条款的阅读程序设定为投保流程中的强制必经程序，体现保险人履行提示义务的主动性，保证达到引起投保人注意的效果。

四、本案能否以投保人放弃阅读或形式上确认已阅读免责条款、已缴纳保险费认定保险人已履行提示义务

本案投保程序设置了投保人在未点击阅读保险条款的情况下，可通过直接勾选“已查阅并同意以上信息”的方式，仅在形式上确认已阅读保险条款而进入下一环

节的流程，实际上将保险人应主动履行的提示义务转为应投保人要求才履行的义务，显然不利于保护因信息不对称而处于劣势、对保险条款的重要性缺乏注意能力的投保人。提示义务作为保险人的法定义务，经明确约定尚且不能免除，更毋论由保险人通过表面上看为投保人提供了“便利”的程序设计，引导投保人放弃自己的权利的方式予以免除。同理，基于上述投保流程的设置缺陷，由投保人签名确认“已收到保险条款，且保险人已向投保人详细介绍了条款的内容”同样仅是流于形式的确认，不足以证明平安保险公司已主动、规范履行提示义务。在保险公司未能进一步提供证据，如同步录音录像等，证明投保人实质上已在投保过程中阅读了免责条款的情况下，不足以认定保险公司已履行提示义务。

《最高人民法院关于适用〈中华人民共和国保险法〉若干问题的解释（二）》第三条第一款规定目的在于解决由保险人或其代理人代投保人或其代理人签字或盖章的情况下，保险合同的效力问题，投保人缴纳保险费，仅表明投保人愿意订立保险合同，保险人的提示说明义务并不会因此免除，投保人通过缴纳保险费对订立合同作出的追认，显然不应及于对保险人已履行提示、说明义务的追认，因此，投保人缴纳保险费的行为不足以认定保险公司已履行提示义务。

综上，根据保险公司的网络投保流程设置，投保人在未点击阅读保险条款的情况下，可通过直接勾选“已查阅并同意以上信息”的方式，仅在形式上确认已阅读保险条款而进入下一环节的流程，不足以认定保险公司已依法履行提示说明义务，在保险公司未能进一步举证证明投保人已经实质上阅读了保险条款的情况下，法院认定保险公司未能在网络投保流程中主动、规范履行提示义务，该免责条款不产生法律效力，保险公司应在商业三者险范围内承担赔偿责任。

保险人在充分利用网络销售的快捷便利性的同时，不能因过分强调“快捷便利”而弱化甚至免除其本应积极履行的法定义务，而应充分利用网络技术的优势，纠正保险人与投保人之间因保险知识、经验、谈判能力等不对称而导致的不平衡，最大限度地保障投保人在订立保险合同之前对保险条款尤其是免责条款的内容应有所了解的权利、保障投保人的选择权。而利用网络技术达到主动、规范履行提示说明义务的要求，对于保险人而言，并不会导致其经营成本大大增加，反而可通过投保流程的优化、完善，避免因投保人不诚信而产生纠纷，促进保险行业健康有序发展。

编写人：广东省佛山市中级人民法院　何美健

49

外卖骑手发生交通事故，外送平台购买的第三者险能否参照机动车商业三者险的原则对受害人直接予以赔偿

——邓某高诉陈某科等机动车交通事故责任案

【案件基本信息】

1. 裁判书字号

广东省广州市越秀区人民法院（2019）粤 0104 民初 13708 号民事判决书

2. 案由：机动车交通事故责任纠纷

3. 当事人

原告：邓某高

被告：陈某科、拉扎斯公司、国泰保险公司

【基本案情】

2018 年 7 月 2 日 18 时 21 分，在广州市越秀区中山三路较场东路口西侧 60 米，被告陈某科驾驶电动自行车由东往西行驶，原告驾驶电动自行车由西往东行驶，因被告陈某科逆向行驶导致其车身右侧部位与原告车头中部相撞，造成原告受伤。原告被送往广州市正骨医院治疗，后转至湖南省桂阳县中医医院治疗，共住院 82 天。后于 2019 年 2 月 15 日经中山大学法医鉴定中心鉴定为十级伤残。另经交警部门认定被告陈某科对本次事故承担全部责任，原告没有责任。鉴于被告陈某科是饿了么送餐骑手，事故期间正在为被告拉扎斯公司送餐，被告陈某科在被告国泰保险公司购买了饿了么骑手意外（新众包）保险，其中附加个人责任保险金额为 20 万元，被告国泰保险公司应当在保险限额范围内承责。由于多方协商不成，故起诉至法院。原告邓某高提出如下诉讼请求：1. 判令三被告连带赔偿原告医疗费、交通费、营养费、伤残赔偿金、伤残鉴定费、精神损害抚慰金等，共计 196212.15 元；2. 本

案诉讼费用由三被告承担。被告陈某科辩称：其同意承担责任，但是原告的诉请金额过高，其没有与任何公司签订劳动合同或者建立劳动关系。作为饿了么平台的骑手，其只需要下载“蜂鸟众包”APP，然后阅读完成协议就可以成为骑手并接到饿了么平台派送的订单，完成送餐后也在该平台点击完成，该平台与餐饮企业直接对接，不与消费者个人对接，消费者是在饿了么平台下单，但“蜂鸟众包”平台的骑手取餐送餐信息可以反馈到消费者的饿了么平台。

被告拉扎斯公司辩称，其不同意原告的诉讼请求。其认为广州市公安局交通警察支队越秀大队出具的交通事故认定书不能说明骑手陈某科是职务行为，更不能说明其是责任主体。其司没有与被告陈某科签订劳动用工合同，在事实上没有建立劳动关系，在法律上没有赔偿责任。上海蓝圣公司与骑手陈某科建立用工关系、是实际的用工单位，应当承担赔偿责任。其确认与拉扎斯公司共同运营饿了么外卖点餐网络平台，拉扎斯公司的全资子公司——上海止观公司与上海蓝圣公司签订劳务外包合作协议，由上海蓝圣公司承包配送服务业务、招募配送员、为配送员投保，因此应由上海蓝圣公司承担本案的责任。

被告国泰保险公司辩称，本案属于电动车之间碰撞产生的纠纷，但是电动车在交通管理中属于非机动车范畴，所以本案不应当以机动车交通事故责任纠纷为案由，本案被告陈某科系其司个人意外伤害保险等商业意外保险的被保险人，没有投保机动车交强险及三者险，故不应当按照最高院对机动车交通事故相关司法解释或规定在其他的侵权案件中将保险公司作为被告一并处理，本案属于侵权法律关系，其司与被告陈某科所形成的是保险合同关系，属于不同的法律关系，故不能在本案进行一并审理。且原告也不是保险合同的相对方，故其认为其司对原告不存在实际的侵权行为，不应当作为本案的被告，属于主体不适格，请求法院驳回原告对其司的起诉，保险合同问题另案处理。

法院经审理查明：事发当天原告被送往广州市正骨医院治疗，诊断为“左侧胫腓骨上段开放性粉碎性骨折”，进行预防感染、消肿、理疗、外固定等治疗，未施手术，于2018年7月12日出院，并于同日到湖南省桂阳县中医医院治疗，住院期间行左胫骨上段开放性粉碎性骨折切开复位钢板内固定及植骨术，于2018年9月22日出院，出院诊断为“1. 左胫骨上段开放性粉碎性骨折；2. 左腓骨小头及上段粉碎性骨折；3. 左胫骨平台后缘撕脱性骨折；4. 左小腿处软组织挫伤；5. 骨折内固定术后伤口不愈合”。出院医嘱为：“1. 注意休息，避免劳累；2. 加强营养，增强体质；3. 定期复查X片，适当患肢功能锻炼；4. 建议全休1个月；5. 不适随诊。”2019年1月7日原告委托中山大学法医鉴定中心对其伤残程度进行鉴定，该中心出具鉴定意见评定原告的伤残等级为十级伤残。

另查明，上海蓝圣公司作为投保人与被告国泰保险公司作为保险人于2018年3月30日签订《“蜂鸟众包”网络平台配送人员意外险保险协议》，约定被保险人为“蜂鸟众包”网络平台的配送人员，保障期限为每日00：00时起至当日24：00时止，保障项目包括“个人第三者责任（合法驾驶）”，该项目对应的赔偿限额为“第三者直接财产损失RMB2000；第三者人身伤亡和第三者直接财产损失二者累计RMB200000”、保障范围为“被保险人在保险期间（配送服务过程中），因过失导致第三者人身伤亡或财产的直接实际损失。（驾驶机动车需持有效驾驶证和行驶证）”。上海蓝圣公司作为投保人、被告国泰保险公司作为保险人、被告陈某科作为被保险人于2018年7月2日09：58：12签订《国泰财产保险有限责任公司饿了么骑手意外（新众包）保险单》，其中险种包括附加个人责任保险条款，保险金额为200000元，保险费1.2元，保险期间自2018年7月2日09：58：12起至2018年7月2日23：59：59止，该保单适用的条款包括《国泰财产保险有限责任公司附加个人责任保险条款》，特别约定中第5点约定：“本保单仅承担配送服务过程的保险责任。配送服务过程指被保险人在平台抢单后去取餐、送餐及订单配送完成后30分钟内（配送完成返回的时长不超过30分钟）。”

被告陈某科在庭审中确认“蜂鸟众包”平台按天为骑手购买保险，只要该天接单开工即自动购买保险，生效时间为点击开工的时间，失效时间为当天23：59：59，保险费从派送费中扣减3元/天，相关保险信息在该平台“我的保险”功能处可查看。

被告拉扎斯公司认为上海蓝圣公司与被告陈某科建立劳动关系，应当承担本案责任，其司无责任，并提交如下证据：1. 劳务外包服务合作协议复印件一份；2. 保险单一份。原告对上述证据1的真实性无法确认，但认为上海蓝圣公司与本案无关，经查询饿了么平台的注册公司只有被告拉扎斯公司，并非与另外公司共同运营；确认证据2。被告陈某科、国泰保险公司对上述证据无异议。

被告国泰保险公司认为保单特别约定中明确，保险人仅承担被保险人在平台去取餐、送餐及订单配送完成后30分钟内的保险责任，被告陈某科无法证明其于该期间内发生事故，且投保人上海蓝圣公司应属于被告陈某科的用人单位，应当承担赔偿责任。

被告陈某科认为其在事故发生后已经把相关材料交给保险公司，并提交以下证据：1. 配送订单截图，显示订单号为120002××××××××，取餐地点为水果店，送餐地点为广州中心皇冠假日酒店××室，下单时间为17：44、接单时间为17：57、实际到店为18：06、实际取餐为18：06；2. "蜂鸟众包"用户协议截图；3. 网约工协议截图。原告对证据1予以确认，对证据2不予确认，对证据3无法确认，其第一页显示本协议与上海佩仁企业服务外包公司签订，该公司与本案无关。被告拉扎斯公司对上述证据1、2的真实性无异议，但认为"蜂鸟众包"网络平台只提供居间服务，不与骑手存在劳动或雇佣关系，对证据3不认可，该证据与本案无关。被告国泰保险公司对证据1的三性不予认可，认为该订单截图无法显示配送人员信息及具体的配送日期，无法确认配送主体及事故是否发生在保险期间内，对证据2、3同意由法院审查。被告陈某科称自行查询的订单信息只能查一个月以内的，超过的则需要向平台申请。

被告拉扎斯公司补充提交被告陈某科在"蜂鸟众包"网络平台接单的配送信息一份，显示其中一项订单日期为2018年7月2日，运单号为120002××××××××，接单时间为17：57：11、到店时间为18：06：13、取餐时间为18：06：35，送达时间为18：26：58，客户地址为广州中心皇冠假日酒店××室，餐厅名称为水果店。原告及三被告对该证据同意由法院审查认定。

对于原告主张的各项损失，三被告对鉴定费1956元的金额无异议，其余损失本院查明如下：

1. 医疗费43335.81元。原告提交以下证据证明：广州市正骨医院病例；正骨医院疾病诊断证明书；正骨医院出院记录；正骨医院收费据、明细清单；湖南省桂阳县中医医院科诊断书；湖南省桂阳县中医医院入院记录；湖南省桂阳县中医医院出院记录；湖南省桂阳县中医医院住院证；湖南省桂阳县中医医院收费票据、费用明细；湖南省桂阳县中医医院出具的证明；收费票据、费用清单，拟证明原告因本次交通事故于2018年7月2日至2018年7月12日在广州市正骨医院住院治疗，花费6338.42元；于2018年7月12日至2018年9月22日在湖南省桂阳县中医医院住院治疗，花费36611.29元；出院后花费医疗费386.1元，以上合计43335.81元。

被告拉扎斯公司及国泰保险公司对该项费用无法确认，被告陈某科已垫付20338.42元，原告予以确认。

2. 后续治疗费10000元。原告主张该项费用为术后必然产生的拆除内固定的费用，有医院开具的证明证实，三被告对该项损失同意由法院认定。

3. 住院伙食补助费8200元。原告主张按100元/天计算82天，三被告同意由法院认定。

4. 护理费15900元。原告提交湖南省桂阳县中医医院骨伤一科出具的证明，拟证明住院期间原告妻子一直陪护，证据显示的刘某林是医院的主任，但是没有其签名，出院后全休1个月也需要陪护，计算公式为82天×150元/天×1人+120元/天×1个月×1人。三被告对原告该项损失不予认可。

5. 营养费500元。原告主张该项损失为依据医嘱酌情提出，三被告对该项损失同意由法院认定。

6. 交通费2520元。原告主张其住院82天、复查2次及家人陪护产生的交通费用，计算公式为84天×30元/天，三被告对该项损失同意由法院认定。

7. 误工费19450.26元。原告主张其从事建筑工程承包工程，并提交东风村村委会出具的证明、怀集县新农村建设工程道路两边硬化合同、劳务合同、银行流水作为证据，认为应当按照2018年国有同行业（建筑装饰和其他建筑业）在岗职工年平均工资的标准计算，公式为62808元/年×（1个月+82天）。被告拉扎斯公司对劳动合同真实性不予认可，其余证据真实性予以认可，但认为无法证明原告主张；被告国泰保险公司、陈某科仅确认银行流水的真实性，其余证据均不予确认。

8. 残疾赔偿金81950元。原告主张因本次事故导致10级伤残，原告在广州工作居住应当适用城镇标准，该项损失的计算公式为40975元/年×20年×10%，并提交东风村村委会出具的证明、租赁合同及收据证明。三被告对上述证据真实性不予确认。被告国泰保险公司同意原告10级伤残的鉴定意见，但不同意该项损失的计算方式，认为应当按照其与上海蓝圣公司签订《“蜂鸟众包”网络平台配送人员意外险保险协议》中第十条“特别约定”的第4点“伤残赔偿金按照本协议项下人身伤亡保险金限额乘以对应伤残等级比例计算”，即200000元×0.1=20000元。

9. 被扶养人生活费22648.5元。原告主张事故发生时原告的女儿三岁，由原告夫妻两人抚养，计算公式为30198元/年×15年×10%÷2，并提交女儿出生证及幼儿托儿费用收据予以证明。三被告对出生证的真实性无异议，对收据有异议，同意该项损失由法院认定。

10. 精神损害抚慰金10000元。原告主张因本次事故造成伤残造成精神损失，三被告对该项损失同意由法院认定。

【案件焦点】

外卖骑手发生交通事故，外送平台购买的第三者险能否参照机动车商业三者险的原则对受害人直接予以赔偿。

【法院裁判要旨】

广州市越秀区人民法院经审理认为：首先，关于被告国泰保险公司认为原告要求其承担保险责任应当另行主张的抗辩意见，依据《最高人民法院关于审理道路交通事故损害赔偿案件适用法律若干问题的解释》第二十五条第二款规定："人民法院审理道路交通事故损害赔偿案件，当事人请求将承保商业三者险的保险公司列为共同被告的，人民法院应予准许。"本案被告国泰保险公司承包的险种并非商业三者险，而是个人责任险，故被告国泰保险公司该意见符合法律规定，本院予以采纳，被告国泰保险公司无须在保险承责范围内向原告承担赔偿责任。

其次，关于被告陈某科的行为是否属于职务行为的问题。依据《最高人民法院关于适用〈中华人民共和国民事诉讼法〉的解释》第九十二条第一款规定："一方当事人在法庭审理中，或者在起诉状、答辩状、代理词等书面材料中，对于己不利的事实明确表示承认的，另一方当事人无需举证证明。"由于被告陈某科自认没有和被告拉扎斯公司或其他任何一家公司建立劳动关系，属于对于己不利的事实明确表示承认，故本院对被告拉扎斯公司和国泰保险公司认为被告陈某科的行为属于职务行为的意见不予采纳。

再次，原、被告各方对交通部门作出的事故认定书均无异议，本院予以采信。根据事故认定书，被告陈某科承担事故的全部责任，原告无责任，被告陈某科向原告赔偿损失后可另行向被告国泰保险公司主张要求承担保险责任。

最后，对于原告主张的损失，三被告对鉴定费1956元无异议，本院予以确认。对于原告的其余各项损失本院认定如下：

1. 医疗费22997.39元。原告为证明该项损失提供了相关病历及医疗费发票等证据证明，本院予以认定，被告陈某科垫付的 20338.42 元应当予以扣减，计算公式为 43335.81 元 - 20338.42 元。

2. 后续治疗费 10000 元。原告为证明该项损失提供了医院开具的证明，本院认为原告的该项损失必然产生，为避免诉累，该项损失应予支持。

3. 住院伙食补助费 8200 元。原告主张按 100 元/天计算 82 天，合法合理，应予支持。

4. 护理费 15900 元。根据原告受伤的部位及医院开具的证明，原告主张住院期间及出院后 1 个月需要陪护合法合理，原告主张的标准亦符合相关规定，应予支持，计算公式为 82 天 × 150 元/天 × 1 人 + 120 元/天 × 30 天 × 1 人。

5. 营养费 500 元。原告为证明该项损失提交了相关医嘱证明，合法合理，应予支持。

6. 交通费 2520 元。原告主张该项费用虽然没有提交相关证据，但家人陪护及复诊、转院确实产生相应的交通费用，原告主张按 30 元/天计算 84 天的计算标准较为合理，应予支持。

7. 误工费 19272.59 元。原告主张其适用 2018 年国有同行业（建筑装饰和其他建筑业）在岗职工年平均工资的标准计算该项损失，并提交了相关的银行流水、劳动合同等予以证明，较为合理，本院予以支持，计算公式为 62808 元/年 ÷ 365 天 ×（30 天 + 82 天）。

8. 残疾赔偿金 81950 元。原告主张按城镇标准计算该项损失符合法律规定，本院予以支持，计算公式为 40975 元/年 × 20 年 × 10%。

9. 被扶养人生活费 22648.5 元。原告为证明该项损失提交了女儿的出生证等证据证明，原告女儿 2016 年 4 月 6 日出生，至原告定残之日为 2 周岁 10 个月，现原告仅主张按照 15 年计算其被扶养人生活费合法合理，应予支持，计算公式为 30198 元/年 × 15 年 × 10% ÷ 2。

10. 精神损害抚慰金 10000 元。本次事故造成原告十级伤残，确实对原告造成较大精神伤害，原告主张精神损害抚慰金 10000 元尚属合理，本院予以支持。

上述损失包括医疗费 22997.39 元、后续治疗费 10000 元、住院伙食补助费 8200 元、护理费 15900 元、营养费 500 元、交通费 2520 元、误工费 19272.59 元、鉴定费 1956 元、残疾赔偿金 81950 元、被扶养人生活费 22648.5 元、精神损害抚慰金10000元，合计195944.48元，应由被告陈某科承担赔偿责任。

综上所述，依照《最高人民法院关于适用〈中华人民共和国民事诉讼法〉的解释》第九十二条第一款，《最高人民法院关于审理道路交通事故损害赔偿案件适用法律若干问题的解释》第二十五条第二款，《最高人民法院关于审理人身损害赔偿案件适用法律若干问题的解释》第十七条、第十八条、第十九条、第二十条、第二十一条、第二十二条、第二十三条、第二十四条、第二十五条、第二十八条、第三十条、第三十一条，《最高人民法院关于确定民事侵权精神损害赔偿责任若干问题的解释》第八条第一款的规定，判决如下：

一、被告陈某科应在本判决发生法律效力之日起七日内向原告邓某高一次性赔偿195944.48元；

二、驳回原告邓某高的其他诉讼请求。

【法官后语】

本案的典型意义在于解决了现行网络点餐成为主流生活模式而衍生的一个特殊群体——网络送餐骑手，在送餐时发生交通事故是否可让保险公司直接承担责任的问题，具体而言就是：被告陈某科作为“饿了么”网络点餐外送平台的骑手，其在送餐过程中发生了交通事故，其注册的外送平台为其自动购买的第三者责任保险公司能否参照机动车第三者责任商业保险（以下简称商业三者险）的原则对交通事故的受害人直接予以赔偿。

首先，从法律效果上看，本案例解决了现行法律没有明确规定，但随着网络外卖送餐又成为当下主流生活方式而衍生的机动车交通事故责任纠纷的法律问题。网络点餐外送平台在骑手开始当天的送餐任务时就自动成立了以骑手作为被保险人、网络平台运营公司作为投保人的保险合同，保险责任约定了与商业三者险几乎一致的责任形式——个人第三者责任（以下简称个人三者险）：被保险人在保险期间（配送服务过程中），因过失导致第三者人身伤亡或财产的直接实际损失。本案的争议焦点在于在机动车交通事故责任纠纷中，个人三者险能否视为机动车交通事故责任纠纷中的商业三者险，如可参照适用，则突破了商业三者险在机动车责任纠纷案件的特殊性，如不能参照适用，则受害者的权益应如何保障。本案例在综合考虑现行法律规定、机动车交通事故责任纠纷的特点、商业三者险的特殊性、受害者权益如何救济等方面，判决个人三者险的保险公司不予承担责任，骑手应承担相应的责任，但其有权向保险公司予以追偿。理由如下：1. 机动车交通事故责任案件主体均已明确法定。机动车责任纠纷案件的主体有其特殊性，法定可列为共同被告的主体仅为侵权人、交强险及商业三者险的保险公司，相关司法解释适用已久，目前法律并未突破相关原则。2. 商业三者险在机动车交通事故责任案件中起的补充作用无可替代。法律规定，同时投保交强险商业三者的机动车发生交通事故造成损害，当事人同时起诉侵权人和保险公司的，应当按照先由交强险公司赔偿、不足部分由商业三者险公司按合同赔偿、仍有不足由侵权人赔偿的顺序确定赔偿责任。因此，商业三者险是对交强险的重要补充，在赔偿顺位方面需要严格遵守法定顺序，因此商业三者险具备自身的特点，其他第三者险不能任意替代或者视为等同于商业三者险。3. 受害人可以通过侵权人赔偿的途径获得完全救济，侵权人亦可向保险公司追偿。判决保险公司不予承担直接赔偿责任不等于无法获得赔偿，骑手作为直接侵权人应当承担赔偿责任，受害人权利得以完全救济。

其次，从社会效果上看，判决骑手承担赔偿责任后再向保险公司追偿，有助于加强骑手道路交通安全意识，维护社会公共交通安全。随着网络点餐外卖骑手的群体日益壮大，其在为人民生活带来方便的同时也会产生一定的隐患，其中交通事故多发就是其中之一。从本案例可以看出，骑手在网络送餐平台上注册毫无门槛，购买的保险也是按天计算，只要开始送第一单就自动与保险公司形成保险合同关系，费用在五元以内并在送餐费中予以扣除，如此便捷就能购买保险会让骑手疏于道路交通的谨慎注意义务，如发生交通事故后骑手完全不用承担赔偿责任，而是由保险公司直接向受害人赔偿，会造成骑手日后更加缺乏道路安全意识，尤其大多数骑手使用电动自行车进行送餐，更加对道路交通秩序造成一定程度的冲击。因此，本案的判决结果能够很好地让广大网络送餐骑手们树立正确的道路交通安全观，对送餐时有更加充分的谨慎注意义务，既保障自身安全也保障他人安全。

最后，从政治效果上看，本案判决对社会主义核心价值观在社会的形成有一定的推动作用。公正、法治、诚信是重要的核心价值观，本案依法、公正裁决，遵循法律关系的规范发展，不任意突破机动车交通事故的特有性质，引导网络外卖骑手树立诚信守法的优良品质，有助于构建社会主义核心价值观的形成。

编写人：广东省广州市越秀区人民法院　许伟雄　邹海媚

图书在版编目（CIP）数据

中国法院2021年度案例. 道路交通纠纷／国家法官学院，最高人民法院司法案例研究院编．—北京：中国法制出版社，2021.4（2022.5重印）

ISBN 978-7-5216-1725-2

Ⅰ.①中… Ⅱ.①国…②最… Ⅲ.①公路运输-交通运输事故-民事纠纷-案例-汇编-中国 Ⅳ.①D920.5

中国版本图书馆CIP数据核字（2021）第045675号

策划编辑：李小草（lixiaocao2008@sina.cn）
责任编辑：韩璐玮（hanluwei666@163.com）　　封面设计：温培英　李宁

中国法院2021年度案例．道路交通纠纷

ZHONGGUO FAYUAN 2021 NIANDU ANLI. DAOLU JIAOTONG JIUFEN

编者/国家法官学院，最高人民法院司法案例研究院

经销/新华书店

印刷/北京虎彩文化传播有限公司

开本/730毫米×1030毫米　16开　　印张/14.25　字数/188千

版次/2021年4月第1版　　2022年5月第2次印刷

中国法制出版社出版

书号 ISBN 978-7-5216-1725-2　　定价：55.00元

北京市西城区西便门西里甲16号西便门办公区

邮政编码：100053　　传真：010-63141600

网址：http：//www.zgfzs.com　　**编辑部电话：010-63141790**

市场营销部电话：010-63141612　　**印务部电话：010-63141606**

（如有印装质量问题，请与本社印务部联系。）

最高人民法院指导性案例裁判规则理解与适用系列

公司卷二	98 元	物权卷	88 元
公司卷（第三版）（上下册）	139 元	婚姻家庭卷（第二版）	68 元
民事诉讼卷（第二版）（上下册）	145 元	合同卷四（第二版）	98 元
侵权赔偿卷二	69 元	合同卷三（第二版）	98 元
侵权赔偿卷一	69 元	合同卷二（第二版）	108 元
房地产卷	98 元	合同卷一（第二版）	108 元
劳动争议卷	58 元	担保卷（第二版）（上下册）	139 元

民法典时代

民法典新规则案例适用	108 元
中华人民共和国民法典释义与案例评注：总则编	125 元
中华人民共和国民法典释义与案例评注：物权编	156 元
中华人民共和国民法典释义与案例评注：人格权编	65 元
中华人民共和国民法典释义与案例评注：婚姻家庭编	68 元
中华人民共和国民法典释义与案例评注：继承编	65 元
中华人民共和国民法典释义与案例评注：侵权责任编	108 元
中华人民共和国民法典释义与案例评注：合同编	246 元
中华人民共和国民法典总则编释义	158 元
中华人民共和国民法典合同编释义	228 元
中华人民共和国民法典人格权与侵权责任编释义	158 元
中华人民共和国民法典婚姻家庭编与继承释义	98 元
中华人民共和国民法典物权编释义	138 元（估）

最高人民法院知识产权要案典丛

最高人民法院知识产权要案典丛·综合卷	258 元
最高人民法院知识产权要案典丛·著作权卷	78 元
最高人民法院知识产权要案典丛·专利卷	405 元
最高人民法院知识产权要案典丛·商标卷	239 元